СВОДНЫЕ ПРАВИЛА И РЕКОМЕНДАЦИИ В ОТНОШЕНИИ ПОИСКА И РАЗВЕДКИ

Пересмотренное издание

2015 год

16-00862 (R)

16-00862 (R)

Содержание

Введение

I. Правила

II. Рекомендации и процедуры

Введение

В настоящем пересмотренном издании «Сводных правил и рекомендаций в отношении поиска и разведки» содержатся правила, одобренные на текущий момент Ассамблеей Международного органа по морскому дну, и рекомендации по техническим и административным вопросам, касающиеся осуществления норм, правил и процедур Органа.

В первой части представлены три комплекса правил, касающихся исключительно поиска и разведки морских минеральных ресурсов в Районе. С тех пор, как было опубликовано первое издание, Орган внес в эти правила дополнительные поправки. Они вставлены в текст в соответствующих местах; этот сводный текст является неофициальным. Поправки вставлены в текст другим шрифтом с полужирным начертанием и снабжены сносками. Упомянутые выше правила включают:

- Правила поиска и разведки полиметаллических конкреций в Районе (утверждены 13 июля 2000 года, поправки внесены 25 июля 2013 года и 24 июля 2014 года)[1];

- Правила поиска и разведки полиметаллических сульфидов в Районе (утверждены 7 мая 2010 года, поправки внесены 25 июля 2013 года и 24 июля 2014 года)[2]; и;

- Правила поиска и разведки кобальтоносных железомарганцевых корок в Районе (утверждены 27 июля 2012 года, поправки внесены 25 июля 2013 года)[3].

Эти правила являются частью правового режима, установленного в отношении Района и описанного главным образом в части XI и приложениях III и IV Конвенции Организации Объединенных Наций по морскому праву 1982 года[4] и Соглашении 1994 года об осуществлении части XI Конвенции[5].

Во второй части воспроизводятся рекомендации Юридической и технической комиссии Органа, призванные сориентировать контракторов, помогая им в толковании норм, правил и процедур Органа. К числу этих рекомендаций относятся:

- Руководящие рекомендации контракторам по оценке возможного экологического воздействия разведки морских полезных ископаемых в Районе[6];

- Руководящие рекомендации контракторам и поручившимся государствам относительно программ подготовки кадров в соответствии с планами работы по разведке[7];

---

[1] ISBA/6/A/18; ISBA/19/A/9, ISBA/19/A/12 и ISBA/20/A/9.

[2] ISBA/16/A/12/Rev.1, ISBA/19/A/12 и ISBA/20/A/10.

[3] ISBA/18/A/11 и ISBA/19/A/12.

[4] A/CONF.62/122 и Corr. 1–11. *The Law of the Sea: Compendium of Basic Documents* (International Seabed Authority/The Caribbean Law Publishing Company, 2001), p. 1.

[5] A/RES/48/263, приложение. Также воспроизведены в публикации: *Compendium of Basic Documents* (International Seabed Authority/The Caribbean Law Publishing Company, 2001), p. 206.

[6] ISBA/19/LTC/8.

- Руководящие рекомендации контракторам относительно сообщения сведений о фактических прямых затратах на разведку[8];

- Руководящие рекомендации контракторам относительно содержания, формата и структуры годовых отчетов[9].

Также содержатся в следующих документах:

- Решение Совета Международного органа по морскому дну в отношении процедур и критериев продления утвержденного плана работы по разведке[10].

---

[7] ISBA/19/LTC/14.
[8] ISBA/21/LTC/11.
[9] ISBA/21/LTC/15.
[10] ISBA/21/C/19*.

I. Правила

Ассамблея

Distr.: General
25 July 2013
Russian
Original: English

Девятнадцатая сессия
Кингстон, Ямайка
15–26 июля 2013 года

Решение Ассамблеи Международного органа по морскому дну относительно поправок к Правилам поиска и разведки полиметаллических конкреций в Районе

Ассамблея Международного органа по морскому дну,

рассмотрев поправки к Правилам поиска и разведки полиметаллических конкреций в Районе, в предварительном порядке принятые Советом на его 190-м заседании 22 июля 2013 года,

утверждает поправки к Правилам поиска и разведки полиметаллических конкреций в Районе, отраженные в приложении к решению Совета[1].

142-е заседание
25 июля 2013 года

---

[1] ISBA/19/C/17, приложение.

13-40766 (R)   240713   240713

Просьба отправить на вторичную переработку ♲

Совет

Distr.: General
22 July 2013
Russian
Original: English

Девятнадцатая сессия
Кингстон, Ямайка
15–26 июля 2013 года

Решение Совета Международного органа по морскому дну относительно поправок к Правилам поиска и разведки полиметаллических конкреций в Районе и смежных вопросов

Совет Международного органа по морскому дну

1. *принимает* поправки к Правилам поиска и разведки полиметаллических конкреций в Районе, отраженные в приложении к настоящему решению;

2. *постановляет* применять измененные Правила на временной основе с даты их принятия Советом и до их утверждения Ассамблеей Международного органа по морскому дну;

3. *просит*, чтобы в случаях, когда заявка на утверждение плана работы в отношении полиметаллических конкреций была представлена до вступления в силу поправок к Правилам, но все еще рассматривается, Генеральный секретарь консультировал заявителя перед подписанием разведочного контракта на предмет включения любых необходимых изменений в стандартные условия контракта;

4. *просит* Юридическую и техническую комиссию Органа вынести для рассмотрения Советом на его двадцатой сессии рекомендацию о приведении правила 21 Правил поиска и разведки полиметаллических сульфидов в Районе[1] в соответствие с правилом 21 Правил поиска и разведки кобальтоносных железомарганцевых корок в Районе[2];

5. *постановляет*, что до получения рекомендации Юридической и технической комиссии, упомянутой в пункте 4, правило 21(1)(b) Правил поиска и разведки полиметаллических конкреций в Районе не применяется;

6. *просит далее* Юридическую и техническую комиссию произвести обзор положений Правил поиска и разведки полиметаллических конкреций в

---

[1] ISBA/16/A/12/Rev.1.
[2] ISBA/18/A/11.

Просьба отправить на вторичную переработку

Районе, Правил поиска и разведки полиметаллических сульфидов в Районе и Правил поиска и разведки кобальтоносных железомарганцевых корок в Районе касательно монополизации деятельности в Районе и варианта предложения доли в акционерном капитале в рамках механизма совместного предприятия на предмет возможного приведения в соответствие в этом отношении всех трех комплектов правил и вынести рекомендацию на этот счет для рассмотрения Советом на его двенадцатой сессии.

190-е заседание
22 июля 2013 года

13-40405

Приложение

Правила поиска и разведки полиметаллических конкреций в Районе

Преамбула

Согласно Конвенции Организации Объединенных Наций по морскому праву («Конвенция»), дно морей и океанов и его недра за пределами национальной юрисдикции, а также его ресурсы являются общим наследием человечества, и их разведка и разработка осуществляются на благо человечества в целом, от имени которого действует Международный орган по морскому дну. Задача настоящего свода Правил состоит в том, чтобы предусмотреть порядок ведения поиска и разведки полиметаллических конкреций.

Часть I
Введение

Правило 1
Употребление терминов и сфера применения

1. Термины, употребляемые в Конвенции, имеют то же значение и в настоящих Правилах.

2. В соответствии с Соглашением об осуществлении Части XI Конвенции Организации Объединенных Наций по морскому праву от 10 декабря 1982 года («Соглашение»), положения Соглашения и Части XI Конвенции толкуются и применяются совместно, как единый акт. Настоящие Правила и содержащиеся в них ссылки на Конвенцию толкуются и применяются соответствующим же образом.

3. Для целей настоящих Правил:

a) «разработка» означает промышленный сбор полиметаллических конкреций в Районе и извлечение из них полезных ископаемых, в том числе изготовление и эксплуатацию систем добычи, обработки и транспортировки для производства и сбыта металлов;

b) «разведка» означает изыскание залежей полиметаллических конкреций в Районе на исключительных правах, анализ таких залежей, применение и испытание систем и оборудования для добычи, обрабатывающих установок и систем транспортировки, а также проведение исследований в отношении экологических, технических, экономических, коммерческих и прочих соответствующих факторов, которые должны учитываться при разработке;

c) «морская среда» означает физические, химические, геологические и биологические компоненты, условия и факторы, которые взаимодействуют и определяют продуктивность, положение, состояние и качество морской экосистемы, воды морей и океанов и воздушное пространство над ними, а также дно морей и океанов и его недра;

    d)   «полиметаллические конкреции» означает один из ресурсов Района, представляющий собой любые залежи или аккреции конкреций на поверхности морского дна или непосредственно под его поверхностью, содержащие марганец, никель, кобальт и медь;

    e)   «поиск» означает изыскание залежей полиметаллических конкреций в Районе — включая оценку состава, размеров и распределения залежей полиметаллических конкреций и их экономической ценности, — не предполагающие каких-либо исключительных прав;

    f)   «серьезный ущерб морской среде» означает любое воздействие деятельности в Районе на морскую среду, которое представляет собой значительное негативное изменение в морской среде, определяемое в соответствии с нормами, правилами и процедурами, принятыми Органом на основе международно признанных стандартов и практики.

4.   Настоящие Правила никоим образом не затрагивают свободу научных исследований, предусмотренную статьей 87 Конвенции, или право на проведение морских научных исследований в Районе, предусмотренное статьями 143 и 256 Конвенции. Ничто в настоящих Правилах не должно пониматься как ограничивающее осуществление государствами свобод открытого моря, нашедших отражение в статье 87 Конвенции.

5.   Настоящие Правила могут дополняться новыми правилами, положениями и процедурами, в частности касающимися защиты и сохранения морской среды. Настоящие Правила подчиняются положениям Конвенции и Соглашения и другим нормам международного права, не расходящимся с Конвенцией.

Часть II
Поиск

Правило 2
Поиск

1.   Поиск производится в соответствии с Конвенцией и настоящими Правилами и может начаться лишь после того, как Генеральный секретарь информирует изыскателя о том, что его уведомление зарегистрировано в соответствии с пунктом 2 правила 4.

2.   Изыскатели и Орган применяют к такой деятельности осторожный подход, нашедший отражение в принципе 15 Рио-де-Жанейрской декларации по окружающей среде и развитию [3] Поиск не производится при наличии существенных доказательств, указывающих на риск причинения серьезного ущерба морской среде.

3.   Поиск не производится в районе, охваченном утвержденным планом работы по разведке полиметаллических конкреций, или в зарезервированном районе; поиск не может производиться также в районе, в котором разработка

---

[3] *Доклад Конференции Организации Объединенных Наций по окружающей среде и развитию, Рио-де-Жанейро, 3–14 июня 1992 года* (издание Организации Объединенных Наций, в продаже под № R.93.I.8, и исправление), том I, *Резолюции, принятые на Конференции*, резолюция 1, приложение I.

не была разрешена Советом ввиду риска причинения серьезного ущерба морской среде.

4. Поиск не предоставляет изыскателю каких-либо прав на ресурсы. Однако изыскатель может извлекать разумное количество полезных ископаемых, т.е. количество, необходимое для испытаний, но не для коммерческого использования.

5. Поиск ведется без каких-либо временных ограничений, за исключением тех случаев, когда поиск в каком-либо конкретном районе прекращается по получении изыскателем от Генерального секретаря письменного уведомления о том, что в отношении этого района утвержден план работы по разведке.

6. Поиск в одном и том же районе (районах) может проводиться одновременно более чем одним изыскателем.

Правило 3
Уведомление о поиске

1. Предполагаемый изыскатель уведомляет Орган о своем намерении заняться поиском.

2. Каждое уведомление о поиске представляется по установленной в приложении I к настоящим Правилам форме на имя Генерального секретаря и должно отвечать требованиям настоящих Правил.

3. Каждое уведомление представляется:

    a) в случае государства — органом, назначенным для этой цели;

    b) в случае субъекта права — назначенным им представителем;

    c) в случае Предприятия — его компетентным органом.

4. Каждое уведомление представляется на одном из языков Органа и содержит:

    a) наименование, национальную принадлежность и адрес предполагаемого изыскателя и назначенного им представителя;

    b) координаты ориентировочного района (районов) проведения поиска, указанные в соответствии с наиболее свежим общепринятым международным стандартом, используемым Органом;

    c) общее описание программы поиска, включая предлагаемую дату начала и ее примерную продолжительность;

    d) удовлетворительное письменное обязательство о том, что предполагаемый изыскатель будет:

        i) соблюдать Конвенцию и соответствующие нормы, правила и процедуры Органа, касающиеся:

            a. сотрудничества в программах подготовки кадров в связи с морскими научными исследованиями и передачей технологии, о которых говорится в статьях 143 и 144 Конвенции,

            b. защиты и сохранения морской среды;

ii)	давать согласие на проведение Органом проверки их соблюдения;

iii)	предоставлять Органу, насколько это практически возможно, такие данные, которые могут иметь отношение к защите и сохранению морской среды.

Правило 4
Рассмотрение уведомлений

1.	Генеральный секретарь письменно подтверждает получение каждого уведомления, представляемого согласно правилу 3, с указанием даты получения.

2.	В 45-дневный срок с момента получения уведомления Генеральный секретарь рассматривает его и принимает решение. Если уведомление соответствует требованиям Конвенции и настоящих Правил, Генеральный секретарь заносит указанные в уведомлении данные в регистр, который ведется для этой цели, и в письменном виде информирует изыскателя о том, что уведомление зарегистрировано.

3.	В 45-дневный срок с момента получения уведомления Генеральный секретарь в письменном виде информирует предполагаемого изыскателя о том, охватывает ли его уведомление какую-либо часть района, включенного в утвержденный план работы по разведке либо разработке какой-либо категории ресурсов, или какую-либо часть зарезервированного района, или какую-либо часть района, в котором разработка не была разрешена Советом ввиду риска причинения серьезного ущерба морской среде, или же о том, что его письменное обязательство является неудовлетворительным, и представляет предлагаемому изыскателю в письменном виде изложение причин. В таких случаях предлагаемый изыскатель может в 90-дневный срок представить измененное уведомление. Генеральный секретарь в 45-дневный срок рассматривает такое измененное уведомление и принимает по нему решение.

4.	Изыскатель в письменном виде информирует Генерального секретаря о любом изменении в информации, содержащейся в уведомлении.

5.	Генеральный секретарь предает содержащиеся в уведомлении данные огласке лишь с письменного согласия изыскателя. Однако Генеральный секретарь периодически информирует всех членов Органа о личности изыскателей и о том, где в принципе ведется ими поиск.

Правило 5
Защита и сохранение морской среды в ходе поиска

1.	Каждый изыскатель принимает необходимые меры к предотвращению, сокращению и сохранению под контролем загрязнения морской среды и других опасностей для нее, вытекающих из поиска, насколько это реально возможно, используя осторожный подход и передовую природоохранную практику. В частности, каждый изыскатель сводит к минимуму или устраняет:

a)	негативное экологическое воздействие поиска и

b)	фактические или потенциальные коллизии или помехи в отношении осуществляемой или планируемой деятельности по проведению морских научных исследований согласно соответствующим будущим руководящим принципам по этому вопросу.

2.   Изыскатели сотрудничают с Органом в учреждении и осуществлении программ мониторинга и оценки потенциального воздействия разведки и разработки полиметаллических конкреций на морскую среду.

3.   Изыскатель незамедлительно уведомляет Генерального секретаря в письменном виде, используя наиболее эффективные средства, о любом происшедшем в результате поиска инциденте, причинившем, причиняющем или угрожающем причинить серьезный ущерб морской среде. По получении такого уведомления Генеральный секретарь действует сообразно с правилом 33.

Правило 6
Годовой отчет

1.   В 90-дневный срок после окончания каждого календарного года изыскатель представляет Органу отчет о ходе поиска. Такие отчеты препровождаются Генеральным секретарем Юридической и технической комиссии. В каждом таком отчете содержится:

a)   общее описание состояния поиска и полученных результатов,

b)   информация о соблюдении обязательств, указанных в пункте 4(d) правила 3 и

c)   информация о соблюдении соответствующих руководящих принципов по этому вопросу.

2.   Если изыскатель намеревается провести расходы по поиску как часть расходов по освоению, произведенных до начала промышленного производства, то он представляет составленную в соответствии с международно принятыми принципами учета и заверенную надлежащим образом квалифицированной аудиторской фирмой годовую ведомость фактических прямых затрат, произведенных изыскателем в ходе поиска.

Правило 7
Конфиденциальность содержащихся в годовом отчете данных и информации, полученных в результате поиска

1.   Генеральный секретарь обеспечивает конфиденциальность всех данных и информации, содержащихся в отчетности, представляемой согласно правилу 6, применяя mutatis mutandis положения правил 36 и 37, при том условии, что данные и информация, касающиеся защиты и сохранения морской среды, в частности данные и информация программ экологического мониторинга, не считаются конфиденциальными. Изыскатель может запросить неразглашение такой информации до истечения трех лет после даты ее представления.

2.   С согласия соответствующего изыскателя Генеральный секретарь может в любой момент предать огласке данные и информацию, касающиеся поиска в районе, в отношении которого представлено уведомление. Если, приложив разумные усилия по меньшей мере в течение двух лет, Генеральный секретарь определяет, что изыскателя уже нет в наличии или что его местонахождение установить невозможно, то Генеральный секретарь может предать такие данные и информацию огласке.

Правило 8
Объекты, имеющие археологическое или историческое значение

Изыскатель незамедлительно уведомляет Генерального секретаря в письменном виде об обнаружении в Районе любого объекта, имеющего фактическое или потенциальное археологическое или историческое значение, и о его местонахождении. Генеральный секретарь препровождает такую информацию Генеральному директору Организации Объединенных Наций по вопросам образования, науки и культуры.

Часть III
Заявки на утверждение планов работы по разведке в форме контракта

Раздел 1
Общие положения

Правило 9
Общие положения

При условии соблюдения положений Конвенции право подавать в Орган заявки на утверждение планов работы на разведку имеют:

a)   Предприятие от своего имени или как участник совместной деятельности;

b)   государства-участники, государственные предприятия либо физические или юридические лица, имеющие национальность этих государств либо находящиеся под эффективным контролем этих государств или их граждан, когда такие государства поручились за них, или любая группа вышеуказанных субъектов, которые отвечают требованиям, предусмотренным в настоящих Правилах.

Раздел 2
Содержание заявок

Правило 10
Форма заявок

1.   Каждая заявка на утверждение плана работы по разведке представляется по установленной в приложении II к настоящим Правилам форме на имя Генерального секретаря и должна отвечать требованиям настоящих Правил.

2.   Каждая заявка представляется:

a)   в случае государства — органом, назначенным им для этой цели;

b)   в случае субъекта права — назначенным им представителем или органом, назначенным для этой цели поручившимся государством (государствами);

c)   в случае Предприятия — его компетентным органом.

3.   В каждой заявке государственного предприятия или одного из субъектов, упомянутых в подпункте (b) правила 9, указывается также:

a)   достаточная информация для установления национальной принадлежности заявителя или наименование государства (государств), под эффективным контролем которого (или граждан которого) находится заявитель;

b)   местонахождение главной конторы или домициль, а в соответствующих случаях — место регистрации заявителя.

4.   Каждая заявка, представленная партнерством или консорциумом субъектов, содержит необходимую информацию о каждом участнике партнерства или консорциума.

Правило 11
Удостоверение о поручительстве

1.   Каждая заявка государственного предприятия или одного из субъектов, упомянутых в подпункте (b) правила 9, сопровождается удостоверением о поручительстве, выданном государством, национальность которого он имеет или под эффективным контролем которого (или граждан которого) он находится. Если заявитель имеет более чем одну национальность, как в случае партнерства или консорциума субъектов из нескольких государств, каждое такое государство выдает удостоверение о поручительстве.

2.   Если заявитель имеет национальность одного государства, но находится под эффективным контролем другого государства или его граждан, каждое такое государство выдает удостоверение о поручительстве.

3.   Каждое удостоверение о поручительстве должно быть должным образом подписано от имени государства, которое его представляет, и содержать:

a)   наименование заявителя;

b)   наименование поручившегося государства;

c)   указание о том, что заявитель:

i)   имеет национальность поручившегося государства или

ii)   является субъектом, находящимся под эффективным контролем поручившегося государства или его граждан;

d)   заявление поручившегося государства о том, что оно поручается за заявителя;

e)   дату сдачи на хранение поручившимся государством своего документа о ратификации Конвенции, присоединении к ней или о правопреемстве в ее отношении;

f) заявление о том, что поручившееся государство берет на себя ответственность согласно статье 139, пункту 4 статьи 153 Конвенции и пункту 4 статьи 4 Приложения III к ней.

4. Государства или субъект, осуществляющие деятельность совместно с Предприятием, также соблюдают настоящее правило.

Правило 12
Финансовые и технические возможности

1. Каждая заявка на утверждение плана работы по разведке содержит достаточный объем конкретной информации, позволяющей Совету определить, располагает ли заявитель финансовыми и техническими возможностями для осуществления предлагаемого плана работы по разведке и выполнения своих финансовых обязательств перед Органом.

2. Заявка на утверждение плана работы по разведке, представленная от имени указанных в пункте 1(a)(ii) или (iii) резолюции II государства либо субъекта права или какого-либо компонента такого субъекта, которые не являются зарегистрированными первоначальными вкладчиками и которые до вступления Конвенции в силу уже провели в Районе значительный объем деятельности, либо от имени их правопреемников, считается удовлетворяющей финансовым и техническим условиям, необходимым для утверждения плана работы по разведке, если поручившееся государство (государства) удостоверяет, что заявитель израсходовал на исследовательскую и разведочную деятельность сумму, эквивалентную по меньшей мере 30 млн. долл. США, причем не менее 10 процентов этой суммы — на установление местонахождения, съемку и оценку района, указанного в плане работы.

3. Заявка на утверждение плана работы по разведке Предприятия содержит заявление его компетентного органа, удостоверяющее, что Предприятие располагает необходимыми финансовыми ресурсами на покрытие сметных расходов по предлагаемому плану работы по разведке.

4. Заявка на утверждение плана работы по разведке государства или государственного предприятия, которое не является зарегистрированным первоначальным вкладчиком или субъектом, упомянутым в пункте 1(a)(ii) или (iii) резолюции II, содержит заявление государства или поручившегося государства, удостоверяющее, что заявитель располагает необходимыми финансовыми ресурсами на покрытие сметных расходов по предлагаемому плану работы по разведке.

5. Заявка на утверждение плана работы по разведке субъекта, который не является зарегистрированным первоначальным вкладчиком или субъектом, упомянутым в пункте 1(a)(ii) или (iii) резолюции II, содержит копии его проверенных финансовых ведомостей (включая балансовые ведомости и отчеты о прибылях и убытках) за последние три года, составленные в соответствии с международно принятыми принципами учета и заверенные надлежащим образом квалифицированной аудиторской фирмой, а также:

6. Если заявителем является недавно созданный субъект и заверенной балансовой ведомости не имеется, то заявка содержит условную балансовую ведомость, заверенную соответствующим должностным лицом заявителя.

7. Если заявителем является дочерняя компания другого субъекта, то заявка содержит копии таких финансовых ведомостей этого субъекта и заявление последнего о том, что заявитель будет располагать финансовыми ресурсами на осуществление плана работы по разведке, каковое заявление составляется в соответствии с международно принятыми принципами учета и заверяется надлежащим образом квалифицированной аудиторской фирмой.

8. Если заявитель находится под контролем государства или государственного предприятия, то заявка содержит заявление этого государства или государственного предприятия, удостоверяющее, что заявитель будет располагать финансовыми ресурсами на осуществление плана работы по разведке.

9. Если заявитель, подавший заявку на утверждение плана работы по разведке, намеревается финансировать предлагаемый план работы по разведке за счет займов, в его заявке указывается сумма таких займов, сроки их погашения и процентная ставка.

10. За исключением предусмотренного в пункте 2, каждая заявка должна включать:

a) общее описание имеющихся у заявителя опыта, знаний, навыков, технической квалификации и специальной подготовки для осуществления предлагаемого плана работы по разведке;

b) общее описание оборудования и методов, которые намечается использовать при осуществлении предлагаемого плана работы по разведке, и другую не имеющую характера собственности информацию о характеристиках такой технологии;

c) общее описание имеющихся у заявителя финансовых и технических возможностей реагировать на любые инциденты или действия, причиняющие серьезный ущерб морской среде.

11. Если заявителем является партнерство или консорциум субъектов, осуществляющих совместную деятельность, каждый участник этого партнерства или консорциума предоставляет информацию, предусмотренную настоящим правилом.

Правило 13
Предыдущие контракты с Органом

Если заявитель или — в случае представления заявки партнерством или консорциумом субъектов, осуществляющих деятельность совместно, — любой участник партнерства или консорциума ранее заключал какой-либо контракт с Органом, в заявке указывается:

a) дата предыдущего контракта (контрактов);

b) дата представления, условное обозначение и название каждого отчета, представленного Органу в связи с контрактом (контрактами);

c) в соответствующих случаях — дата прекращения контракта (контрактов).

Правило 14
Обязательства

Каждый заявитель, включая Предприятие, в рамках своей заявки на утверждение плана работы по разведке берет перед Органом следующие письменные обязательства:

a) признать в качестве подлежащих исполнению и соблюдать применимые обязательства, возникающие в силу положений Конвенции, норм, правил и процедур Органа, решений органов Органа и условий его контрактов с Органом;

b) признать предусмотренный Конвенцией контроль со стороны Органа за деятельностью в Районе;

c) представить Органу письменное заверение в том, что его обязательства по контракту будут добросовестно выполняться.

Правило 15
Целый район, указанный в заявке

В каждой заявке на утверждение плана работы по разведке определяются границы заявочного района с помощью перечня географических координат, указанных в соответствии с наиболее свежим общепринятым международным стандартом, используемым Органом. В заявках (кроме заявок, подаваемых согласно правилу 17) указывается целый район, который не обязательно является единым непрерывным районом, но достаточно обширным и имеющим достаточную предположительную коммерческую ценность, чтобы позволить ведение двух операций по добыче. Заявитель указывает координаты, разделяющие район на две части одинаковой предположительной коммерческой ценности. Район, выделяемый заявителю, регулируется положениями правила 25.

Правило 16
Данные и информация, представленные до обозначения зарезервированного района

1. Каждая заявка содержит достаточный объем предписываемых в разделе II приложения II к настоящим Правилам данных и информации о заявочном районе, позволяющих Совету по рекомендации Юридической и технической комиссии обозначить зарезервированный район с учетом предположительной коммерческой ценности каждой части. Такие данные и информация включают имеющиеся у заявителя данные об обеих частях заявочного района, в том числе данные, использованные для определения их коммерческой ценности.

2. На основе данных и информации, представленных заявителем согласно разделу II приложения II к настоящим Правилам (если таковые сочтены удовлетворительными), и с учетом рекомендаций Юридической и технической комиссии Совет обозначает ту часть заявочного района, которая станет зарезервированным районом. Обозначенный таким образом район становится зарезервированным районом, как только утверждается план работы по разведке в отношении незарезервированного района и подписывается контракт. Если Совет определит, что для обозначения зарезервированного района необходима дополнительная информация, соответствующая настоящим Правилам и

приложению II, он возвращает этот вопрос в Комиссию для дальнейшего рассмотрения с указанием требуемой дополнительной информации.

3.   После утверждения плана работы по разведке и заключения контракта данные и информация о зарезервированном районе, переданные заявителем Органу, могут быть преданы Органом огласке в соответствии с пунктом 3 статьи 14 Приложения III к Конвенции.

Правило 17
Заявки на утверждение планов работы в отношении зарезервированного района

1.   Любое государство, являющееся развивающимся государством, или любое физическое либо юридическое лицо, за которое это государство поручилось или которое находится под эффективным контролем этого государства либо другого развивающегося государства, или любая группа вышеуказанных субъектов может уведомить Орган о своем намерении представить план работы по разведке в отношении зарезервированного района. Генеральный секретарь препровождает такое уведомление Предприятию, которое в течение шести месяцев в письменном виде информирует Генерального секретаря о том, намерено ли оно осуществлять деятельность в этом районе. Если Предприятие намерено осуществлять деятельность в этом районе, оно в соответствии с пунктом 4 в письменном виде информирует также контрактора, чья заявка на утверждение плана работы по разведке первоначально включала этот район.

2.   Заявка на утверждение плана работы по разведке в отношении зарезервированного района может подаваться в любой момент после того, как этот район станет свободным вследствие принятия Предприятием решения о том, что оно не намеревается осуществлять деятельность в этом районе, или если в течение шести месяцев после получения уведомления от Генерального секретаря Предприятие не примет решение о том, намеревается ли оно осуществлять деятельность в этом районе, и не уведомит Генерального секретаря в письменном виде о том, что оно ведет переговоры о потенциальном совместном предприятии. В последнем случае Предприятию предоставляется один год с момента подачи такой заявки, в течение которого оно должно решить, будет ли оно осуществлять деятельность в указанном районе.

3.   Если Предприятие, или развивающееся государство, или один из субъектов, упомянутых в пункте 1, не подает заявку на утверждение плана работы по разведке в рамках деятельности в зарезервированном районе в течение 15 лет с момента начала своего независимого от Секретариата Органа функционирования или же в течение 15 лет с даты, когда этот район резервируется за Органом, — в зависимости от того, что наступит позднее, — контрактор, чья заявка на утверждение плана работы по разведке первоначально включала этот район, вправе подать заявку на утверждение плана работы по разведке в этом районе, при условии что он добросовестно предлагает Предприятию участвовать в совместном предприятии.

4.   Контрактор обладает преимущественным правом на организацию с Предприятием совместного предприятия для разведки района, который был

включен в его заявку на утверждение плана работы по разведке и который был обозначен Советом в качестве зарезервированного района.

Правило 18
Данные и информация, подлежащие представлению для утверждения плана работы по разведке

Каждый заявитель в целях утверждения плана работы по разведке в форме контракта представляет следующую информацию:

a) общее описание и график предлагаемой программы разведки, включая программу деятельности на ближайший пятилетний период, как то запланированные исследования в отношении экологических, технических, экономических и прочих соответствующих факторов, которые должны учитываться при разведке;

b) описание программы океанографических и фоновых экологических исследований в соответствии с настоящими Правилами и любыми установленными Органом природоохранными нормами, правилами и процедурами, которая позволила бы произвести оценку потенциального экологического воздействия предлагаемой разведочной деятельности, включая воздействие на биоразнообразие, но не ограничиваясь таковым, с учетом любых рекомендаций, вынесенных Юридической и технической комиссией;

c) предварительная оценка возможного воздействия предлагаемой деятельности по разведке на морскую среду;

d) описание предлагаемых мер по предотвращению, сокращению и сохранению под контролем загрязнения морской среды и других опасностей для нее, а также возможного воздействия на морскую среду;

e) данные, необходимые Совету для определения, которое он должен вынести в соответствии с пунктом 1 правила 12;

f) калькуляция предполагаемых годовых расходов по программе деятельности на ближайший пятилетний период.

Раздел 3
Сборы

Правило 19
Сбор за заявку

1. Сбор за рассмотрение заявок на утверждение плана работы по разведке полиметаллических конкреций составляет фиксированную сумму в размере 500 000 долл. США или эквивалент этой суммы в свободно конвертируемой валюте и подлежит выплате в полном объеме в момент представления заявки.

2. Если административные издержки, понесенные Органом при рассмотрении заявки, меньше фиксированной суммы, указанной в пункте 1 выше, Орган возмещает разницу заявителю. Если административные издержки, понесенные Органом при рассмотрении заявки, превышают фиксированную сумму, указанную в пункте 1 выше, заявитель оплачивает разницу Органу, при условии что какая-либо дополнительная сумма, подлежащая выплате

заявителем, не должна превышать 10 процентов фиксированного сбора, о котором идет речь в пункте 1.

3. С учетом любого критерия, установленного для этой цели Финансовым комитетом, Генеральный секретарь определяет размер такой разницы, о которой идет речь в пункте 2 выше, и уведомляет об этом заявителя. Уведомление должно включать в себя ведомость с указанием издержек, понесенных Органом. Соответствующая сумма должна выплачиваться заявителем или возмещаться Органом в течение трех месяцев с момента подписания контракта, о котором идет речь в правиле 23 ниже.

4. Фиксированная сумма, о которой идет речь в пункте 1 выше, пересматривается на регулярной основе Советом в целях обеспечения того, чтобы она покрывала предполагаемые административные издержки, связанные с рассмотрением заявок, и устраняла необходимость выплаты заявителями дополнительных сумм согласно пункту 2 выше.

Раздел 4
Рассмотрение заявок

Правило 20
Получение, подтверждение и хранение заявок

Генеральный секретарь:

a)   в письменном виде в течение 30 дней подтверждает получение каждой заявки на утверждение плана работы по разведке, представленной согласно настоящей части, с указанием даты получения;

b)   обеспечивает сохранность заявки с сопроводительными документами и приложениями к ней, а также конфиденциальность всех содержащихся в заявке конфиденциальных данных и информации;

c)   уведомляет членов Органа о получении такой заявки и рассылает им информацию о заявке, имеющую общий и неконфиденциальный характер.

Правило 21
Рассмотрение заявок Юридической и технической комиссией

1. По получении заявки на утверждение плана работы по разведке Генеральный секретарь уведомляет членов Юридической и технической комиссии и вносит вопрос о рассмотрении заявки в повестку дня следующего заседания Комиссии. Комиссия рассматривает только заявки, в отношении которых уведомление и информация были распространены Генеральным секретарем в соответствии с правилом 20 (c) по меньшей мере за 30 дней до открытия заседания Комиссии, на котором они должны рассматриваться.

2. Комиссия рассматривает заявки в порядке их поступления.

3. Комиссия определяет следующее:

a)   выполнил ли заявитель положения настоящих Правил;

b)   взял ли заявитель на себя обязательства и представил ли заверения, указанные в правиле 14;

c) располагает ли заявитель финансовыми и техническими возможностями для осуществления предлагаемого плана работы по разведке и представил ли он подробные сведения на предмет своей способности выполнять чрезвычайные распоряжения;

d) выполнил ли заявитель надлежащим образом свои обязательства в связи с любым предыдущим контрактом с Органом.

4. В соответствии с требованиями, установленными в настоящих Правилах, и своими процедурами Комиссия определяет, будет ли предлагаемый план работы по разведке:

a) обеспечивать эффективную охрану здоровья и безопасности людей;

b) обеспечивать эффективную защиту и сохранение морской среды, включая воздействие на биоразнообразие, но не ограничиваясь таковым;

c) обеспечивать, чтобы установки не сооружались там, где это может создать помехи для использования признанных морских путей, имеющих существенное значение для международного судоходства, или в районах ведения интенсивной рыбопромысловой деятельности.

5. Если Комиссия определяет, что заявитель выполнил требования пункта 3 и что предлагаемый план работы по разведке удовлетворяет требованиям пункта 4, она рекомендует Совету утвердить план работы по разведке.

6. Комиссия не рекомендует план работы по разведке к утверждению, если указанный в предлагаемом плане работы по разведке район или его часть включены в:

a) какой-либо утвержденный Советом план работы по разведке полиметаллических конкреций;

b) какой-либо утвержденный Советом план работы по разведке или разработке других ресурсов, если этот предлагаемый план работы по разведке полиметаллических конкреций может повлечь за собой ненужные помехи в отношении деятельности по такому утвержденному плану работы по другим ресурсам;

c) какой-либо район, разработка которого запрещена Советом, поскольку имеются существенные доказательства, указывающие на риск причинения серьезного ущерба морской среде;

d) предлагаемый план работы по разведке, который был представлен или в отношении которого было представлено поручительство государством, уже имеющим:

i) планы работы по разведке и разработке или только по разработке в незарезервированных районах, которые в совокупности с любой частью района, указанного в заявке, превышают по размерам 30 процентов круга площадью 400 000 кв. км, центром которого является центр любой части района, указанного в предлагаемом плане работы;

ii) планы работы по разведке и разработке или только по разработке в незарезервированных районах, совокупная площадь которых составляет 2 процента от той части Района, которая не зарезервирована или запрещена к разработке в соответствии с пунктом 2(x) статьи 162 Конвенции.

7. Юридическая и техническая комиссия может рекомендовать одобрить план работы, если она решит, что такое одобрение не позволит государству-участнику или спонсируемым им организациям монополизировать проведение деятельности в Районе в отношении полиметаллических конкреций или помешать другим государствам-участникам проводить в Районе деятельность в отношении полиметаллических конкреций[4].

8. За исключением случаев подачи заявок Предприятием — от его собственного имени или в рамках совместного предприятия — и заявок согласно правилу 17, Комиссия не рекомендует план работы к утверждению, если указанный в предлагаемом плане работы по разведке район или его часть включены в какой-либо зарезервированный район или район, обозначенный Советом в качестве будущего зарезервированного района.

9. Если Комиссия считает, что заявка не соответствует настоящим Правилам, она через Генерального секретаря уведомляет об этом заявителя в письменном виде, указывая причины. Заявитель может в течение 45 дней с момента такого уведомления исправить свою заявку. Если после дальнейшего рассмотрения Комиссия приходит к мнению о том, что ей не следует рекомендовать план работы по разведке к утверждению, то она сообщает об этом заявителю и предоставляет ему еще одну возможность сделать представления в течение 30 дней с момента получения такой информации. Комиссия рассматривает любые такие представления, сделанные заявителем, при подготовке своего доклада и рекомендации Совету.

10. При рассмотрении предлагаемого плана работы по разведке Комиссия принимает во внимание принципы, политику и цели в отношении деятельности в Районе, как это предусмотрено в Части XI и Приложении III Конвенции и в Соглашении.

11. Комиссия рассматривает заявки оперативно и представляет Совету доклад и рекомендации относительно обозначения районов и о плане работы по разведке при первой же возможности с учетом графика заседаний Органа.

12. При выполнении своих обязанностей Комиссия применяет настоящие Правила, а также нормы, правила и процедуры Органа на единообразной и недискриминационной основе.

Правило 22
Рассмотрение и утверждение Советом планов работы по разведке

Совет рассматривает доклады и рекомендации Комиссии, касающиеся утверждения планов работы по разведке, в соответствии с пунктами 11 и 12 раздела 3 приложения к Соглашению.

---

[4] ISBA/20/A/9 от 24 июля 2014 года, поправки

Часть IV
Контракты на разведку

Правило 23
Контракт

1.   После утверждения Советом плана работы по разведке он оформляется в виде контракта между Органом и заявителем, как предписано в приложении III к настоящим Правилам. Каждый контракт включает изложенные в приложении IV стандартные условия, действующие на дату вступления контракта в силу.

2.   Контракт подписывается Генеральным секретарем от имени Органа и заявителем. Генеральный секретарь в письменном виде уведомляет всех членов Органа о заключении каждого контракта.

3.   В соответствии с принципом недискриминации контракт с указанными в пункте 6(a)(i) раздела 1 приложения к Соглашению государством либо субъектом права или каким-либо компонентом такого субъекта предусматривает договоренности, сходные с теми и не менее льготные, чем те, которые заключаются с тем или иным зарегистрированным первоначальным вкладчиком. Если те или иные из указанных в пункте 6(a)(i) раздела 1 приложения к Соглашению государств, субъектов права или каких-либо компонентов таких субъектов достигают более льготных договоренностей, Совет обеспечивает сходные и не менее льготные договоренности в отношении прав и обязанностей, приобретаемых зарегистрированными первоначальными вкладчиками, при условии что такие договоренности не затрагивают интересы Органа и не наносят им ущерба.

Правило 24
Права контрактора

1.   Контрактор имеет исключительное право на разведку в районе, указанном в плане работы, в отношении полиметаллических конкреций. Орган обеспечивает, чтобы никакой другой субъект не осуществлял в этом же районе деятельность в отношении других ресурсов таким образом, чтобы это создавало помехи для деятельности контрактора.

2.   Контрактор, который имеет утвержденный план работы только на разведку, имеет предпочтение и пользуется приоритетом среди заявителей, представивших планы работы на разработку того же района или тех же ресурсов. Совет может лишить контрактора такого предпочтения или приоритета, если он не выполнит требований своего утвержденного плана работы в течение периода времени, предписанного в письменном уведомлении или уведомлениях, направленных Советом контрактору с указанием требований, не выполненных контрактором. Период времени, указываемый в любом таком уведомлении, должен быть разумным. Контрактору предоставляется разумная возможность быть заслушанным, прежде чем лишение его такого предпочтения или приоритета становится окончательным. Совет разъясняет мотивы предлагаемого лишения предпочтения или приоритета и рассматривает любой ответ контрактора. При принятии решения Совет учитывает этот ответ и основывается на существенных сведениях.

3. Лишение предпочтения или приоритета становится действительным лишь после того, как контрактору предоставляется разумная возможность исчерпать средства судебной защиты, имеющиеся в его распоряжении согласно разделу 5 Части XI Конвенции.

Правило 25
Размеры района и отказ от его участков

1. Общая площадь района, выделяемого контрактору по контракту, не должна превышать 150 000 кв. км. Контрактор отказывается от участков отведенного ему района для возвращения их Району. К концу третьего года с даты контракта контрактор отказывается от 20 процентов отведенного ему района; к концу пятого года с даты контракта контрактор отказывается от еще 10 процентов отведенного ему района; а через восемь лет с даты контракта контрактор отказывается от еще 20 процентов отведенного ему района или от такой большей площади, которая превысит район разработки, установленный Органом, при том условии, что контрактор не должен будет отказываться от какой-либо части такого района, если общая площадь отведенного ему района не превышает 75 000 кв. км.

2. Совет может по просьбе контрактора и по рекомендации Комиссии в исключительных обстоятельствах перенести сроки отказа. Такие исключительные обстоятельства определяются Советом и включают, среди прочего, сложившиеся экономические условия или иные непредвиденные исключительные обстоятельства, сложившиеся в связи с осуществлением контрактором своей деятельности.

Правило 26
Срок действия контрактов

1. План работы по разведке утверждается на 15-летний срок. По истечении плана работы по разведке контрактор подает заявку на план работы по разработке, за исключением случаев, когда контрактор уже сделал это, добился продления плана работы по разведке или решил отказаться от своих прав в районе, охваченном планом работы по разведке.

2. Не позднее чем за шесть месяцев до истечения плана работы по разведке контрактор может ходатайствовать о продлениях плана работы по разведке на сроки не более чем по пять лет. Такие продления утверждаются Советом по рекомендации Комиссии, если контрактор добросовестно пытался соблюсти требования плана работы, однако в силу неподвластных ему обстоятельств не смог завершить необходимую подготовительную работу для перехода к этапу разработки, либо если такой переход не оправдывается сложившейся экономической конъюнктурой.

Правило 27
Подготовка кадров

Во исполнение статьи 15 Приложения III Конвенции к каждому контракту прилагается практическая программа подготовки персонала Органа и развивающихся государств, составленная контрактором в сотрудничестве с Органом и поручившимся государством (государствами). Программы подготовки ориентированы на обучение навыкам разведки и предусматривают всестороннее участие такого персонала во всех мероприятиях, охватываемых контрактом. По взаимному согласию такие программы подготовки могут при необходимости периодически пересматриваться и дорабатываться.

Правило 28
Периодический обзор осуществления плана работы по разведке

1.   Каждые пять лет контрактор и Генеральный секретарь совместно производят периодический обзор осуществления плана работы по разведке. Генеральный секретарь может запросить у контрактора дополнительные данные и информацию, которые могут оказаться необходимыми для целей обзора.

2.   В свете этого обзора Контрактор знакомит со своей программой деятельности на следующий пятилетний период, внося необходимые коррективы в свою предшествующую программу деятельности.

3.   Генеральный секретарь докладывает о результатах обзора Комиссии и Совету. Генеральный секретарь указывает в докладе, были ли учтены в ходе обзора какие-либо замечания, препровожденные ему государствами — участниками Конвенции относительно того, каким образом контрактор осуществляет свои обязательства по настоящим правилам касательно защиты и сохранения морской среды.

Правило 29
Прекращение поручительства

1.   На протяжении всего срока действия контракта каждому контрактору необходимо иметь поручительство.

2.   Если государство прекращает свое поручительство, оно в письменном виде оперативно уведомляет об этом Генерального секретаря. Поручившееся государство должно также сообщить Генеральному секретарю мотивы прекращения им своего поручительства. Поручительство прекращает действовать через шесть месяцев после даты получения Генеральным секретарем уведомления, если только в уведомлении не указывается более поздний срок.

3.   В случае прекращения поручительства контрактор находит другого поручителя в срок, указанный в пункте 2. Такой поручитель выдает удостоверение о поручительстве в соответствии с правилом 11. Если контрактор не находит поручителя в требуемый срок, действие контракта прекращается.

4.   Прекращение поручительства не освобождает поручившееся государство от каких-либо обязательств, возникших в период, когда оно являлось поручившимся государством, и не затрагивает никаких юридических прав и обязанностей, появившихся в период такого поручительства.

5.   Генеральный секретарь уведомляет членов Органа о прекращении или изменении поручительства.

Правило 30
Ответственность

Материальная и иная ответственность контрактора и Органа регулируется Конвенцией. Контрактор продолжает нести ответственность за любой ущерб, причиненный в результате неправомерных действий, допущенных им при осуществлении своей деятельности, в частности ущерб морской среде, по окончании этапа разведки.

Часть V
Защита и сохранение морской среды

Правило 31
Защита и сохранение морской среды

1.   В соответствии с Конвенцией и Соглашением Орган устанавливает и подвергает периодическому обзору природоохранные нормы, правила и процедуры, необходимые для обеспечения эффективной защиты морской среды от вредных для нее последствий, которые могут возникнуть в результате деятельности в Районе.

2.   Чтобы обеспечить эффективную защиту морской среды от вредных последствий, которые могут возникнуть в результате осуществления деятельности в Районе, Орган и поручившиеся государства применяют к такой деятельности осторожный подход, нашедший отражение в принципе 15 Рио-де-Жанейрской декларации, и передовую природоохранную практику.

3.   Юридическая и техническая комиссия формулирует рекомендации Совету относительно осуществления пунктов 1 и 2 выше.

4.   Комиссия разрабатывает и осуществляет процедуры с целью определить на основе наилучшей имеющейся научно-технической информации, включая информацию, представляемую во исполнение правила 18, будет ли предлагаемая разведочная деятельность в Районе иметь серьезные пагубные последствия для уязвимых морских экосистем, и обеспечивает, чтобы в случае определения, что некоторые предлагаемые виды разведочной деятельности будут иметь серьезные пагубные последствия для уязвимых морских экосистем, такая деятельность регулировалась во избежание подобных последствий или ее проведение не санкционировалось.

5.   Во исполнение статьи 145 Конвенции и пункта 2 настоящего правила каждый контрактор принимает необходимые меры в целях предотвращения, сокращения и сохранения под контролем загрязнения и других опасностей для морской среды, вытекающих из его деятельности в Районе, насколько это реально возможно с применением осторожного подхода и передовой природоохранной практики.

6.   Контракторы, поручившиеся государства и другие заинтересованные государства или субъекты сотрудничают с Органом в разработке и осуществлении программ мониторинга и оценки воздействия разработки глубоководных районов морского дна на морскую среду. Когда об этом попросит Совет, такие программы включают предложения об обозначении участков, предназначенных для обособления и исключительного

использования в качестве рабочих эталонных полигонов и заповедных эталонных полигонов. Термин «рабочие эталонные полигоны» означает участки, используемые для оценки последствий деятельности в Районе для морской среды и имеющие типичные для Района экологические характеристики. Термин «заповедные эталонные полигоны» означает участки, в которых добыча не производится, с тем чтобы обеспечить типичность и ненарушенность биоты морского дна для целей оценки любых изменений в биоразнообразии морской среды.

Правило 32
Экологический фон и мониторинг

1.   В каждом контракте предусматривается требование о том, чтобы, учитывая любые рекомендации, выносимые Юридической и технической комиссией на основании правила 39, контрактор собирал фоновые экологические данные и устанавливал экологический фон, используемый для оценки вероятного воздействия его программы деятельности в рамках плана работы по разведке на морскую среду, а также программу мониторинга такого воздействия и сообщения о нем. В рекомендациях, выносимых Комиссией, могут, в частности, перечисляться те разведочные мероприятия, которые могут рассматриваться в качестве потенциально неспособных оказать вредное воздействие на морскую среду. В надлежащих случаях контрактор сотрудничает с Органом и поручившимся государством (государствами) в разработке и осуществлении такой программы мониторинга.

2.   Контрактор ежегодно докладывает в письменном виде Генеральному секретарю об осуществлении и результатах программы мониторинга, упомянутой в пункте 1, и представляет данные и информацию, учитывая при этом любые рекомендации, выносимые Комиссией на основании правила 39. Генеральный секретарь направляет такие доклады Комиссии, которая рассматривает их согласно статье 165 Конвенции.

Правило 33
Чрезвычайные распоряжения

1. Контрактор незамедлительно сообщает Генеральному секретарю в письменном виде, используя наиболее эффективные средства, о любом инциденте, вытекающем из деятельности, причинившей, причиняющей или угрожающей причинить серьезный ущерб морской среде.

2. Когда Генеральный секретарь уведомляется контрактором или иным образом осведомляется об инциденте, который произошел вследствие деятельности контрактора в Районе или вызван этой деятельностью и который причинил, причиняет или угрожает причинить серьезный ущерб морской среде, Генеральный секретарь обеспечивает общее оповещение об инциденте, в письменном виде уведомляет контрактора и поручившееся государство (государства) и немедленно сообщает об этом Юридической и технической комиссии, Совету и всем другим членам Органа. Копия этого сообщения распространяется среди всех членов Органа, компетентных международных организаций и соответствующих субрегиональных, региональных и глобальных организаций и органов. Генеральный секретарь следит за событиями в связи со всеми такими инцидентами и сообщает о них по мере необходимости Комиссии, Совету и всем другим членам Органа.

3. Впредь до того, как Совет предпримет какие-либо действия, Генеральный секретарь принимает экстренные меры временного характера, которые являются практичными и разумными в сложившихся обстоятельствах с точки зрения предотвращения, сдерживания и максимального сокращения серьезного ущерба морской среде. Такие временные меры остаются в силе в течение не более чем 90 дней или же до того момента, когда Совет постановит, какие меры должны (и должны ли) быть приняты во исполнение пункта 6 настоящего правила.

4. Получив доклад Генерального секретаря, Комиссия, опираясь на представленные ей сведения и учитывая уже принятые контрактором меры, определяет, какие меры необходимо принять для эффективного преодоления инцидента, с тем чтобы предотвратить, сдержать и максимально сократить серьезный ущерб или угрозу серьезного ущерба морской среде, и выносит Совету свои рекомендации.

5. Совет рассматривает рекомендации Комиссии.

6. Учитывая рекомендации Комиссии, доклад Генерального секретаря, любую информацию, представленную контрактором, и любую иную соответствующую информацию, Совет может издавать чрезвычайные распоряжения, в число которых могут входить распоряжения о приостановке или корректировке операций, разумно необходимой для предотвращения, сдерживания и максимального сокращения серьезного ущерба или угрозы серьезного ущерба морской среде в результате деятельности в Районе.

7. Если контрактор не обеспечивает оперативного выполнения чрезвычайного распоряжения о предотвращении, сдерживании и максимальном сокращении серьезного ущерба или угрозы серьезного ущерба морской среде, вызываемого его деятельностью в Районе, сам Совет или по договоренности с ним кто-либо иной от его имени принимает такие практические меры, которые необходимы для предотвращения, сдерживания и

максимального сокращения любого такого серьезного ущерба или угрозы серьезного ущерба морской среде.

8.   Для того чтобы Совет, при необходимости, мог немедленно принять практические меры для предотвращения, сдерживания и максимального сокращения серьезного ущерба или угрозы серьезного ущерба морской среде, о которых говорится в пункте 7, контрактор до начала испытаний коллекторных систем и операций по переработке должен будет представить Совету гарантию своих финансовых и технических возможностей для оперативного выполнения чрезвычайных распоряжений или заверить Совет в том, что такие меры может принять он сам. Если контрактор не предоставляет Совету такой гарантии, то поручившееся государство или государства в ответ на просьбу Генерального секретаря и во исполнение статей 139 и 235 Конвенции принимают меры с целью обеспечить оказание Органу содействия в осуществлении им своих обязанностей по пункту 7.

Правило 34
Права прибрежных государств

1.   Сообразно со статьей 142 и другими соответствующими положениями Конвенции ничто в настоящих Правилах не затрагивает прав прибрежных государств.

2.   Любое прибрежное государство, которое имеет основания полагать, что та или иная деятельность контрактора в Районе может причинить серьезный ущерб или создать угрозу серьезного ущерба морской среде в акваториях, находящихся под его юрисдикцией и/или суверенитетом, может в письменном виде уведомить Генерального секретаря о таких основаниях. Генеральный секретарь предоставляет контрактору и его поручившемуся государству (государствам) разумную возможность изучить доказательства (если таковые имеются), представленные прибрежным государством в качестве упомянутых оснований. Контрактор и его поручившееся государство (государства) могут представить Генеральному секретарю свои замечания по ним в течение разумного периода времени.

3.   Если имеются явные основания заключить, что серьезный ущерб морской среде вероятен, то Генеральный секретарь действует в соответствии с правилом 33, а в случае необходимости принимает экстренные меры временного характера, предусмотренные пунктом 3 правила 33.

4.   Контракторы принимают все необходимые меры с целью обеспечить, чтобы их деятельность проводилась без нанесения серьезного ущерба морской среде, включая загрязнение, но не ограничиваясь таковым, в акваториях, находящихся под юрисдикцией или суверенитетом прибрежных государств, и чтобы такой серьезный ущерб или загрязнение, являющееся результатом инцидентов или деятельности в их разведочных районах, не распространялись за пределы таких районов.

Правило 35
Человеческие останки и объекты и участки, имеющие археологическое или историческое значение

Контрактор незамедлительно уведомляет Генерального секретаря в письменном виде об обнаружении в разведочном районе каких бы то ни было человеческих останков, имеющих археологическое или историческое значение, или каких-либо объектов или участков аналогичного характера и об их местонахождении, включая принятые меры по сохранению и защите. Генеральный секретарь препровождает такую информацию Генеральному директору Организации Объединенных Наций по вопросам образования, науки и культуры и любой иной компетентной международной организации. При обнаружении в разведочном районе любых таких человеческих останков, объектов или участков и во избежание причинения ущерба таким человеческим останкам, объектам или участкам в разумном радиусе не проводится никаких дальнейших поисково-разведочных работ, пока Совет не примет иного решения с учетом мнения Генерального директора Организации Объединенных Наций по вопросам образования, науки и культуры или любой иной компетентной международной организации.

Часть VI
Конфиденциальность

Правило 36
Конфиденциальность данных и информации

1. Данные и информация, представленные или переданные Органу или любому лицу, участвующему в какой бы то ни было деятельности или программе Органа, во исполнение настоящих ˈПравил или контракта, заключенного согласно настоящим Правилам, и обозначенные контрактором в консультации с Генеральным секретарем в качестве имеющих конфиденциальный характер, считаются конфиденциальными, если речь не идет о данных и информации, которые:

    a) общеизвестны или доступны из других источников;

    b) были ранее представлены их собственником другим лицам без обязательства соблюдать их конфиденциальность;

    c) уже находятся во владении Органа без обязательства соблюдать их конфиденциальность.

2. Данные и информация, которые необходимы для выработки Органом норм, правил и процедур, касающихся защиты и сохранения морской среды и техники безопасности, и которые не относятся при этом к данным о конструкции оборудования, не рассматриваются в качестве конфиденциальных.

3. Конфиденциальные данные и информация могут использоваться Генеральным секретарем и персоналом Секретариата, с санкции Генерального секретаря, и членами Юридической и технической комиссии только при необходимости и только для эффективного осуществления ими своих полномочий и функций. Генеральный секретарь санкционирует доступ к таким данным и информации только для ограниченного пользования в связи с

осуществлением сотрудниками Секретариата своих функций и обязанностей и функций и обязанностей Юридической и технической комиссии.

4.   Через 10 лет после даты представления конфиденциальных данных и информации Органу или после истечения контракта на разведку в зависимости от того, что наступает позднее, и через каждые пять лет после этого Генеральный секретарь и контрактор производят обзор таких данных и информации с целью определить, должны ли они оставаться конфиденциальными. Такие данные и информация остаются конфиденциальными, если контрактор определяет, что в случае опубликования таких данных и информации возникнет существенный риск серьезного и несправедливого экономического ущерба. Такие данные и информация не публикуются до тех пор, пока контрактору не будет предоставлена разумная возможность истощения средств судебной защиты, имеющихся в его распоряжении согласно разделу 5 части XI Конвенции.

5.   Если в какой-либо момент времени после истечения контракта на разведку контрактор подписывает контракт на разработку в отношении любой части разведочного района, конфиденциальные данные и информация, касающиеся этой части района, сохраняют конфиденциальность в соответствии с контрактом на разработку.

6.   Контрактор может в любое время отказаться от конфиденциальности данных и информации.

Правило 37
Процедуры обеспечения конфиденциальности

1.   Генеральный секретарь отвечает за сохранение конфиденциальности всех таких конфиденциальных данных и информации и без предварительного письменного согласия контрактора не разглашает такие данные и информацию какому-либо лицу, постороннему для Органа. Для обеспечения конфиденциальности таких данных и информации Генеральный секретарь устанавливает в соответствии с положениями Конвенции процедуры обращения с конфиденциальной информацией для членов Секретариата, членов Юридической и технической комиссии и любых других лиц, участвующих в какой бы то ни было деятельности или программе Органа. Такие процедуры включают:

    a)   хранение конфиденциальных данных и информации в надежных местах и разработку процедур безопасности для предотвращения несанкционированного доступа к таким данным и информации или их изъятия;

    b)   составление и ведение классификации, перечня или описи всех полученных письменных данных и информации с указанием их типа, источника и схемы прохождения с момента получения до момента окончательного распоряжения ими.

2.   Лицо, уполномоченное согласно настоящим Правилам иметь доступ к конфиденциальным данным и информации, не разглашает таких данных и информации, за исключением тех случаев, когда это разрешается Конвенцией или настоящими Правилами. Генеральный секретарь предписывает любому лицу, уполномоченному иметь доступ к конфиденциальным данным и информации, делать письменное заявление в присутствии Генерального

секретаря или назначенного им представителя о том, что имеющее такой допуск лицо:

a) признает свои юридические обязательства согласно Конвенции и настоящим Правилам относительно неразглашения конфиденциальных данных и информации;

b) соглашается соблюдать применимые правила и процедуры, установленные для обеспечения конфиденциальности таких данных и информации.

3. Юридическая и техническая комиссия ограждает конфиденциальность конфиденциальных данных и информации, представленных ей в соответствии с настоящими Правилами или контрактом, заключенным согласно настоящим Правилам. В соответствии с положениями пункта 8 статьи 163 Конвенции члены Комиссии не должны разглашать даже после прекращения осуществления своих функций никаких промышленных секретов, имеющих характер собственности данных, которые передаются Органу в соответствии со статьей 14 приложения III Конвенции, или любую другую конфиденциальную информацию, которая стала им известна в силу их обязанностей, выполняемых в Органе.

4. Генеральный секретарь и персонал Органа не должны разглашать даже после прекращения осуществления своих функций в Органе никаких промышленных секретов, имеющих характер собственности данных, которые передаются Органу в соответствии со статьей 14 приложения III Конвенции, или любую другую конфиденциальную информацию, которая стала им известна в силу их службы в Органе.

5. Принимая во внимание ответственность Органа согласно статье 22 приложения III Конвенции, Орган может принимать какие бы то ни было надлежащие меры в отношении любого лица, которое в силу своих обязанностей, выполняемых в Органе, имеет доступ к каким-либо конфиденциальным данным и информации и которое нарушает обязательства в отношении конфиденциальности, содержащиеся в Конвенции и настоящих Правилах.

Часть VII
Общие процедуры

Правило 38
Уведомления и общие процедуры

1. Любое заявление, просьба, уведомление, сообщение, согласие, одобрение, освобождение от обязательств, распоряжение или инструкция, предусмотренные настоящими Правилами, направляются Генеральным секретарем или же назначенным представителем изыскателя, заявителя либо контрактора в письменном виде. Они доставляются с посыльным либо по телексу, по факсу, заказной авиапочтой или электронной почтой с авторизованной электронной подписью Генеральному секретарю в штаб-квартиру Органа или же назначенному представителю.

2.   Доставка с посыльным считается состоявшейся в момент вручения. Доставка по телексу считается состоявшейся на следующий рабочий день после того, как на телексном аппарате отправителя появляется автоответ. Доставка по факсу считается состоявшейся, когда отправитель получает сигнал «сообщение передано», подтверждающий, что сообщение прошло на обнародованный номер факса получателя. Доставка заказной авиапочтой считается состоявшейся через 21 день после отправки. Предполагается, что электронное сообщение получено адресатом, когда оно попадает в информационную систему, обозначенную или используемую адресатом для цели получения документов, аналогичных отправленному, и оно может быть извлечено и обработано адресатом.

3.   Уведомление в адрес назначенного представителя изыскателя, заявителя или контрактора представляет собой действительное уведомление изыскателя, заявителя или контрактора для всех целей по настоящим Правилам, а назначенный представитель является представителем изыскателя, заявителя или контрактора для целей вручения повесток или извещений по любому производству в каком-либо компетентном судебном или арбитражном органе.

4.   Уведомление в адрес Генерального секретаря представляет собой действительное уведомление Органа для всех целей по настоящим Правилам, а Генеральный секретарь является представителем Органа для целей вручения повесток или извещений по любому производству в каком-либо компетентном судебном или арбитражном органе.

Правило 39
Рекомендации, призванные сориентировать контракторов

1.   Юридическая и техническая комиссия может периодически выносить рекомендации технического или административного характера, призванные сориентировать контракторов, помогая им в толковании норм, правил и процедур Органа.

2.   Полный текст таких рекомендаций сообщается Совету. Если Совет находит, что та или иная рекомендация не соответствует предназначению и цели настоящих Правил, он может потребовать изменения или изъятия этой рекомендации.

Часть VIII
Урегулирование споров

Правило 40
Споры

1.   Споры относительно толкования или применения настоящих Правил урегулируются в соответствии с разделом 5 Части XI Конвенции.

2.   Любое окончательное решение относительно прав и обязанностей Органа и контрактора, вынесенное каким-либо судебным или арбитражным органом, имеющим юрисдикцию в соответствии с Конвенцией, подлежит исполнению на территории каждого государства — участника Конвенции.

Часть IX
Ресурсы помимо полиметаллических конкреций

Правило 41
Ресурсы помимо полиметаллических конкреций

Если изыскатель или контрактор обнаруживает в Районе ресурсы помимо полиметаллических конкреций, поиск, разведка и разработка таких ресурсов регламентируются в соответствии с Конвенцией и Соглашением нормами, правилами и процедурами Органа, касающимися таких ресурсов. Изыскатель или контрактор уведомляет орган о том, что он обнаружил.

Часть X
Обзор

Правило 42
Обзор

1.   Через пять лет после утверждения настоящих Правил Ассамблеей или в любой последующий момент времени Совет проводит обзор того, как Правила функционируют на практике.

2.   Если в свете обновленных знаний или технологии становится очевидным, что Правила не адекватны, любое государство-участник, Юридическая и техническая комиссия или любой контрактор через посредство своего поручившегося государства может в любой момент времени просить Совет провести на своей следующей очередной сессии пересмотр настоящих Правил.

3.   В свете обзора Совет может принимать и в предварительном порядке применять (впредь до утверждения Ассамблеей) поправки к положениям настоящих Правил, принимая во внимание рекомендации Юридической и технической комиссии или других соответствующих подчиненных органов. Любые такие поправки не наносят ущерба правам, присваиваемым какому-либо контрактору в соответствии с положениями контракта с Органом, заключенного в соответствии с настоящими Правилами, действующего на момент внесения любой такой поправки.

4.   Если в какие-либо положения настоящих Правил вносятся поправки, то контрактор и Орган могут пересмотреть контракт в соответствии с разделом 24 приложения IV.

Приложение I

Уведомление о намерении заняться поиском

1.   Наименование изыскателя:

2.   Местонахождение изыскателя:

3.   Почтовый адрес (если отличается от вышеуказанного):

4.   Телефон:

5.   Факс:

6.   Адрес электронной почты:

7.   Национальная принадлежность изыскателя:

8.   Если изыскатель является юридическим лицом:

   a)   указать место его регистрации;

   b)   указать местонахождение его главной конторы/его домициль;

   c)   приложить копию регистрационного свидетельства изыскателя.

9.   Наименование назначенного изыскателем представителя:

10.   Местонахождение (адрес) назначенного изыскателем представителя (если отличается от вышеуказанного):

11.   Почтовый адрес (если отличается от вышеуказанного):

12.   Телефон:

13.   Факс:

14.   Адрес электронной почты:

15.   Приложить координаты ориентировочного района (районов) проведения поиска (в соответствии с мировой геодезической системой WGS84).

16.   Приложить общее описание программы поиска, включая дату начала и примерную продолжительность программы.

17.   Приложить письменное обязательство о том, что изыскатель будет:

   a)   соблюдать Конвенцию и соответствующие нормы, правила и процедуры Органа, касающиеся:

   i)   сотрудничества в программах подготовки кадров в связи с морскими научными исследованиями и передачей технологии, о которых говорится в статьях 143 и 144 Конвенции, и

   ii)   защиты и сохранения морской среды;

   b)   давать согласие на проведение Органом проверки их соблюдения.

13-40405

18. Перечислить в данном пункте все добавления и приложения к настоящему уведомлению (все данные и информация должны представляться в печатном виде и в указанном Органом цифровом формате):

Дата: _____   _____

Подпись назначенного изыскателем представителя

Заверено:

_____

Подпись заверяющего лица

_____

Имя заверяющего лица

_____

Должность заверяющего лица

Приложение II

Заявка на утверждение плана работы по разведке для получения контракта

Раздел I
Информация о заявителе

1. Наименование заявителя:

2. Местонахождение заявителя:

3. Почтовый адрес (если отличается от вышеуказанного):

4. Телефон:

5. Факс:

6. Адрес электронной почты:

7. Наименование назначенного заявителем представителя:

8. Местонахождение назначенного заявителем представителя (если отличается от вышеуказанного):

9. Почтовый адрес (если отличается от вышеуказанного):

10. Телефон:

11. Факс:

12. Адрес электронной почты:

13. Если заявитель является юридическим лицом:

    a) указать место его регистрации и

    b) указать местонахождение его главной конторы/его домициль;

    c) приложить копию регистрационного свидетельства заявителя.

14. Указать поручившееся государство (государства).

15. По каждому поручившемуся государству указать дату сдачи на хранение им своего документа о ратификации Конвенции Организации Объединенных Наций по морскому праву от 10 декабря 1982 года, о присоединении к ней или о правопреемстве в ее отношении и дату выражения согласия на обязательность для него Соглашения об осуществлении Части XI Конвенции.

16. К настоящей заявке должно прилагаться удостоверение о поручительстве, выданное поручившимся государством. Если заявитель имеет более чем одну национальность, как в случае партнерства или консорциума субъектов из более чем одного государства, должны прилагаться удостоверения о поручительстве, выданные каждым из таких государств.

Раздел II
Информация о заявочном районе

17. Определить границы заявочного района, приложив перечень географических координат (в соответствии с мировой геодезической системой WGS84).

18. Приложить карту (в указанных Органом масштабе и проекции) и перечень координат, разделяющих целый район на две части одинаковой предположительной коммерческой ценности.

19. Включить в приложение достаточную информацию, позволяющую Совету обозначить зарезервированный район с учетом предположительной коммерческой ценности каждой части заявочного района. Такое приложение должно включать имеющиеся у заявителя данные по обеим частям заявочного района, в том числе:

a) данные о местоположении, съемке и оценке полиметаллических конкреций в районах, включая:

i) описание технологий, связанных с извлечением и обработкой полиметаллических конкреций, которое необходимо для обозначения зарезервированного района;

ii) карту с указанием таких физических и геологических характеристик, как топография морского дна, батиметрия и придонные течения, и информацию о степени надежности соответствующих данных;

iii) данные, показывающие среднюю плотность залегания полиметаллических конкреций в кг/м^2, и соответствующую карту плотности залегания с указанием местоположения пробоотборных участков;

iv) данные, показывающие среднее содержание элементов металлов, представляющих экономический интерес (сортность), на основе количественных анализов содержания химических элементов на единицу веса (сухих конкреций) в процентах и соответствующую карту сортности;

v) комбинированные карты плотности залегания и сортности полиметаллических конкреций;

vi) произведенный на основе стандартных процедур (включая статистический анализ) расчет с использованием представленных данных и выкладок, дающий основания полагать, что оба района содержат полиметаллические конкреции одинаковой предположительной коммерческой ценности, которая выражается в виде объема металлов, извлекаемого на поддающихся разработке участках;

vii) описание методов, использованных заявителем;

b) информацию об экологических параметрах (в сезонной разбивке и за весь период испытаний), в том числе о скорости и направлении ветра, солености и температуре воды и биологических сообществах.

20. Если заявочный район включает какую-либо часть зарезервированного района, приложить перечень координат района, являющегося частью

зарезервированного района, и указать соответствующие характеристики заявителя сообразно с правилом 17 Правил.

Раздел III
Финансовая и техническая информация[a]

21. Приложить достаточную информацию, позволяющую Совету определить, располагает ли заявитель финансовыми возможностями для осуществления предлагаемого плана работы по разведке и выполнения своих финансовых обязательств перед Органом.

a) Если заявка представляется Предприятием, приложить выданное его компетентным органом удостоверение о том, что Предприятие располагает необходимыми финансовыми ресурсами на покрытие сметных расходов по предлагаемому плану работы по разведке.

b) Если заявка представляется государством или государственным предприятием, приложить заявление государства или поручившегося государства, удостоверяющее, что заявитель располагает необходимыми финансовыми ресурсами на покрытие сметных расходов по предлагаемому плану работы по разведке.

c) Если заявка представляется субъектом, приложить проверенные финансовые ведомости заявителя (включая балансовые ведомости и отчеты о прибылях и убытках) за последние три года, составленные в соответствии с международно принятыми принципами учета и заверенные надлежащим образом квалифицированной аудиторской фирмой, а также:

i) если заявителем является недавно созданный субъект и заверенной балансовой ведомости не имеется, — условную балансовую ведомость, заверенную соответствующим должностным лицом заявителя;

ii) если заявителем является дочерняя компания другого субъекта, — копии таких финансовых ведомостей этого субъекта и заявление последнего о том, что заявитель будет располагать финансовыми ресурсами на осуществление плана работы по разведке, каковое заявление составляется в соответствии с международно принятыми принципами учета и заверяется надлежащим образом квалифицированной аудиторской фирмой;

---

[a] Заявка на утверждение плана работы по разведке, представленная от имени указанных в пункте 1(a)(ii) и (iii) резолюции II государства либо субъекта права или какого-либо компонента такого субъекта, которые не являются зарегистрированными первоначальными вкладчиками и которые до вступления Конвенции в силу уже провели в Районе значительный объем деятельности, либо от имени их правопреемников, считается удовлетворяющей финансовым и техническим требованиям, необходимым для утверждения плана работы, если поручившееся государство (государства) удостоверяет, что заявитель израсходовал на исследовательскую и разведочную деятельность сумму, эквивалентную по меньшей мере 30 млн. долл. США, причем не менее 10 процентов этой суммы — на установление местонахождения, съемку и оценку района, указанного в плане работы.

iii) если заявитель находится под контролем государства или государственного предприятия, — заявление этого государства или государственного предприятия, удостоверяющее, что заявитель будет располагать финансовыми ресурсами на осуществление плана работы по разведке.

22.	Если предлагаемый план работы по разведке намечается финансировать за счет займов, приложить заявление о сумме таких займов, сроках их погашения и процентной ставке.

23.	Приложить достаточную информацию, позволяющую Совету определить, в состоянии ли заявитель осуществить предлагаемый план работы по разведке в техническом отношении, включая:

a)	общее описание имеющихся у заявителя опыта, знаний, навыков, технической квалификации и специальной подготовки для осуществления предлагаемого плана работы по разведке;

b)	общее описание оборудования и методов, которые намечается использовать при осуществлении предлагаемого плана работы по разведке, и другую не имеющую характера собственности информацию о характеристиках такой технологии;

c)	общее описание имеющихся у заявителя финансовых и технических возможностей реагировать на любые инциденты или действия, причиняющие серьезный ущерб морской среде.

Раздел IV
План работы по разведке

24.	Приложить следующую информацию о программе работы по разведке:

a)	общее описание и график предлагаемой программы разведки, включая программу деятельности на ближайший пятилетний период, как-то запланированные исследования в отношении экологических, технических, экономических и прочих соответствующих факторов, которые должны учитываться при разведке;

b)	описание программы океанографических и фоновых экологических исследований в соответствии с настоящими Правилами и любыми установленными Органом природоохранными нормами, правилами и процедурами, которая позволила бы произвести оценку потенциального экологического воздействия предлагаемой разведочной деятельности, включая воздействие на биоразнообразие, но не ограничиваясь таковым, с учетом любых рекомендаций, выносимых Юридической и технической комиссией;

c)	предварительная оценка возможного воздействия предлагаемой разведочной деятельности на морскую среду;

d)	описание предлагаемых мер по предупреждению, уменьшению и сохранению под контролем загрязнения и другого опасного воздействия на морскую среду, а также возможных последствий для нее;

e)	калькуляция предполагаемых годовых расходов по программе деятельности на ближайший пятилетний период.

Раздел V
Обязательства

25.   Приложить письменное обязательство заявителя:

a)   признать в качестве подлежащих исполнению и соблюдать применимые обязательства, возникающие в силу положений Конвенции, норм, правил и процедур Органа, решений соответствующих органов Органа и условий его контрактов с Органом;

b)   признать предусмотренный Конвенцией контроль со стороны Органа за деятельностью в Районе;

c)   представить Органу письменное заверение в том, что его обязательства по контракту будут добросовестно выполняться.

Раздел VI
Предыдущие контракты

26.   Если заявитель или — в случае представления заявки партнерством или консорциумом субъектов, осуществляющих деятельность совместно, — любой участник партнерства или консорциума заключал ранее какой-либо контракт с Органом, то заявка должна включать:

a)   дату предыдущего контракта (контрактов);

b)   дату представления, условное обозначение и название каждого отчета, представленного Органу в связи с контрактом (контрактами);

c)   в соответствующих случаях — дату прекращения контракта (контрактов).

Раздел VII
Добавления

27.   Перечислить все добавления и приложения к настоящей заявке (все данные и информация должны представляться в печатном виде и в указанном Органом цифровом формате):

Дата: _____   _____

Подпись назначенного изыскателем
представителя

Заверено:

_____

Подпись заверяющего лица

_____

Имя заверяющего лица

_____

Должность заверяющего лица

Приложение III

Контракт на разведку

НАСТОЯЩИМ КОНТРАКТОМ, заключенным «___» _____ года между **МЕЖДУНАРОДНЫМ ОРГАНОМ ПО МОРСКОМУ ДНУ** (именуемым далее «Орган»), представленным его **ГЕНЕРАЛЬНЫМ СЕКРЕТАРЕМ**, и _____ (именуемым далее «Контрактор»), представленным _____, **УДОСТОВЕРЯЕТСЯ** нижеследующее:

Инкорпорация условий

1. Настоящий контракт включает в себя стандартные условия, приводимые в приложении IV к Правилам поиска и разведки полиметаллических конкреций в Районе, и эти условия имеют такую же силу, как если бы они развернуто приводились в настоящем контракте.

Разведочный район

2. Для целей настоящего контракта «разведочный район» означает ту часть Района, которая выделена контрактору для разведки; она определяется перечисленными в добавлении 1 к контракту координатами и может периодически сокращаться в соответствии со стандартными условиями и Правилами.

Предоставление прав

3. С учетом a) их взаимной заинтересованности в осуществлении деятельности по разведке в разведочном районе в соответствии с Конвенцией Организации Объединенных Наций по морскому праву от 10 декабря 1982 года и Соглашением об осуществлении Части XI Конвенции, b) ответственности Органа за организацию и контролирование деятельности в Районе, в частности в целях управления ресурсами Района, в соответствии с правовым режимом, установленным, соответственно, в Части XI Конвенции и Соглашении об осуществлении Части XI Конвенции, и c) интересов и финансовых обязательств Контрактора в осуществлении деятельности в разведочном районе и взаимных договоренностей, закрепленных в настоящем контракте, Орган предоставляет настоящим Контрактору исключительное право на разведку полиметаллических конкреций в разведочном районе в соответствии с условиями настоящего контракта.

Вступление в силу и срок действия контракта

4. Настоящий контракт вступает в силу по его подписании обеими сторонами и с соблюдением стандартных условий остается в силе в течение последующих пятнадцати лет, если только:

   a) Контрактор не получит контракт на разработку в разведочном районе, вступающий в силу до истечения такого пятнадцатилетнего периода, или

b) контракт не будет прекращен ранее, при условии что срок действия контракта может быть продлен в соответствии со стандартными условиями 3.2 и 17.2.

Добавления

5.   Добавления, упоминаемые в стандартных условиях, а именно в разделе 4 и разделе 7, являются для целей настоящего контракта, соответственно, добавлениями 2 и 3.

Содержание соглашения

6.   Настоящий контракт заключает в себе все содержание соглашения между сторонами, и никакие устные договоренности или предшествующие документы не меняют его условий.

В УДОСТОВЕРЕНИЕ ЧЕГО нижеподписавшиеся, должным образом на то уполномоченные соответствующими сторонами, подписали «___» _____ года в _____ настоящий контракт.

Добавление 1

[Координаты и иллюстративная карта разведочного района]

Добавление 2

[Периодически пересматриваемая программа деятельности на текущий пятилетний период]

Добавление 3

[Программа подготовки кадров становится добавлением к контракту после утверждения Органом в соответствии с разделом 8 стандартных условий]

Приложение IV

Стандартные условия контракта на разведку

Раздел 1
Определения

1.1   В нижеследующих условиях:

a)   «разведочный район» означает ту часть Района, которая выделена Контрактору для разведки; она описывается в добавлении 1 к настоящему контракту и может периодически сокращаться в соответствии с настоящим контрактом и Правилами;

b)   «программа деятельности» означает программу деятельности, которая изложена в добавлении 2 к контракту и может периодически корректироваться в соответствии с разделами 4.3 и 4.4 контракта;

c)   «Правила» означает Правила поиска и разведки полиметаллических конкреций в Районе, принимаемые Органом.

1.2   Термины и выражения, которым дано определение в Правилах, имеют то же значение и в настоящих стандартных условиях.

1.3   В соответствии с Соглашением об осуществлении Части XI Конвенции Организации Объединенных Наций по морскому праву от 10 декабря 1982 года его положения и Часть XI Конвенции толкуются и применяются совместно, как единый акт; настоящий контракт и содержащиеся в нем ссылки на Конвенцию толкуются и применяются соответствующим же образом.

1.4   Настоящий контракт включает добавления к нему, которые являются его неотъемлемой частью.

Раздел 2
Гарантия обладания контрактом

2.1   Контрактору гарантируется обладание контрактом, и настоящий контракт не может быть приостановлен, прекращен или пересмотрен иначе как в соответствии с его разделами 20, 21 и 24.

2.2   Контрактор имеет исключительное право на разведку полиметаллических конкреций в разведочном районе в соответствии с условиями настоящего контракта. Орган обеспечивает, чтобы никакой иной субъект не осуществлял в разведочном районе деятельность, связанную с иной категорией ресурсов, таким образом, чтобы это создавало необоснованные помехи для деятельности Контрактора.

2.3   Контрактор вправе, уведомив Орган, в любой момент полностью или частично отказаться, не подвергаясь каким-либо санкциям, от своих прав в разведочном районе, при том что он не освобождается ни от каких обязательств, возникших в отношении района, от которого он отказывается, до даты такого отказа.

2.4   Ничто в настоящем контракте не может рассматриваться как наделяющее Контрактора какими-либо правами помимо тех, которые прямо ему предоставлены контрактом. Орган оставляет за собой право заключать с третьими сторонами контракты в отношении ресурсов помимо полиметаллических конкреций в районе, охватываемом настоящим контрактом.

Раздел 3
Срок действия контракта

3.1 Настоящий контракт вступает в силу по его подписании обеими сторонами и остается в силе в течение последующих пятнадцати лет, если только:

    a) Контрактор не получит контракт на разработку в разведочном районе, вступающий в силу до истечения такого пятнадцатилетнего срока, или

    b) контракт не будет прекращен ранее, — при условии что срок действия контракта может быть продлен в соответствии с его разделами 3.2 и 17.2.

3.2 По заявлению Контрактора не позднее чем за шесть месяцев до истечения настоящего контракта контракт может быть продлен на сроки, не превышающие пяти лет каждый, на таких условиях, которые Орган и Контрактор могут в тот момент согласовать в соответствии с Правилами. Такие продления утверждаются, если Контрактор добросовестно пытался соблюсти требования настоящего контракта, однако в силу неподвластных ему обстоятельств не смог завершить необходимую подготовительную работу для перехода к этапу разработки, либо если такой переход не оправдывается сложившейся экономической конъюнктурой.

3.3 Независимо от истечения срока действия настоящего контракта в соответствии с его разделом 3.1, если Контрактор не позднее чем за 90 дней до истечения срока действия подаст заявку на контракт на разработку, права и обязательства Контрактора по настоящему контракту остаются в силе до тех пор, пока эта заявка не будет рассмотрена и не будет заключен или же отклонен контракт на разработку.

Раздел 4
Разведка

4.1 Контрактор начинает разведку в соответствии с графиком, предусмотренным в программе деятельности, изложенной в добавлении 2 к контракту, и придерживается таких сроков или любых их изменений, которые предусмотрены в настоящем контракте.

4.2 Контрактор выполняет программу деятельности, изложенную в добавлении 2 к контракту. В каждом контрактном году Контрактор расходует в качестве фактических прямых расходов на разведку сумму, не меньше указанной в такой программе или любом согласованном пересмотренном ее варианте.

4.3 Контрактор с согласия Органа, который не может необоснованно отказать в таком согласии, может периодически вносить в программу деятельности и указанные в ней расходы такие изменения, которые могут быть необходимы и разумны в соответствии с принятой в добывающей промышленности надлежащей практикой и с учетом конъюнктуры на рынке металлов, содержащихся в полиметаллических конкрециях, и иных условий мировой экономической конъюнктуры.

4.4 Не позднее чем за 90 дней до истечения каждого пятилетнего срока, отсчитываемого с даты, когда настоящий контракт вступает в силу в соответствии с его разделом 3, Контрактор и Генеральный секретарь совместно производят обзор осуществления плана работы по разведке в соответствии с настоящим контрактом. Генеральный секретарь может затребовать у Контрактора дополнительные данные и информацию, которые могут оказаться необходимы для целей обзора. В свете этого обзора контрактор вносит такие изменения в свою предыдущую программу деятельности, которые становятся необходимыми, и формулирует свою программу деятельности на последующий пятилетний период, включая пересмотренную смету ожидаемых ежегодных расходов. В дополнение 2 к контракту вносятся соответствующие коррективы.

Раздел 5
Экологический мониторинг

5.1 Контрактор принимает необходимые меры для предотвращения, сокращения и сохранения под контролем загрязнения и других опасностей для морской среды, вызываемых его деятельностью в Районе, насколько это реально возможно, используя осторожный подход и передовую природоохранную практику.

5.2 До начала разведочной деятельности Контрактор представляет Органу:

a) оценку возможного воздействия предлагаемой деятельности на морскую среду;

b) предложение по программе мониторинга, позволяющей определить возможное воздействие предлагаемой деятельности на морскую среду, и

c) данные, могущие применяться для установления экологического фона, в сопоставлении с которым оценивается воздействие предлагаемой деятельности.

5.3 По ходу разведочной деятельности Контрактор производит в соответствии с Правилами сбор фоновых экологических данных и устанавливает экологический фон, в сопоставлении с которым оценивается возможное воздействие деятельности Контрактора на морскую среду.

5.4 Контрактор организует и осуществляет в соответствии с Правилами программу мониторинга такого воздействия на морскую среду и сообщения о нем. Контрактор сотрудничает с Органом в осуществлении такого мониторинга.

5.5 В течение 90 дней после окончания каждого календарного года Контрактор сообщает Генеральному секретарю об осуществлении и результатах программы мониторинга, о которой говорится в разделе 5.4 контракта, и представляет данные и информацию в соответствии с Правилами.

Раздел 6
Планы чрезвычайных мер и чрезвычайные ситуации

6.1 До начала осуществления своей программы деятельности по настоящему контракту Контрактор представляет Генеральному секретарю план чрезвычайных мер с целью эффективного реагирования на вызванные деятельностью Контрактора на море в разведочном районе инциденты, которые могут причинить серьезный ущерб морской среде или создать угрозу такого ущерба. В таком плане чрезвычайных мер устанавливаются специальные процедуры и предусматривается надлежащее и подходящее оборудование для борьбы с такими инцидентами, и в частности оговаривается:

a) немедленное объявление общей тревоги в районе разведочной деятельности;

b) немедленное извещение Генерального секретаря;

c) предупреждение судов, которые могут вскоре оказаться в непосредственной близости;

d) непрерывное снабжение Генерального секретаря полной информацией, касающейся подробностей чрезвычайной ситуации, уже принятых мер и требуемых дальнейших действий;

e) устранение в надлежащих случаях загрязняющих веществ;

f) сокращение и, насколько это реально возможно, предотвращение серьезного ущерба морской среде, а также смягчение соответствующих последствий;

g) сотрудничество при необходимости с другими контракторами Органа в целях устранения чрезвычайной ситуации;

h) проведение периодических учебных тревог.

6.2 Контрактор оперативно сообщает Генеральному секретарю о любом вызванном деятельностью Контрактора инциденте, который причинил, причиняет или угрожает причинить серьезный ущерб морской среде. Каждое такое сообщение содержит подробное изложение такого инцидента, включая, в частности:

a) координаты района, который был затронут или который вполне может быть затронут;

b) описание действий, предпринимаемых контрактором в целях предотвращения, сдерживания, максимального сокращения и устранения серьезного ущерба морской среде или угрозы такого ущерба;

c) описание действий, предпринимаемых Контрактором в целях мониторинга последствий инцидента для морской среды;

d) такую другую информацию, которая может разумно потребоваться Генеральному секретарю.

6.3 Контрактор выполняет чрезвычайные распоряжения и экстренные меры временного характера, которые принимаются сообразно с Правилами, соответственно, Советом и Генеральным секретарем для предотвращения серьезного ущерба морской среде и которые могут включать распоряжения о том, чтобы Контрактор немедленно приостановил или скорректировал любую деятельность в разведочном районе.

6.4 Если Контрактор не выполняет оперативно такие чрезвычайные распоряжения или экстренные меры временного характера, то Совет может принимать за счет Контрактора такие разумные меры, которые необходимы для предотвращения, сдерживания, максимального сокращения или устранения любого такого серьезного ущерба морской среде или угрозы такого ущерба. Контрактор оперативно возмещает Органу такие расходы. Такие расходы не включают любые денежные штрафы, которые могут быть наложены на Контрактора в соответствии с условиями настоящего контракта или Правилами.

Раздел 7
Человеческие останки и объекты и участки, имеющие археологическое или историческое значение

Контрактор незамедлительно уведомляет Генерального секретаря в письменном виде об обнаружении в разведочном районе каких бы то ни было человеческих останков, имеющих археологическое или историческое значение, или каких-либо объектов или участков аналогичного характера и об их местонахождении, включая принятые меры по сохранению и защите. Генеральный секретарь препровождает такую информацию Генеральному директору Организации Объединенных Наций по вопросам образования, науки и культуры и любой иной компетентной международной организации. При обнаружении в разведочном районе любых таких человеческих останков, объектов или участков и во избежание причинения ущерба таким человеческим останкам, объектам или участкам в разумном радиусе не проводится никаких дальнейших поисково-разведочных работ, пока Совет не примет иного решения с учетом мнения Генерального директора Организации Объединенных Наций по вопросам образования, науки и культуры или любой иной компетентной международной организации.

Раздел 8
Подготовка кадров

8.1 В соответствии с Правилами Контрактор до начала разведки по настоящему контракту представляет Органу на утверждение предлагаемые программы подготовки персонала Органа и развивающихся государств, включая участие такого персонала во всех мероприятиях Контрактора по настоящему контракту.

8.2 Сфера охвата и порядок финансирования программы подготовки кадров подлежат согласованию между Контрактором, Органом и поручившимся государством (государствами).

8.3 Контрактор осуществляет программы подготовки кадров согласно утвержденной Органом в соответствии с Правилами конкретной программе подготовки персонала, о которой говорится в разделе 8.1 контракта и которая с вносимыми в нее периодически изменениями становится частью контракта в качестве добавления 3.

Раздел 9
Книги и записи

Контрактор содержит в соответствии с международно принятыми принципами учета полный и надлежащий комплект книг, счетов и финансовых записей. Такие книги, счета и финансовые записи включают информацию, которая дает полный отчет о фактических и прямых расходах по разведке, и такую другую информацию, которая позволяет произвести эффективную ревизию таких расходов.

Раздел 10
Годовые отчеты

10.1 В течение 90 дней после окончания каждого календарного года Контрактор представляет Генеральному секретарю в таком формате, который может периодически рекомендовать Юридическая и техническая комиссия, отчет о своей программе деятельности в разведочном районе, содержащий, насколько это применимо, достаточно подробную информацию:

a) о разведочных работах, выполненных за календарный год, включая карты, диаграммы и графики, иллюстрирующие проделанную работу и полученные результаты;

b) об оборудовании, использовавшемся при выполнении разведочных работ, включая результаты проведенных испытаний предлагаемых добычных технологий, без данных о конструкции оборудования;

c) об осуществлении программ подготовки кадров, включая любые предлагаемые изменения или дополнения к таким программам.

10.2 В таких отчетах содержатся также:

a) результаты, полученные в ходе программ экологического мониторинга, включая наблюдения, измерения, оценки и анализы экологических параметров;

b) заявление о количестве полиметаллических конкреций, извлеченных в виде проб или для испытаний;

c) подготовленная в соответствии с международно принятыми принципами учета и заверенная надлежащим образом уполномоченной аудиторской фирмой или — когда Контрактором является государство или государственное предприятие — поручившимся государством ведомость фактических прямых затрат на разведку, понесенных Контрактором при осуществлении программы деятельности за учетный год Контрактора. Такие затраты могут проводиться Контрактором как часть его расходов по освоению, понесенных до начала промышленного производства;

d) подробное изложение предлагаемых корректировок программы деятельности и оснований для таких корректировок.

10.3 Контрактор представляет также информацию, которая дополняет отчеты, упомянутые в разделах 10.1 и 10.2 настоящего контракта и которую периодически может обоснованно затребовать Генеральный секретарь в целях осуществления функций Органа по Конвенции, Правилам и настоящему контракту.

10.4 До истечения срока действия настоящего контракта Контрактор сохраняет в хорошем состоянии показательную часть проб полиметаллических конкреций, собранных в ходе разведки. Орган может в письменном виде запросить у Контрактора для анализа часть любой такой пробы, отобранной в ходе разведки.

10.5 При представлении годового отчета контрактор уплачивает ежегодный сбор за накладные расходы в размере 47 000 долл. США (или в том размере, который может быть установлен в соответствии с разделом 10.6 стандартных условий), предназначенный для покрытия расходов Органа на административное обслуживание и контроль за исполнением настоящего контракта, а также на рассмотрение отчетов, представляемых в соответствии с разделом 10.1 стандартных условий.

10.6 Размер ежегодного сбора за накладные расходы может пересматриваться Органом, с тем чтобы он отражал фактические издержки Органа, понесенные им в разумных пределах[5].

Раздел 11
Данные и информация, представляемые по истечении срока действия контракта

11.1 Контрактор передает Органу все данные и информацию, которые необходимы и имеют значение для эффективного осуществления полномочий и функций Органа в отношении разведочного района в соответствии с положениями настоящего раздела.

11.2 По истечении срока действия настоящего контракта Контрактор представляет Генеральному секретарю, если он еще этого не сделал, следующие данные и информацию:

a) копии всех геологических, экологических, геохимических и геофизических данных, которые получены Контрактором в ходе выполнения программы деятельности и которые необходимы и имеют значение для эффективного осуществления полномочий и функций Органа в отношении разведочного района;

b) оценку эксплуатабельных участков, если такие участки были определены, которая включает подробные сведения о сортности и количестве доказанных, вероятных и возможных полиметаллических конкреций и предполагаемых условиях добычи;

c) копии геологических, технических, финансовых и экономических отчетов, которые составлены Контрактором или для него и которые необходимы и имеют значение для эффективного осуществления полномочий и функций Органа в отношении разведочного района;

d) достаточно подробную информацию об оборудовании, использовавшемся при выполнении разведочных работ, включая результаты проведенных испытаний предлагаемых добычных технологий, без данных о конструкции оборудования;

e) заявление о количестве полиметаллических конкреций, извлеченных в виде проб или для испытаний, и

f) заявление о том, каким образом и где пробы были получены, и об их доступности Органу.

---

5 ISBA/19/A/12 от 25 июля 2013 года, поправки

11.3 Указанные в разделе 11.2 контракта данные и информация представляются Генеральному секретарю также в том случае, если до истечения срока действия настоящего контракта Контрактор подает заявку на утверждение плана работы по разработке или если Контрактор отказывается от своих прав в разведочном районе, — в том объеме, в каком такие данные и информация относятся к району, от которого он отказывается.

Раздел 12
Конфиденциальность

Переданные Органу в соответствии с настоящим контрактом данные и информация рассматриваются как конфиденциальные в соответствии с положениями Правил.

Раздел 13
Обязательства

13.1 Контрактор ведет разведку в соответствии с условиями настоящего контракта, Правилами, Частью XI Конвенции, Соглашением и другими нормами международного права, согласующимися с Конвенцией.

13.2 Контрактор обязуется:

a) признать в качестве подлежащих исполнению и соблюдать условия настоящего контракта;

b) выполнять применимые обязательства, возникающие в силу положений Конвенции, норм, правил и процедур Органа и решений соответствующих органов Органа;

c) признать предусмотренный Конвенцией контроль со стороны Органа за деятельностью в Районе;

d) добросовестно выполнять свои обязательства по настоящему контракту;

e) соблюдать, насколько это реально возможно, любые рекомендации, которые может периодически выносить Юридическая и техническая комиссия.

13.3 Контрактор активно осуществляет программу работы и при этом:

a) проявляет должное старание, действенность и экономию;

b) разумно учитывает воздействие своей деятельности на морскую среду;

c) разумно учитывает другую деятельность в морской среде.

13.4 В соответствии со статьей 157 Конвенции Орган обязуется добросовестно выполнять свои полномочия и функции по Конвенции и Соглашению.

Раздел 14
Инспектирование

14.1 Контрактор разрешает Органу направлять своих инспекторов на борт судов и установок, используемых контрактором для осуществления деятельности в разведочном районе, в целях:

a)   проверки соблюдения Контрактором условий настоящего контракта и Правил;

b)   мониторинга воздействия такой деятельности на морскую среду.

14.2 Генеральный секретарь за разумный срок сообщает контрактору сведения о предполагаемом времени и продолжительности инспекций, имена инспекторов и сведения о любой их деятельности, для которой может потребоваться наличие специального оборудования или особое содействие персонала контрактора.

14.3 Такие инспекторы полномочны производить осмотр любого судна или установки, включая их судовой журнал, оборудование, отчеты, оснащение, все прочие регистрируемые данные и любые соответствующие документы, необходимые для проверки соблюдения Контрактором своих обязательств.

14.4 Контрактор, его агенты и работники оказывают инспекторам содействие в выполнении их обязанностей и:

a)   допускают и облегчают быструю и безопасную высадку инспекторов на суда и установки;

b)   оказывают содействие в осмотре любого судна или установки, производимом в соответствии с этими процедурами;

c)   обеспечивают доступ ко всему соответствующему оборудованию, оснащению и персоналу на судах и установках в любое разумное время;

d)   не чинят препятствий, не допускают угроз и не мешают инспекторам в выполнении ими своих обязанностей;

e)   обеспечивают инспекторам разумные условия, включая, когда необходимо, продовольствие и жилые помещения;

f)   способствуют безопасному убытию инспекторов.

14.5 Инспекторы избегают вмешательства в нормальные, безопасные операции на борту судов и установок, используемых Контрактором для осуществления деятельности в посещаемом районе, и действуют сообразно Правилам и мерам, принятым в целях охраны конфиденциальности данных и информации.

14.6 Генеральный секретарь и любой из должным образом уполномоченных его представителей имеют доступ — на предмет ревизии и изучения — к любым книгам, документам, бумагам и записям Контрактора, которые необходимы для проверки расходов, упомянутых в разделе 10.2(с), и имеют непосредственное отношение к такой проверке.

14.7 В тех случаях, когда требуется принятие мер, Генеральный секретарь направляет соответствующую информацию, содержащуюся в докладах инспекторов, Контрактору и поручившемуся за него государству (государствам).

14.8 Если по какой-либо причине Контрактор не производит разведку и не запрашивает контракт на разработку, до ухода из района разведки он уведомляет Генерального секретаря в письменном виде, с тем чтобы Орган мог осуществить инспектирование согласно настоящему разделу, если он примет такое решение.

Раздел 15
Нормы техники безопасности, охраны труда и производственной гигиены

15.1 Контрактор соблюдает установленные компетентными международными организациями или общими дипломатическими конференциями общепризнанные международные нормы и стандарты, касающиеся охраны человеческой жизни на море и предупреждения столкновений судов, и такие нормы, правила и процедуры, которые могут быть приняты Органом в отношении безопасности на море. Каждое судно, используемое для осуществления деятельности в Районе, имеет действительные на текущий момент свидетельства, требуемые и выдаваемые на основании таких международных норм и стандартов.

15.2 При ведении разведки по настоящему контракту контрактор соблюдает и выполняет такие нормы, правила и процедуры, которые могут быть приняты Органом в отношении защиты от дискриминации в области занятости, техники безопасности, производственной гигиены, производственных отношений, социального обеспечения, гарантий занятости и условий быта на месте работы. В таких нормах, правилах и процедурах учитываются конвенции и рекомендации Международной организации труда и других компетентных международных организаций.

Раздел 16
Ответственность

16.1 Контрактор несет ответственность за любой фактический ущерб, в том числе ущерб морской среде, причиненный в результате неправомерных действий или бездействия самого Контрактора или его работников, субподрядчиков, агентов и всех лиц, выполняющих для них работы или действующих от их имени при осуществлении Контрактором деятельности по настоящему контракту, включая затраты на разумные меры по предотвращению или ограничению ущерба морской среде; при этом учитываются действия или бездействие Органа, способствовавшие причинению такого ущерба.

16.2 Контрактор возмещает Органу, его работникам, субподрядчикам и агентам издержки по всем претензиям и требованиям, предъявленным любой третьей стороной в результате каких-либо неправомерных действий или бездействия Контрактора и его работников, агентов и субподрядчиков, а также всех лиц, выполняющих для них работы или действующих от их имени при осуществлении Контрактором деятельности по настоящему контракту.

16.3 Орган несет ответственность за любой фактический ущерб Контрактору, причиненный в результате его неправомерных действий при исполнении им своих полномочий и функций, включая нарушения, предусмотренные пунктом 2 статьи 168 Конвенции; при этом учитываются способствовавшие причинению такого ущерба действия или бездействие Контрактора или его работников, агентов и субподрядчиков, а также всех лиц, выполняющих для них работы или действующих от их имени при осуществлении Контрактором деятельности по настоящему контракту.

16.4 Орган возмещает Контрактору, его работникам, субподрядчикам, агентам и всем лицам, выполняющим для них работы или действующим от их имени при осуществлении Контрактором деятельности по настоящему контракту, издержки по всем претензиям и требованиям, предъявленным любой третьей стороной в результате каких-либо неправомерных действий или бездействия при осуществлении им своих полномочий и функций по настоящему контракту, включая нарушения, предусмотренные в пункте 2 статьи 168 Конвенции.

16.5 Контрактор заключает с международно признанными страховыми компаниями надлежащие договоры страхования в соответствии с общепринятой международной морской практикой.

Раздел 17
Форс-мажорные обстоятельства

17.1 Контрактор не несет ответственности за неизбежную задержку с исполнением или неисполнение какого-либо из своих обязательств по настоящему контракту в силу форс-мажорных обстоятельств. Для целей настоящего контракта выражение «форс-мажорные обстоятельства» означает событие или состояние, предотвратить или сохранить под контролем которое Контрактор реально не мог, при условии что это событие или состояние не было вызвано небрежностью или нарушением принятой в добывающей промышленности надлежащей практики.

17.2 Предоставленный Контрактору срок продлевается по его просьбе на период, равный по продолжительности вызванной форс-мажорными обстоятельствами задержке; соответственно продлевается и срок действия контракта.

17.3 В случае форс-мажорных обстоятельств Контрактор принимает все разумные меры с целью устранить свою неспособность исполнить обязательство и соблюдать условия контракта с минимальной задержкой.

17.4 Контрактор в разумно возможные сроки уведомляет Орган о сложившихся форс-мажорных обстоятельствах и аналогичным же образом уведомляет Орган о восстановлении нормальных условий.

Раздел 18
Оговорка

Ни Контрактор, ни какие-либо ассоциированные компании или субподрядчики никоим образом — ни прямо, ни опосредованно — не заявляют и не дают оснований предположить, что Орган или какое-либо его должностное лицо имеет или выразило какое-либо мнение относительно полиметаллических конкреций в разведочном районе, причем ни в каких проспектах, уведомлениях, циркулярах, рекламных материалах, пресс-релизах или аналогичных документах, прямо или косвенно затрагивающих настоящий контракт и публикуемых Контрактором, какими-либо ассоциированными компаниями или субподрядчиками, не фигурируют и не поддерживаются заявления на этот счет. Для целей настоящего раздела выражение «ассоциированная компания» означает любое лицо, фирму или компанию либо принадлежащую государству организацию, контролирующие Контрактора, контролируемые им или находящиеся под общим с ним контролем.

Раздел 19
Отказ от прав

Контрактор вправе, уведомив Орган, отказаться от своих прав и прекратить действие настоящего контракта, не подвергаясь каким-либо санкциям, при том что он не освобождается ни от каких обязательств, возникших до даты такого отказа, и от тех обязательств, которые требуется выполнить после прекращения действия контракта в соответствии с Правилами.

Раздел 20
Прекращение поручительства

20.1 Если изменяется национальная принадлежность Контрактора или контроль над ним либо если поручившееся за Контрактора государство, как оно определяется в Правилах, прекращает свое поручительство, Контрактор немедленно уведомляет об этом Орган.

20.2 В любом подобном случае действие контракта немедленно прекращается, если Контрактор не находит другого поручителя, который отвечает предписываемым Правилами требованиям и представляет Органу в оговоренный в Правилах срок удостоверение о поручительстве за Контрактора по установленной форме.

Раздел 21
Приостановление или прекращение действия контракта и санкции

21.1 Совет может приостановить или прекратить действие настоящего контракта, что не наносит ущерб каким-либо другим правам, которые может иметь Орган, в случае наступления любого из следующих событий:

a)   если, несмотря на письменные предупреждения Органа, Контрактор осуществлял свою деятельность таким образом, что это приводило к серьезным, постоянным и умышленным нарушениям основных условий настоящего контракта, Части XI Конвенции, Соглашения и норм, правил и процедур, установленных Органом;

b)   если Контрактор не выполнил применимого к нему окончательного обязательного решения органа по урегулированию споров;

c)   если Контрактор становится неплатежеспособным, либо объявляет себя банкротом, либо заключает со своими кредиторами мировое соглашение, либо подвергается ликвидации или конкурсному управлению, будь то в принудительном или добровольном порядке, либо обращается в какой-либо судебный орган с просьбой назначить управляющего или поручителя или управляющего для него самого, либо начинает в отношении себя производство по любому действующему сейчас или в будущем закону о банкротстве, несостоятельности или реструктуризации долгов, за исключением случаев, когда это делается в целях реорганизации.

21.2 При условии соблюдения раздела 17 Совет может после консультаций с Контрактором приостановить или прекратить действие настоящего контракта (что не наносит ущерба каким-либо другим правам, которые может иметь Орган), если Контрактор оказывается не в состоянии исполнять свои обязательства по настоящему контракту в силу события или состояния, которое относится к форс-мажорным обстоятельствам по смыслу раздела 17.1 и которое продолжается в течение непрерывного промежутка времени, превышающего два года, несмотря на принятие Контрактором всех разумных мер с целью преодолеть свою неспособность исполнить обязательство и соблюдать условия настоящего контракта с минимальной задержкой.

21.3 Любая приостановка или прекращение действия контракта осуществляется путем делаемого через Генерального секретаря уведомления, которое включает изложение причин этой меры. Приостановка или прекращение действия контракта вступает в силу через 60 дней после такого уведомления, если только Контрактор за этот срок не оспорит право Органа приостанавливать или прекращать действие контракта в соответствии с разделом 5 Части XI Конвенции.

21.4 Если Контрактор предпринимает такой шаг, действие настоящего контракта приостанавливается или прекращается только на основании окончательного обязательного решения в соответствии с разделом 5 Части XI Конвенции.

21.5 Если Совет приостанавливает действие настоящего контракта, он может путем уведомления потребовать, чтобы Контрактор не позднее чем через 60 дней после такого уведомления возобновил свои операции и стал выполнять условия настоящего контракта.

21.6 В случае какого-либо нарушения настоящего контракта, не охватываемого его разделом 21.1(a), либо вместо приостановки или прекращения действия контракта в соответствии с его разделом 21.1 Совет может наложить на Контрактора денежный штраф, соразмерный серьезности нарушения.

21.7 Совет не может исполнить решение, предусматривающее наложение денежных штрафов, до тех пор, пока Контрактору не будет предоставлена разумная возможность исчерпать средства судебной защиты, которыми он обладает в соответствии с разделом 5 Части XI Конвенции.

21.8 В случае прекращения или истечения срока действия настоящего контракта Контрактор выполняет требования Правил и удаляет из разведочного района все установки, механизмы, оборудование и материалы, обезопасив этот район для людей, судоходства и морской среды.

Раздел 22
Передача прав и обязательств

22.1 Права и обязательства Контрактора по настоящему контракту могут передаваться полностью или частично только с согласия Органа и в соответствии с Правилами.

22.2 Орган без разумных оснований не отказывает в таком согласии, если субъект, которому предлагается передать права и обязательства, является квалифицированным во всех отношениях заявителем в соответствии с Правилами и принимает на себя все обязательства Контрактора и если при этой передаче он не приобретает план работы, утверждение которого запрещалось бы пунктом 3(c) статьи 6 Приложения III к Конвенции.

22.3 Условия, обязательства и положения настоящего контракта вступают в силу и являются обязательными для его сторон и их соответствующих правопреемников и право приобретателей.

Раздел 23
Неосвобождение от обязательств

Никакой отказ одной из сторон от каких-либо своих прав в связи с нарушением условий настоящего контракта, которые должна выполнять другая сторона, не рассматривается как предоставление стороной освобождения от обязательств при любом последующем нарушении тех же или каких-либо других условий, подлежащих выполнению другой стороной.

Раздел 24
Пересмотр

24.1 Когда возникают или могут возникнуть обстоятельства, которые, по мнению Органа или Контрактора, приводят к тому, что настоящий контракт становится несправедливым или практически неосуществимым, или при которых невозможно достичь целей, изложенных в настоящем контракте либо в Части XI Конвенции или в Соглашении, стороны вступают в переговоры с целью соответствующего его пересмотра.

24.2 Настоящий контракт может также быть пересмотрен по договоренности между Контрактором и Органом, с тем чтобы облегчить применение любых норм, правил и процедур, принятых Органом после вступления в силу настоящего контракта.

24.3 Настоящий контракт может быть подвергнут пересмотру, внесению поправок или иных изменений лишь с согласия Контрактора и Органа посредством соответствующего документа, подписанного уполномоченными представителями сторон.

Раздел 25
Споры

25.1 Любой спор между сторонами относительно толкования или применения настоящего контракта урегулируется в соответствии с разделом 5 Части XI Конвенции.

25.2 В соответствии со статьей 21 (2) приложения III к Конвенции любое окончательное решение суда или арбитража, имеющего компетенцию согласно Конвенции, относительно прав и обязанностей Органа и Контрактора подлежит исполнению на территории любого государства — участника Конвенции, затрагиваемого этим решением.

Раздел 26
Уведомление

26.1 Любое заявление, просьба, уведомление, сообщение, согласие, одобрение, освобождение от обязательств, распоряжение или инструкция на основании настоящего контракта направляются Генеральным секретарем или же назначенным представителем Контрактора в письменном виде. Они доставляются с посыльным либо по телексу, по факсу, заказной авиапочтой или электронной почтой с авторизованной электронной подписью Генеральному секретарю в штаб-квартиру Органа или же назначенному представителю. Требование о представлении какой-либо информации в письменном виде согласно настоящим Правилам удовлетворяется представлением информации в электронном документе, содержащем цифровую подпись.

26.2 Любая из сторон вправе изменить всякий такой адрес на любой другой, уведомив об этом не менее чем за десять дней другую сторону.

26.3 Доставка с посыльным считается состоявшейся в момент вручения. Доставка по телексу считается состоявшейся на следующий рабочий день после того, как на телексном аппарате отправителя появляется автоответ. Доставка по факсу считается состоявшейся, когда отправитель получает сигнал «сообщение передано», подтверждающий, что сообщение прошло на обнародованный номер факса получателя. Доставка заказной авиапочтой считается состоявшейся через 21 день после отправки. Предполагается, что электронное сообщение получено адресатом, когда оно попадает в информационную систему, обозначенную или используемую адресатом для цели получения документов, аналогичных отправленному, и оно может быть извлечено и обработано адресатом.

26.4 Уведомление в адрес назначенного представителя Контрактора представляет собой действительное уведомление Контрактора для всех целей по настоящему контракту, а назначенный представитель является представителем Контрактора для целей вручения повесток или извещений по любому производству в каком-либо компетентном судебном или арбитражном органе.

26.5 Уведомление в адрес Генерального секретаря представляет собой действительное уведомление Органа для всех целей по настоящему контракту, а Генеральный секретарь является представителем Органа для целей вручения повесток или извещений по любому производству в каком-либо компетентном судебном или арбитражном органе.

Раздел 27
Применимые правовые нормы

27.1 Контракт регулируется условиями настоящего контракта, нормами, правилами и процедурами Органа, Частью XI Конвенции, Соглашением и другими нормами международного права, согласующимися с Конвенцией.

27.2 Контрактор, его работники, субподрядчики, агенты и все лица, выполняющие для них работы или действующие от их имени при осуществлении деятельности по настоящему контракту, соблюдают применимые правовые нормы, указанные в разделе 27.1 контракта, и не участвуют ни прямым, ни косвенным образом в каких бы то ни было сделках, запрещенных этими нормами.

27.3 Ничто в настоящем контракте не рассматривается как освобождение от необходимости запрашивать и получать те или иные разрешения или санкции, которые могут требоваться для той или иной деятельности по настоящему контракту.

Раздел 28
Толкование

Разбивка настоящего контракта на разделы и подразделы и их рубрикация предназначены только для удобства пользования и не влияют на его существо и толкование.

Раздел 29
Дополнительные документы

Каждая из сторон настоящего контракта соглашается оформлять и передавать все дальнейшие документы и делать и принимать все дальнейшие шаги и меры, которые могут оказаться необходимыми или целесообразными для выполнения положений настоящего контракта.

————————

Ассамблея

Distr.: General
15 November 2010
Russian
Original: English

Шестнадцатая сессия
Кингстон, Ямайка
26 апреля — 7 мая 2010 года

Решение Ассамблеи Международного органа по морскому дну относительно Правил поиска и разведки полиметаллических сульфидов в Районе

Ассамблея Международного органа по морскому дну,

рассмотрев Правила поиска и разведки полиметаллических сульфидов в Районе, принятые в предварительном порядке Советом на его 161-м заседании 6 мая 2010 года (ISBA/16/C/L.5),

утверждает Правила поиска и разведки полиметаллических сульфидов в Районе, содержащиеся в приложении к настоящему документу.

130-е заседание
7 мая 2010 года

10-63722 (R)   221110   241110
1063722

Приложение

Правила поиска и разведки полиметаллических сульфидов в Районе

Преамбула

Согласно Конвенции Организации Объединенных Наций по морскому праву («Конвенция»), дно морей и океанов и его недра за пределами национальной юрисдикции, а также его ресурсы являются общим наследием человечества, и их разведка и разработка осуществляются на благо человечества в целом, от имени которого действует Международный орган по морскому дну. Задача настоящего свода Правил состоит в том, чтобы предусмотреть порядок ведения поиска и разведки полиметаллических сульфидов.

Часть I
Введение

Правило 1
Употребление терминов и сфера применения

1.   Термины, употребляемые в Конвенции, имеют то же значение и в настоящих Правилах.

2.   В соответствии с Соглашением об осуществлении Части XI Конвенции Организации Объединенных Наций по морскому праву от 10 декабря 1982 года («Соглашение»), положения Соглашения и Части XI Конвенции Организации Объединенных Наций по морскому праву от 10 декабря 1982 года толкуются и применяются совместно, как единый акт. Настоящие Правила и содержащиеся в них ссылки на Конвенцию толкуются и применяются соответствующим же образом.

3.   Для целей настоящих Правил:

a)   «разработка» означает промышленный сбор полиметаллических сульфидов в Районе и извлечение из них полезных ископаемых, в том числе изготовление и эксплуатацию систем добычи, обработки и транспортировки для производства полезных ископаемых;

b)   «разведка» означает изыскание залежей полиметаллических сульфидов в Районе на исключительных правах, анализ таких залежей, использование и испытание систем и оборудования для добычи, обрабатывающих установок и систем транспортировки, а также проведение исследований в отношении экологических, технических, экономических, коммерческих и прочих соответствующих факторов, которые должны учитываться при разработке;

c)   «морская среда» означает физические, химические, геологические и биологические компоненты, условия и факторы, которые взаимодействуют и определяют продуктивность, положение, состояние и качество морской экосистемы, воды морей и океанов и воздушное пространство над ними, а также дно морей и океанов и его недра;

d) «полиметаллические сульфиды» означает сформировавшиеся под воздействием гидротермальных процессов залежи сульфидов и сопутствующих минеральных ресурсов в Районе, содержащие скопления металлов, включая, в частности, медь, свинец, цинк, золото и серебро;

e) «поиск» означает изыскание залежей полиметаллических сульфидов в Районе — включая оценку состава, размера, и распределения залежей полиметаллических сульфидов и их экономической ценности, — не предполагающие каких-либо исключительных прав;

f) «серьезный ущерб морской среде» означает любое воздействие деятельности в Районе на морскую среду, которое представляет собой значительное негативное изменение в морской среде, определяемое в соответствии с нормами, правилами и процедурами, принятыми Органом на основе международно признанных стандартов и практики.

4.   Настоящие Правила никоим образом не затрагивают свободу научных исследований, предусмотренную статьей 87 Конвенции, или право на проведение морских научных исследований в Районе, предусмотренное статьями 143 и 256 Конвенции. Ничто в настоящих Правилах не должно пониматься как ограничивающее осуществление государствами свобод открытого моря, нашедших отражение в статье 87 Конвенции.

5.   Настоящие Правила могут дополняться новыми правилами, положениями и процедурами, в частности касающимися защиты и сохранения морской среды. Настоящие Правила подчиняются положениям Конвенции и Соглашения и другим нормам международного права, не расходящимся с Конвенцией.

Часть II
Поиск

Правило 2
Поиск

1.   Поиск производится в соответствии с Конвенцией и настоящими Правилами и может начаться лишь после того, как Генеральный секретарь информирует изыскателя о том, что его уведомление зарегистрировано в соответствии с пунктом 2 правила 4.

2.   Изыскатели и Генеральный секретарь применяют к такой деятельности осторожный подход, нашедший отражение в принципе 15 Рио-де-Жанейрской декларации[1]. Поиск не производится при наличии существенных доказательств, указывающих на риск причинения серьезного ущерба морской среде.

---

[1] *Доклад Конференции Организации Объединенных Наций по окружающей среде и развитию, Рио-де-Жанейро, 3–14 июня 1991 года* (издание Организации Объединенных Наций, в продаже под № R.91.I.8, и исправления), том I: *Резолюции, принятые на Конференции*, резолюция 1, приложение 1.

3. Поиск не производится в районе, охваченном утвержденным планом работы по разведке полиметаллических сульфидов, или в зарезервированном районе; поиск не может производиться также в районе, в котором разработка не была разрешена Советом ввиду риска причинения серьезного ущерба морской среде.

4. Поиск не предоставляет изыскателю каких-либо прав на ресурсы. Однако изыскатель может извлекать разумное количество полезных ископаемых, т.е. количество, необходимое для испытаний, но не для коммерческого использования.

5. Поиск ведется без каких-либо временных ограничений, за исключением тех случаев, когда поиск в каком-либо конкретном районе прекращается по получении изыскателем от Генерального секретаря письменного уведомления о том, что в отношении этого района утвержден план работы по разведке.

6. Поиск в одном и том же районе (районах) может проводиться одновременно более чем одним изыскателем.

Правило 3
Уведомление о поиске

1. Предполагаемый изыскатель уведомляет Орган о своем намерении заняться поиском.

2. Каждое уведомление о поиске представляется по установленной в приложении 1 к настоящим Правилам форме на имя Генерального секретаря и должно отвечать требованиям настоящих Правил.

3. Каждое уведомление представляется:

    a) в случае государства — органом, назначенным для этой цели;

    b) в случае субъекта права — назначенным им представителем;

    c) в случае Предприятия — его компетентным органом.

4. Каждое уведомление представляется на одном из языков Органа и содержит:

    a) наименование, национальную принадлежность и адрес предполагаемого изыскателя и назначенного им представителя;

    b) координаты ориентировочного района (районов) проведения поиска, указанные в соответствии с наиболее свежим общепринятым международным стандартом, используемым Органом;

    c) общее описание программы поиска, включая предлагаемую дату начала и ее примерную продолжительность;

    d) удовлетворительное письменное обязательство о том, что предполагаемый изыскатель будет:

        i) соблюдать Конвенцию и соответствующие нормы, правила и процедуры Органа, касающиеся:

a. сотрудничества в программах подготовки кадров в связи с морскими научными исследованиями и передачей технологии, о которых говорится в статьях 143 и 144 Конвенции, и

b. защиты и сохранения морской среды;

ii) давать согласие на проведение Органом проверки их соблюдения;

iii) предоставлять Органу, насколько это практически возможно, такие данные, которые могут иметь отношение к защите и сохранению морской среды.

Правило 4
Рассмотрение уведомлений

1. Генеральный секретарь письменно подтверждает получение каждого уведомления, представляемого согласно правилу 3, с указанием даты получения.

2. В 45-дневный срок с момента получения уведомления Генеральный секретарь рассматривает его и принимает решение. Если уведомление соответствует требованиям Конвенции и настоящих Правил, Генеральный секретарь заносит указанные в уведомлении данные в регистр, который ведется для этой цели, и в письменном виде информирует изыскателя о том, что уведомление зарегистрировано.

3. В 45-дневный срок с момента получения уведомления Генеральный секретарь в письменном виде информирует предполагаемого изыскателя о том, охватывает ли его уведомление какую-либо часть района, включенного в утвержденный план работы по разведке либо разработке какой-либо категории ресурсов, или какую-либо часть зарезервированного района, или какую-либо часть района, в котором разработка не была разрешена Советом ввиду риска причинения серьезного ущерба морской среде, или же о том, что его письменное обязательство является неудовлетворительным, и представляет предлагаемому изыскателю в письменном виде изложение причин. В таких случаях предлагаемый изыскатель может в 90-дневный срок представить измененное уведомление. Генеральный секретарь в 45-дневный срок рассматривает такое измененное уведомление и принимает по нему решение.

4. Изыскатель в письменном виде информирует Генерального секретаря о любом изменении в информации, содержащейся в уведомлении.

5. Генеральный секретарь предает содержащиеся в уведомлении данные огласке лишь с письменного согласия изыскателя. Однако Генеральный секретарь периодически информирует всех членов Органа о личности изыскателей и о том, где в принципе ведется ими поиск.

Правило 5
Защита и сохранение морской среды в ходе поиска

1. Каждый изыскатель принимает необходимые меры к предотвращению, сокращению и сохранению под контролем загрязнения морской среды и других опасностей для нее, вытекающих из поиска, насколько это реально возможно, используя осторожный подход и передовую природоохранную практику. В частности, каждый изыскатель сводит к минимуму или устраняет:

a) негативное экологическое воздействие поиска; и

b) фактические или потенциальные коллизии или помехи в отношении осуществляемой или планируемой деятельности по проведению морских научных исследований согласно соответствующим будущим руководящим принципам по этому вопросу.

2. Изыскатели сотрудничают с Органом в учреждении и осуществлении программ мониторинга и оценки потенциального воздействия разведки и разработки полиметаллических сульфидов на морскую среду.

3. Изыскатель незамедлительно уведомляет Генерального секретаря в письменном виде, используя наиболее эффективные средства, о любом происшедшем в результате поиска инциденте, причинившем, причиняющем или угрожающем причинить серьезный вред морской среде. По получении такого уведомления Генеральный секретарь действует сообразно с правилом 35.

Правило 6
Годовой отчет

1. В 90-дневный срок после окончания каждого календарного года изыскатель представляет Органу отчет о ходе поиска. Такие отчеты препровождаются Генеральным секретарем Юридической и технической комиссии. В каждом таком отчете содержатся:

a) общее описание состояния поиска и полученных результатов;

b) информация о соблюдении обязательств, указанных в пункте 4(d) правила 3; и

c) информация о соблюдении соответствующих будущих руководящих принципов по этому вопросу.

2. Если изыскатель намеревается провести расходы по поиску как часть расходов по освоению, произведенных до начала промышленного производства, то он представляет составленную в соответствии с международно принятыми принципами учета и заверенную надлежащим образом квалифицированной аудиторской фирмой годовую ведомость фактических прямых затрат, произведенных изыскателем в ходе поиска.

Правило 7
Конфиденциальность содержащихся в годовом отчете данных и информации, полученных в результате поиска

1. Генеральный секретарь обеспечивает конфиденциальность всех данных и информации, содержащихся в отчетности, представляемой согласно правилу 6, применяя mutatis mutandis положения правил 38 и 39, при том условии, что данные и информация, касающиеся защиты и сохранения морской среды, в частности данные и информация программ экологического мониторинга, не считаются конфиденциальными. Изыскатель может запросить неразглашение такой информации до истечения трех лет после даты ее представления.

2. С согласия соответствующего изыскателя Генеральный секретарь может в любой момент предать огласке данные и информацию, касающиеся поиска в

районе, в отношении которого представлено уведомление. Если, приложив разумные усилия по меньшей мере в течение двух лет, Генеральный секретарь определяет, что изыскателя уже нет в наличии или что его местонахождение установить невозможно, то Генеральный секретарь может предать такие данные и информацию огласке.

Правило 8
Объекты, имеющие археологическое или историческое значение

Изыскатель незамедлительно уведомляет Генерального секретаря в письменном виде об обнаружении в Районе любого объекта, имеющего фактическое или потенциальное археологическое или историческое значение, и о его местонахождении. Генеральный секретарь препровождает такую информацию Генеральному директору Организации Объединенных Наций по вопросам образования, науки и культуры.

Часть III
Заявки на утверждение планов работы по разведке в форме контракта

Раздел 1
Общие положения

Правило 9
Общие положения

При условии соблюдения положений Конвенции право подавать в Орган заявки на утверждение планов работы на разведку имеют:

a) Предприятие от своего имени или как участник совместной деятельности;

b) государства-участники, государственные предприятия либо физические или юридические лица, имеющие национальность этих государств-участников либо находящиеся под эффективным контролем этих государств или их граждан, когда такие государства поручились за них, или любая группа вышеуказанных субъектов, которые отвечают требованиям, предусмотренным в настоящих Правилах.

Раздел 2
Содержание заявок

Правило 10
Форма заявок

1. Каждая заявка на утверждение плана работы по разведке представляется по установленной в приложении 2 к настоящим Правилам форме на имя Генерального секретаря и должна отвечать требованиям настоящих Правил.

2. Каждая заявка представляется:

a) в случае государства — органом, назначенным им для этой цели;

b)   в случае субъекта права — назначенным им представителем или органом, назначенным для этой цели поручившимся государством (государствами);

c)   в случае Предприятия — его компетентным органом.

3.   В каждой заявке государственного предприятия или одного из субъектов, упомянутых в подпункте (b) правила 9, указывается также:

a)   достаточная информация для установления национальной принадлежности заявителя или наименование государства (государств), под эффективным контролем которого (или граждан которого) находится заявитель;

b)   местонахождение главной конторы или домициль, а в соответствующих случаях — место регистрации заявителя.

4.   Каждая заявка, представленная партнерством или консорциумом субъектов, содержит необходимую информацию о каждом участнике партнерства или консорциума.

Правило 11
Удостоверение о поручительстве

1.   Каждая заявка государственного предприятия или одного из субъектов, упомянутых в подпункте (b) правила 9, сопровождается удостоверением о поручительстве, выданном государством, национальность которого он имеет или под эффективным контролем которого (или граждан которого) он находится. Если заявитель имеет более чем одну национальность, как в случае партнерства или консорциума субъектов из нескольких государств, каждое такое государство выдает удостоверение о поручительстве.

2.   Если заявитель имеет национальность одного государства, но находится под эффективным контролем другого государства или его граждан, каждое такое государство выдает удостоверение о поручительстве.

3.   Каждое удостоверение о поручительстве должно быть должным образом подписано от имени государства, которое его представляет, и содержать:

a)   наименование заявителя;

b)   наименование поручившегося государства;

c)   указание о том, что заявитель:

i)   имеет национальность поручившегося государства или

ii)   является субъектом, находящимся под эффективным контролем поручившегося государства или его граждан;

d)   заявление поручившегося государства о том, что оно поручается за заявителя;

e)   дату сдачи на хранение поручившимся государством своего документа о ратификации Конвенции, присоединении к ней или о правопреемстве в ее отношении;

f)   заявление о том, что поручившееся государство берет на себя ответственность согласно статье 139, пункту 4 статьи 153 Конвенции и пункту 4 статьи 4 приложения III к ней.

4.   Государства или субъект, осуществляющие деятельность совместно с Предприятием, также соблюдают настоящее правило.

Правило 12
Целый район, указанный в заявке

1.   Для целей настоящих Правил «блок полиметаллических сульфидов» означает клетку координатной сетки, указанной Органом, размером приблизительно 10 на 10 км и площадью не свыше 100 кв. км;

2.   Район, указанный в каждой заявке на утверждение плана работы по разведке полиметаллических сульфидов, состоит из не более 100 блоков полиметаллических сульфидов, которые компонуются заявителем по меньшей мере в пять групп, как указано в пункте 3 ниже.

3.   В каждую группу блоков полиметаллических сульфидов входят по меньшей мере пять прилегающих блоков. Прилегающими блоками считаются два блока, соприкасающихся в какой бы то ни было точке. Группы блоков полиметаллических сульфидов могут не быть прилегающими, но должны находиться поблизости друг от друга в пределах прямоугольного района площадью не более 300 000 кв. км, длинная сторона которого не превышает 1000 км в длину.

4.   Независимо от положений пункта 2 выше, когда заявитель выбирает передачу зарезервированного района для осуществления деятельности согласно статье 9 приложения III к Конвенции, в соответствии с правилом 17, общая площадь, указанная в заявке, не должна превышать 200 блоков полиметаллических сульфидов. Такие блоки компонуются в два комплекта равной предположительной коммерческой ценности, и каждый из этих комплектов блоков полиметаллических сульфидов разбивается заявителем на группы, как указано в пункте 3 выше.

Правило 13
Финансовые и технические возможности

1.   Каждая заявка на утверждение плана работы по разведке содержит достаточный объем конкретной информации, позволяющей Совету определить, располагает ли заявитель финансовыми и техническими возможностями для осуществления предлагаемого плана работы по разведке и выполнения своих финансовых обязательств перед Органом.

2.   Заявка на утверждение плана работы по разведке Предприятия содержит заявление его компетентного органа, удостоверяющее, что Предприятие располагает необходимыми финансовыми ресурсами на покрытие сметных расходов по предлагаемому плану работы по разведке.

3.   Заявка на утверждение плана работы по разведке государства или государственного предприятия содержит заявление государства или поручившегося государства, удостоверяющее, что заявитель располагает

необходимыми финансовыми ресурсами на покрытие сметных расходов по предлагаемому плану работы по разведке.

4.   Заявка субъекта на утверждение плана работы по разведке содержит копии его проверенных финансовых ведомостей (включая балансовые ведомости и отчеты о прибылях и убытках) за последние три года, составленные в соответствии с международно принятыми принципами учета и заверенные надлежащим образом квалифицированной аудиторской фирмой, а также:

        a)   если заявителем является недавно созданный субъект и заверенной балансовой ведомости не имеется, — условную балансовую ведомость, заверенную соответствующим должностным лицом заявителя;

        b)   если заявителем является дочерняя компания другого субъекта, — копии таких финансовых ведомостей этого субъекта и заявление последнего о том, что заявитель будет располагать финансовыми ресурсами на осуществление плана работы по разведке, каковое заявление составляется в соответствии с международно принятыми принципами учета и заверяется надлежащим образом квалифицированной аудиторской фирмой;

        c)   если заявитель находится под контролем государства или государственного предприятия, — заявление этого государства или государственного предприятия, удостоверяющее, что заявитель будет располагать финансовыми ресурсами на осуществление плана работы по разведке.

5.   Если заявитель, упомянутый в пункте 4, намеревается финансировать предлагаемый план работы по разведке за счет займов, в его заявке указывается сумма таких займов, сроки их погашения и процентная ставка.

6.   Все заявки должны включать:

        a)   общее описание имеющихся у заявителя опыта, знаний, навыков, технической квалификации и специальной подготовки для осуществления предлагаемого плана работы по разведке;

        b)   общее описание оборудования и методов, которые намечается использовать при осуществлении предлагаемого плана работы по разведке, и другую не имеющую характера собственности информацию о характеристиках такой технологии;

        c)   общее описание имеющихся у заявителя финансовых и технических возможностей реагировать на любые инциденты или действия, причиняющие серьезный ущерб морской среде.

7.   Если заявителем является партнерство или консорциум субъектов, осуществляющих совместную деятельность, каждый участник этого партнерства или консорциума предоставляет информацию, предусмотренную настоящим правилом.

Правило 14
Предыдущие контракты с Органом

        Если заявитель или — в случае представления заявки партнерством или консорциумом субъектов, осуществляющих деятельность совместно, — любой участник партнерства или консорциума ранее заключал какой-либо контракт с Органом, в заявке указывается:

a)   дата предыдущего контракта (контрактов);

b)   дата представления, условное обозначение и название каждого отчета, представленного Органу в связи с контрактом (контрактами);

c)   в соответствующих случаях — дата прекращения контракта (контрактов).

Правило 15
Обязательства

Каждый заявитель, включая Предприятие, в рамках своей заявки на утверждение плана работы по разведке берет перед Органом следующие письменные обязательства:

a)   признать в качестве подлежащих исполнению и соблюдать применимые обязательства, возникающие в силу положений Конвенции, норм, правил и процедур Органа, решений соответствующих органов Органа и условий его контрактов с Органом;

b)   признать предусмотренный Конвенцией контроль со стороны Органа за деятельностью в Районе;

c)   представить Органу письменное заверение в том, что его обязательства по контракту будут добросовестно выполняться.

Правило 16
Право заявителя на выбор между передачей зарезервированного района или долей в акционерном капитале в рамках механизма совместного предприятия

Каждый заявитель в своей заявке выбирает либо:

a)   передать зарезервированный район для проведения деятельности согласно статье 9 приложения III к Конвенции в соответствии с правилом 17, либо;

b)   предложить долю в акционерном капитале в рамках механизма совместного предприятия в соответствии с правилом 19.

Правило 17
Данные и информация, предоставляемые до обозначения зарезервированного района

1.   Если заявитель выбирает передачу зарезервированного района для осуществления деятельности согласно статье 9 приложения III к Конвенции, район, указанный в заявке, должен быть достаточно большим и иметь достаточную предполагаемую коммерческую ценность, чтобы в нем можно было вести две добычных операции, и должен быть скомпонован заявителем в соответствии с пунктом 4 правила 12.

2.   Каждая такая заявка содержит достаточный объем предписываемых в разделе II приложения 2 к настоящим Правилам данных и информации о

заявочном районе, позволяющих Совету по рекомендации Юридической и технической комиссии обозначить зарезервированный район с учетом предположительной коммерческой ценности каждой части. Такие данные и информация включают имеющиеся у заявителя данные об обеих частях заявочного района, в том числе данные, использованные для определения их коммерческой ценности.

3.   На основе данных и информации, представленных заявителем согласно разделу II приложения 2 к настоящим Правилам (если таковые сочтены удовлетворительными), и с учетом рекомендаций Юридической и технической комиссии Совет обозначает ту часть заявочного района, которая станет зарезервированным районом. Обозначенный таким образом район становится зарезервированным районом, как только утверждается план работы по разведке в отношении незарезервированного района и подписывается контракт. Если Совет определит, что для обозначения зарезервированного района необходима дополнительная информация, соответствующая настоящим Правилам и приложению 2, он возвращает этот вопрос в Комиссию для дальнейшего рассмотрения с указанием требуемой дополнительной информации.

4.   После утверждения плана работы по разведке и заключения контракта данные и информация о зарезервированном районе, переданные заявителем Органу, могут быть преданы Органом огласке в соответствии с пунктом 3 статьи 14 приложения III к Конвенции.

Правило 18
Заявки на утверждение планов работы в отношении зарезервированного района

1.   Любое государство, являющееся развивающимся государством, или любое физическое либо юридическое лицо, за которое это государство поручилось или которое находится под эффективным контролем этого государства либо другого развивающегося государства, или любая группа вышеуказанных субъектов может уведомить Орган о своем намерении представить план работы по разведке в отношении зарезервированного района. Генеральный секретарь препровождает такое уведомление Предприятию, которое в течение шести месяцев в письменном виде информирует Генерального секретаря о том, намерено ли оно осуществлять деятельность в этом районе. Если Предприятие намерено осуществлять деятельность в этом районе, оно в соответствии с пунктом 4 в письменном виде информирует также контрактора, чья заявка на утверждение плана работы по разведке первоначально включала этот район.

2.   Заявка на утверждение плана работы по разведке в отношении зарезервированного района может подаваться в любой момент после того, как этот район станет свободным вследствие принятия Предприятием решения о том, что оно не намеревается осуществлять деятельность в этом районе, или если в течение шести месяцев после получения уведомления от Генерального секретаря Предприятие не примет решение о том, намеревается ли оно осуществлять деятельность в этом районе, и не уведомит Генерального секретаря в письменном виде о том, что оно ведет переговоры о потенциальном совместном предприятии. В последнем случае Предприятию предоставляется один год с момента подачи такой заявки, в течение которого

оно должно решить, будет ли оно осуществлять деятельность в указанном районе.

3.   Если Предприятие, или развивающееся государство, или один из субъектов, упомянутых в пункте 1, не подает заявку на утверждение плана работы по разведке в рамках деятельности в зарезервированном районе в течение 15 лет с момента начала своего независимого от Секретариата Органа функционирования или же в течение 15 лет с даты, когда этот район резервируется за Органом, — в зависимости от того, что наступит позднее, — контрактор, чья заявка на утверждение плана работы по разведке первоначально включала этот район, вправе подать заявку на утверждение плана работы по разведке в этом районе, при условии что он добросовестно предлагает Предприятию участвовать в совместном предприятии.

4.   Контрактор обладает преимущественным правом на организацию с Предприятием совместного предприятия для разведки района, который был включен в его заявку на утверждение плана работы по разведке и который был обозначен Советом в качестве зарезервированного района.

Правило 19
Доля в акционерном капитале в рамках механизма совместного предприятия

1.   Если заявитель решает предложить долю в акционерном капитале в рамках совместного предприятия, он предоставляет данные и информацию в соответствии с правилом 20. Выделение района заявителю регулируется положениями правила 27.

2.   Механизм совместного предприятия, вступающий в силу в момент заключения заявителем контракта на эксплуатацию, включает следующее:

   a)   Предприятие получает не менее 20 процентов участия в акционерном капитале совместного предприятия на следующей основе:

   i)   половина такого долевого участия предоставляется без выплаты заявителю каких-либо платежей, прямых или косвенных, и для всех целей имеет такой же режим, как и долевое участие заявителя;

   ii)   остальная часть такого долевого участия для всех целей имеет такой же режим, как и долевое участие заявителя, за исключением того, что Предприятие не получает никаких дивидендов в отношении этой части, пока заявитель не возместит в полном объеме сумму своего долевого участия в совместном предприятии;

   b)   независимо от подпункта (a) выше заявитель, тем не менее, предлагает Предприятию возможность приобрести еще 30 процентов долевого участия в механизме совместного предприятия или такую меньшую долю, которую Предприятие решит приобрести, на основе режима, во всех отношениях равноправного с заявителем[2];

   c)   за исключением случаев, когда это прямо предусмотрено в соглашении между заявителем и Предприятием, Предприятие не обязано в

---

[2] Условия возможного приобретения такого долевого участия нужно будет проработать более подробно.

силу своего долевого участия каким-либо иным способом предоставлять фонды или кредиты или обеспечивать гарантии или признавать какую бы то ни было финансовую ответственность за механизм совместного предприятия или от его имени, равно как и не обязано подписываться на дополнительное долевое участие для поддержания своей доли в механизме совместного предприятия.

Правило 20
Данные и информация, подлежащие представлению для утверждения плана работы по разведке

1.   Каждый заявитель в целях утверждения плана работы по разведке в форме контракта представляет следующую информацию:

a)   общее описание и график предлагаемой программы разведки, включая программу деятельности на ближайший пятилетний период, как-то: запланированные исследования в отношении экологических, технических, экономических и прочих соответствующих факторов, которые должны учитываться при разведке;

b)   описание программы океанографических и фоновых экологических исследований в соответствии с настоящими Правилами и любыми установленными Органом природоохранными нормами, правилами и процедурами, которая позволила бы произвести оценку потенциального экологического воздействия предлагаемой разведочной деятельности, включая воздействие на биоразнообразие, но не ограничиваясь таковым, с учетом любых рекомендаций, вынесенных Юридической и технической комиссией;

c)   предварительную оценку возможного воздействия предлагаемой деятельности по разведке на морскую среду;

d)   описание предлагаемых мер по предотвращению, сокращению и сохранению под контролем загрязнения морской среды и других опасностей для нее, а также возможного воздействия на морскую среду;

e)   данные, необходимые Совету для определения, которое он должен вынести в соответствии с пунктом 1 правила 13; и

f)   калькуляцию предполагаемых годовых расходов по программе деятельности на ближайший пятилетний период.

2.   Если заявитель выбирает вариант зарезервированного района, данные и информация в отношении такого района передаются заявителем Органу после обозначения Советом зарезервированного района в соответствии с пунктом 3 правила 17.

3.   Если заявитель выбирает вариант долевого участия в механизме совместного предприятия, данные и информация о таком районе передаются заявителем Органу в момент принятия такого решения.

Раздел 3
Сборы

Правило 21
Сбор за заявку

1.   Сбор за рассмотрение заявок на утверждение плана работы по разведке полиметаллических сульфидов составляет фиксированную сумму в размере 500 000 долл. США или эквивалент этой суммы в свободно конвертируемой валюте и подлежит выплате в полном объеме в момент представления заявки.

2.   Если административные издержки, понесенные Органом при рассмотрении заявки, меньше фиксированной суммы, указанной в пункте 1 выше, Орган возмещает разницу заявителю. Если административные издержки, понесенные Органом при рассмотрении заявки, превышают фиксированную сумму, указанную в пункте 1 выше, заявитель оплачивает разницу Органу, при условии что какая-либо дополнительная сумма, подлежащая выплате заявителем, не должна превышать 10 процентов фиксированного сбора, о котором идет речь в пункте 1.

3.   С учетом любого критерия, установленного для этой цели Финансовым комитетом, Генеральный секретарь определяет размер такой разницы, о которой идет речь в пункте 2 выше, и уведомляет об этом заявителя. Уведомление должно включать в себя ведомость с указанием издержек, понесенных Органом. Соответствующая сумма должна выплачиваться заявителем или возмещаться Органом в течение трех месяцев с момента подписания контракта, о котором идет речь в правиле 25 ниже.

4.   Фиксированная сумма, о которой идет речь в пункте 1 выше, пересматривается на регулярной основе Советом в целях обеспечения того, чтобы она покрывала предполагаемые административные издержки, связанные с рассмотрением заявок, и устраняла необходимость выплаты заявителями дополнительных сумм согласно пункту 2 выше[3].

Раздел 4
Рассмотрение заявок

Правило 22
Получение, подтверждение и хранение заявок

Генеральный секретарь:

a)   в течение 30 дней в письменном виде подтверждает получение каждой заявки на утверждение плана работы по разведке, представленной согласно настоящей части, с указанием даты получения;

---

[3] ISBA/20/A/10 от 24 июля 2014 года, поправки

b) обеспечивает сохранность заявки с сопроводительными документами и приложениями к ней, а также конфиденциальность всех содержащихся в заявке конфиденциальных данных и информации;

c) уведомляет членов Органа о получении такой заявки и рассылает им информацию о заявке, имеющую общий и неконфиденциальный характер.

Правило 23
Рассмотрение заявок Юридической и технической комиссией

1. По получении заявки на утверждение плана работы по разведке Генеральный секретарь уведомляет членов Юридической и технической комиссии и вносит вопрос о рассмотрении заявки в повестку дня следующего заседания Комиссии. Комиссия рассматривает только заявки, в отношении которых уведомление и информация были распространены Генеральным секретарем в соответствии с правилом 22(c) по меньшей мере за 30 дней до открытия заседания Комиссии, на котором они должны рассматриваться.

2. Комиссия рассматривает заявки в порядке их поступления.

3. Комиссия определяет следующее:

a) выполнил ли заявитель положения настоящих Правил;

b) взял ли заявитель на себя обязательства и представил ли заверения, указанные в правиле 15;

c) располагает ли заявитель финансовыми и техническими возможностями для осуществления предлагаемого плана работы по разведке и представил ли он подробные сведения на предмет своей способности выполнять чрезвычайные распоряжения;

d) выполнил ли заявитель надлежащим образом свои обязательства в связи с любым предыдущим контрактом с Органом.

4. В соответствии с требованиями, установленными в настоящих Правилах, и своими процедурами Комиссия определяет, будет ли предлагаемый план работы по разведке:

a) обеспечивать эффективную охрану здоровья и безопасности людей;

b) обеспечивать эффективную защиту и сохранение морской среды, включая воздействие на биоразнообразие, но не ограничиваясь таковым;

c) обеспечивать, чтобы установки не сооружались там, где это может создать помехи для использования признанных морских путей, имеющих существенное значение для международного судоходства, или в районах ведения интенсивной рыбопромысловой деятельности.

5. Если Комиссия определяет, что заявитель выполнил требования пункта 3 и что предлагаемый план работы по разведке удовлетворяет требованиям пункта 4, она рекомендует Совету утвердить план работы по разведке.

6. Комиссия не рекомендует план работы по разведке к утверждению, если указанный в предлагаемом плане работы по разведке район или его часть включены в:

a) какой-либо утвержденный Советом план работы по разведке полиметаллических сульфидов;

b) какой-либо утвержденный Советом план работы по разведке или разработке других ресурсов, если предлагаемый план работы по разведке полиметаллических сульфидов может повлечь за собой ненужные помехи в отношении деятельности по такому утвержденному плану работы по другим ресурсам;

c) какой-либо район, разработка которого запрещена Советом, поскольку имеются существенные доказательства, указывающие на риск причинения серьезного ущерба морской среде.

7. Юридическая и техническая комиссия может рекомендовать одобрить план работы, если она решит, что такое одобрение не позволит государству-участнику или спонсируемым им организациям монополизировать проведение деятельности в Районе в отношении полиметаллических сульфидов или помешать другим государствам-участникам проводить в Районе деятельность в отношении полиметаллических сульфидов.

8. За исключением случаев подачи заявок Предприятием — от его собственного имени или в рамках совместного предприятия — и заявок согласно правилу 18, Комиссия не рекомендует план работы к утверждению, если указанный в предлагаемом плане работы по разведке район или его часть включены в какой-либо зарезервированный район или район, обозначенный Советом в качестве будущего зарезервированного района.

9. Если Комиссия считает, что заявка не соответствует настоящим Правилам, то Комиссия через Генерального секретаря уведомляет об этом заявителя в письменном виде, указывая причины. Заявитель может в течение 45 дней с момента такого уведомления исправить свою заявку. Если после дальнейшего рассмотрения Комиссия приходит к мнению о том, что ей не следует рекомендовать план работы по разведке к утверждению, то она сообщает об этом заявителю и предоставляет ему еще одну возможность сделать представления в течение 30 дней с момента получения такой информации. Комиссия рассматривает любые такие представления, сделанные заявителем, при подготовке своего доклада и рекомендации Совету.

10. При рассмотрении предлагаемого плана работы по разведке Комиссия принимает во внимание принципы, политику и цели в отношении деятельности в Районе, как это предусмотрено в части XI и приложении III к Конвенции и в Соглашении.

11. Комиссия рассматривает заявки оперативно и представляет Совету доклад и рекомендации относительно обозначения районов и о плане работы по разведке при первой же возможности с учетом графика заседаний Органа.

12. При выполнении своих обязанностей Комиссия применяет настоящие Правила, а также нормы, правила и процедуры Органа на единообразной и недискриминационной основе.

Правило 24

Рассмотрение и утверждение Советом планов работы по разведке

Совет рассматривает доклады и рекомендации Комиссии, касающиеся утверждения планов работы по разведке, в соответствии с пунктами 11 и 12 раздела 3 приложения к Соглашению.

Часть IV
Контракты на разведку

Правило 25
Контракт

1.	После утверждения Советом плана работы по разведке он оформляется в виде контракта между Органом и заявителем, как предписано в приложении 3 к настоящим Правилам. Каждый контракт включает изложенные в приложении 4 стандартные условия, действующие на дату вступления контракта в силу.

2.	Контракт подписывается Генеральным секретарем от имени Органа и заявителем. Генеральный секретарь в письменном виде уведомляет всех членов Органа о заключении каждого контракта.

Правило 26
Права контрактора

1.	Контрактор имеет исключительное право на разведку в районе, указанном в плане работы, в отношении полиметаллических сульфидов. Орган обеспечивает, чтобы никакой другой субъект не осуществлял в этом же районе деятельность в отношении других ресурсов помимо полиметаллических сульфидов таким образом, чтобы это создавало помехи для деятельности контрактора.

2.	Контрактор, который имеет утвержденный план работы только на разведку, имеет предпочтение и пользуется приоритетом среди заявителей, представивших планы работы на разработку того же района или тех же ресурсов. Совет может лишить контрактора такого предпочтения или приоритета, если он не выполнит требований своего утвержденного плана работы в течение периода времени, предписанного в письменном уведомлении или уведомлениях, направленных Советом контрактору с указанием требований, не выполненных контрактором. Период времени, указываемый в любом таком уведомлении, должен быть разумным. Контрактору предоставляется разумная возможность быть заслушанным, прежде чем лишение его такого предпочтения или приоритета становится окончательным. Совет разъясняет мотивы предлагаемого лишения предпочтения или приоритета и рассматривает любой ответ контрактора. При принятии решения Совет учитывает этот ответ и основывается на существенных сведениях.

3.	Лишение предпочтения или приоритета становится действительным лишь после того, как контрактору предоставляется разумная возможность исчерпать средства судебной защиты, имеющиеся в его распоряжении согласно разделу 5 части XI Конвенции.

Правило 27
Размеры района и отказ от его участков

1.	Контрактор производит отказ от участков выделенного ему района в соответствии с пунктом 2 настоящего правила. Участки, от которых производится отказ, могут не быть прилегающими и определяются контрактором в форме подблоков, составляющих один или более квадратов координатной сетки, как предусмотрено Органом.

2.	Общая площадь района, выделяемого контрактору по контракту, не превышает 10 000 кв. километров. Контрактор отказывается от участков выделенного ему района в соответствии со следующим графиком:

	a)	к концу восьмого года с даты контракта контрактор отказывается не менее чем от 50 процентов изначально выделенного ему района;

	b)	к концу десятого года с даты контракта контрактор отказывается не менее чем от 75 процентов изначально выделенного ему района; или

3.	Контрактор может в любое время отказываться от участков выделенного ему района, опережая график, установленный в пункте 2, при условии что контрактору не требуется отказываться от любой дополнительной части такого района, когда остающаяся площадь выделенного ему района после отказа не превышает 2500 кв. километров.

4.	Участки, от которых производится отказ, вновь поступают в Район.

5.	В конце пятнадцатого года с даты контракта или когда контрактор подает заявку на права на эксплуатацию, в зависимости от того, что произойдет раньше, контрактор обозначает район в рамках оставшихся участков выделенного ему района, который будет сохранен за ним для целей добычи.

6.	По просьбе контрактора и рекомендации Комиссии Совет в исключительных обстоятельствах может продлить сроки отказа. Такие исключительные обстоятельства определяются Советом и включают, в частности, преобладающие экономические условия или иные непредвиденные исключительные обстоятельства, возникающие в связи с оперативной деятельностью контрактора.

Правило 28
Срок действия контрактов

1.	План работы по разведке утверждается на 15-летний срок. По истечении плана работы по разведке контрактор подает заявку на план работы по разработке, за исключением случаев, когда контрактор уже сделал это, добился продления плана работы по разведке или решил отказаться от своих прав в районе, охваченном планом работы по разведке.

2.	Не позднее шести месяцев после истечения плана работы по разведке контрактор может ходатайствовать о продлениях плана работы по разведке на сроки не более чем по пять лет. Такие продления утверждаются Советом по рекомендации Комиссии, если контрактор добросовестно пытался соблюсти требования плана работы, однако в силу неподвластных ему обстоятельств не смог завершить необходимую подготовительную работу для перехода к этапу разработки, либо если такой переход не оправдывается сложившейся экономической конъюнктурой.

Правило 29
Подготовка кадров

Во исполнение статьи 15 приложения III к Конвенции к каждому контракту прилагается практическая программа подготовки персонала Органа и развивающихся государств, составленная контрактором в сотрудничестве с Органом и поручившимся государством (государствами). Программы подготовки ориентированы на обучение навыкам разведки и предусматривают всестороннее участие такого персонала во всех мероприятиях, охватываемых контрактом. По взаимному согласию такие программы подготовки могут при необходимости периодически пересматриваться и дорабатываться.

Правило 30
Периодический обзор осуществления плана работы по разведке

1. Каждые пять лет контрактор и Генеральный секретарь совместно производят периодический обзор осуществления плана работы по разработке. Генеральный секретарь может запросить у контрактора дополнительные данные и информацию, которые могут оказаться необходимыми для целей обзора.

2. В свете этого обзора Контрактор знакомит со своей программой деятельности на следующий пятилетний период, внося необходимые коррективы в свою предшествующую программу деятельности.

3. Генеральный секретарь докладывает о результатах обзора Комиссии и Совету. Генеральный секретарь указывает в докладе, были ли учтены в ходе обзора какие-либо замечания, препровожденные ему государствами — участниками Конвенции относительно того, каким образом контрактор осуществляет свои обязательства по настоящим правилам касательно защиты и сохранения морской среды.

Правило 31
Прекращение поручительства

1. На протяжении всего срока действия контракта каждому контрактору необходимо иметь поручительство.

2. Если государство прекращает свое поручительство, оно в письменном виде оперативно уведомляет об этом Генерального секретаря. Поручившееся государство должно также сообщить Генеральному секретарю мотивы прекращения им своего поручительства. Поручительство прекращает действовать через шесть месяцев после даты получения Генеральным секретарем уведомления, если только в уведомлении не указывается более поздний срок.

3. В случае прекращения поручительства контрактор находит другого поручителя в срок, указанный в пункте 2. Такой поручитель выдает удостоверение о поручительстве в соответствии с правилом 11. Если контрактор не находит поручителя в требуемый срок, действие контракта прекращается.

4.   Прекращение поручительства не освобождает поручившееся государство от каких-либо обязательств, возникших в период, когда оно являлось поручившимся государством, и не затрагивает никаких юридических прав и обязанностей, появившихся в период такого поручительства.

5.   Генеральный секретарь уведомляет членов Органа о прекращении или изменении поручительства.

Правило 32
Ответственность

Материальная и иная ответственность контрактора и Органа регулируется Конвенцией. Контрактор продолжает нести ответственность за любой ущерб, причиненный в результате неправомерных действий, допущенных им при осуществлении своей деятельности, в частности ущерб морской среде, по окончании этапа разведки.

Часть V
Защита и сохранение морской среды

Правило 33
Защита и сохранение морской среды

1.   В соответствии с Конвенцией и Соглашением Орган устанавливает и подвергает периодическому обзору природоохранные нормы, правила и процедуры, необходимые для обеспечения эффективной защиты морской среды от вредных для нее последствий, которые могут возникнуть в результате деятельности в Районе.

2.   Чтобы обеспечить эффективную защиту морской среды от вредных последствий, которые могут возникнуть в результате осуществления деятельности в Районе, Орган и поручившиеся государства применяют к такой деятельности осторожный подход, нашедший отражение в принципе 15 Рио-де-Жанейрской декларации, и передовую природоохранную практику.

3.   Юридическая и техническая комиссия формулирует рекомендации Совету относительно осуществления пунктов 1 и 2 выше.

4.   Комиссия разрабатывает и осуществляет процедуры с целью определить на основе наилучшей имеющейся научно-технической информации, включая информацию, представляемую во исполнение правила 20, будет ли предлагаемая разведочная деятельность в Районе иметь серьезные пагубные последствия для уязвимых морских экосистем, включая гидротермальные источники, и обеспечивает, чтобы в случае определения, что некоторые предлагаемые виды разведочной деятельности будут иметь серьезные пагубные последствия для уязвимых морских экосистем, такая деятельность регулировалась во избежание подобных последствий или ее проведение не санкционировалось.

5.   Во исполнение статьи 145 Конвенции и пункта 2 настоящего правила каждый контрактор принимает необходимые меры в целях предотвращения, сокращения и сохранения под контролем загрязнения и других опасностей для морской среды, вытекающих из его деятельности в Районе, насколько это

реально возможно, используя осторожный подход и передовую природоохранную практику.

6.   Контракторы, поручившиеся государства и другие заинтересованные государства или субъекты сотрудничают с Органом в разработке и осуществлении программ мониторинга и оценки воздействия разработки глубоководных районов морского дна на морскую среду. Когда об этом попросит Совет, такие программы включают предложения об обозначении участков, предназначенных для обособления и исключительного использования в качестве рабочих эталонных полигонов и заповедных эталонных полигонов. Термин «рабочие эталонные полигоны» означает участки, используемые для оценки последствий деятельности в Районе для морской среды и имеющие типичные для Района экологические характеристики. Термин «заповедные эталонные полигоны» означает участки, в которых добыча не производится, с тем чтобы обеспечить типичность и ненарушенность биоты морского дна для целей оценки любых изменений в биоразнообразии морской среды.

Правило 34
Экологический фон и мониторинг

1.   В каждом контракте предусматривается требование о том, чтобы, учитывая любые рекомендации, выносимые Юридической и технической комиссией на основании правила 42, контрактор собирал фоновые экологические данные и устанавливал экологический фон, используемый для оценки вероятного воздействия его программы деятельности в рамках плана работы по разведке на морскую среду, а также программу мониторинга такого воздействия и сообщения о нем. В рекомендациях, выносимых Комиссией, могут, в частности, перечисляться те разведочные мероприятия, которые могут рассматриваться в качестве потенциально неспособных оказать вредное воздействие на морскую среду. В надлежащих случаях контрактор сотрудничает с Органом и поручившимся государством (государствами) в разработке и осуществлении такой программы мониторинга.

2.   Контрактор ежегодно докладывает в письменном виде Генеральному секретарю об осуществлении и результатах программы мониторинга, упомянутой в пункте 1, и представляет данные и информацию, учитывая при этом любые рекомендации, выносимые Комиссией на основании правила 42. Генеральный секретарь направляет такие доклады Комиссии, которая рассматривает их согласно статье 165 Конвенции.

Правило 35
Чрезвычайные распоряжения

1.   Контрактор незамедлительно сообщает Генеральному секретарю в письменном виде, используя наиболее эффективные средства, о любом инциденте, вытекающем из деятельности, причинившей, причиняющей или угрожающей причинить серьезный ущерб морской среде.

2.   Когда Генеральный секретарь уведомляется контрактором или иным образом осведомляется об инциденте, который произошел вследствие деятельности контрактора в Районе или вызван этой деятельностью и который причинил, причиняет или угрожает причинить серьезный ущерб морской

среде, Генеральный секретарь обеспечивает общее оповещение об инциденте, в письменном виде уведомляет контрактора и поручившееся государство (государства) и немедленно сообщает об этом Юридической и технической комиссии, Совету и всем другим членам Органа. Копия этого сообщения распространяется среди всех членов Органа, компетентных международных организаций и соответствующих субрегиональных, региональных и глобальных организаций и органов. Генеральный секретарь следит за событиями в связи со всеми такими инцидентами и сообщает о них по мере необходимости Комиссии, Совету и всем другим членам Органа.

3.   Впредь до того, как Совет предпримет какие-либо действия, Генеральный секретарь принимает экстренные меры временного характера, которые являются практичными и разумными в сложившихся обстоятельствах с точки зрения предотвращения, сдерживания и максимального сокращения серьезного ущерба или угрозы серьезного ущерба морской среде. Такие временные меры остаются в силе в течение не более чем 90 дней или же до того момента, когда Совет постановит на своей следующей очередной сессии, какие меры должны (и должны ли) быть приняты во исполнение пункта 6 настоящего правила.

4.   Получив доклад Генерального секретаря, Комиссия, опираясь на представленные ей сведения и учитывая уже принятые контрактором меры, определяет, какие меры необходимо принять для эффективного преодоления инцидента, с тем чтобы предотвратить, сдержать и максимально сократить серьезный ущерб или угрозу серьезного ущерба морской среде, и выносит Совету свои рекомендации.

5.   Совет рассматривает рекомендации Комиссии.

6.   Учитывая рекомендации Комиссии, доклад Генерального секретаря, любую информацию, представленную контрактором, и любую иную соответствующую информацию, Совет может издавать чрезвычайные распоряжения, в число которых могут входить распоряжения о приостановке или корректировке операций, разумно необходимой для предотвращения, сдерживания и максимального сокращения серьезного ущерба или угрозы серьезного ущерба морской среде в результате деятельности в Районе.

7.   Если контрактор не обеспечивает оперативного выполнения чрезвычайного распоряжения о предотвращении, сдерживании и максимальном сокращении серьезного ущерба или угрозы серьезного ущерба морской среде в результате его деятельности в Районе, сам Совет или по договоренности с ним кто-либо иной от его имени принимает такие практические меры, которые необходимы для предотвращения, сдерживания и максимального сокращения любого такого серьезного ущерба или угрозы серьезного ущерба морской среде.

8.   Для того чтобы Совет, при необходимости, мог немедленно принять практические меры для предотвращения, сдерживания и максимального сокращения серьезного ущерба или угрозы серьезного ущерба морской среде, о которых говорится в пункте 6, контрактор до начала испытаний коллекторных систем и операций по переработке должен будет представить Совету гарантию своих финансовых и технических возможностей для оперативного выполнения чрезвычайных распоряжений или заверить Совет в том, что такие меры может принять он сам. Если контрактор не предоставляет

Совету такой гарантии, то поручившееся государство или государства в ответ на просьбу Генерального секретаря и во исполнение статей 139 и 235 Конвенции принимают меры с целью обеспечить оказание Органу содействия в осуществлении им своих обязанностей по пункту 7.

Правило 36
Права прибрежных государств

1.   Сообразно со статьей 142 и другими соответствующими положениями Конвенции ничто в настоящих Правилах не затрагивает прав прибрежных государств.

2.   Любое прибрежное государство, которое имеет основания полагать, что та или иная деятельность контрактора в Районе может серьезный ущерб или создать угрозу серьезного ущерба морской среде в акваториях, находящихся под его юрисдикцией и/или суверенитетом, может в письменном виде уведомить Генерального секретаря о таких основаниях. Генеральный секретарь предоставляет контрактору и его поручившемуся государству (государствам) разумную возможность изучить доказательства (если таковые имеются), представленные прибрежным государством в качестве упомянутых оснований. Контрактор и его поручившееся государство (государства) могут представить Генеральному секретарю свои замечания по ним в течение разумного периода времени.

3.   Если имеются явные основания заключить, что серьезный ущерб морской среде вероятен, то Генеральный секретарь действует в соответствии с правилом 35, а в случае необходимости принимает экстренные меры временного характера, предусмотренные пунктом 3 правила 35.

4.   Контракторы принимают все необходимые меры с целью обеспечить, чтобы их деятельность проводилась без нанесения серьезного ущерба морской среде, включая загрязнение, но не ограничиваясь таковым, в акваториях, находящихся под юрисдикцией или суверенитетом прибрежных государств, и чтобы такой серьезный ущерб или загрязнение, являющееся результатом инцидентов или деятельности в их разведочных районах, не распространялись за пределы таких районов.

Правило 37
Человеческие останки и объекты и участки, имеющие археологическое или историческое значение

Контрактор незамедлительно уведомляет Генерального секретаря в письменном виде об обнаружении в разведочном районе каких бы то ни было человеческих останков, имеющих археологическое или историческое значение, или каких-либо объектов или участков аналогичного характера и об их местонахождении, включая принятые меры по сохранению и защите. Генеральный секретарь препровождает такую информацию Генеральному директору Организации Объединенных Наций по вопросам образования, науки и культуры и любой иной компетентной международной организации. При обнаружении в разведочном районе любых таких человеческих останков, объектов или участков и во избежание причинения ущерба таким человеческим останкам, объектам или участкам в разумном радиусе не проводится никаких дальнейших поисково-разведочных работ, пока Совет не примет иного решения с учетом мнения Генерального директора Организации Объединенных Наций по вопросам образования, науки и культуры или любой иной компетентной международной организации.

Часть VI
Конфиденциальность

Правило 38
Данные и информация, имеющие характер собственности, и конфиденциальность

1.   Данные и информация, представленные или переданные Органу или любому лицу, участвующему в какой бы то ни было деятельности или программе Органа, во исполнение настоящих Правил или контракта, заключенного согласно настоящим Правилам, и обозначенные контрактором в консультации с Генеральным секретарем в качестве имеющих конфиденциальный характер, считаются конфиденциальными, если речь не идет о данных и информации, которые:

   a)   общеизвестны или доступны из других источников;

   b)   были ранее представлены их собственником другим лицам без обязательства соблюдать их конфиденциальность; или

   c)   уже находятся во владении Органа без обязательства соблюдать их конфиденциальность.

Данные и информация, которые необходимы для выработки Органом норм, правил и процедур, касающихся защиты и сохранения морской среды и техники безопасности, и которые не относятся при этом к имеющим характер собственности данным о конструкции оборудования, не рассматриваются в качестве конфиденциальных.

2.   Конфиденциальные данные и информация могут использоваться Генеральным секретарем и персоналом Секретариата, с санкции Генерального секретаря, и членами Юридической и технической комиссии только при необходимости и только для эффективного осуществления ими своих полномочий и функций. Генеральный секретарь санкционирует доступ к таким данным и информации только для ограниченного пользования в связи с осуществлением сотрудниками Секретариата и Юридической и технической комиссией своих функций и обязанностей.

3.   Через десять лет после даты представления конфиденциальных данных и информации Органу или после истечения контракта на разведку (в зависимости от того, что наступает позднее) и через каждые пять лет после этого Генеральный секретарь и контрактор производят обзор таких данных и информации с целью определить, должны ли они оставаться конфиденциальными. Такие данные и информация остаются конфиденциальными, если контрактор определяет, что в случае опубликования таких данных и информации возникнет существенный риск серьезного и несправедливого экономического ущерба. Такие данные и информация не публикуются до тех пор, пока контрактору не будет предоставлена разумная

возможность исчерпания средств судебной защиты, имеющихся в его распоряжении согласно разделу 5 части XI Конвенции.

4.   Если в какой-либо момент времени после истечения контракта на разведку контрактор заключает контракт на разработку в отношении любой части разведочного района, конфиденциальные данные и информация, касающиеся этой части района, сохраняют конфиденциальность в соответствии с контрактом на разработку.

5.   Контрактор может в любое время отказаться от конфиденциальности данных и информации.

Правило 39
Процедуры обеспечения конфиденциальности

1.   Генеральный секретарь отвечает за сохранение конфиденциальности всех конфиденциальных данных и информации и без предварительного письменного согласия контрактора не разглашает такие данные и информацию какому-либо лицу, постороннему для Органа. Для обеспечения конфиденциальности таких данных и информации Генеральный секретарь устанавливает в соответствии с положениями Конвенции процедуры обращения с конфиденциальной информацией для членов Секретариата, членов Юридической и технической комиссии и любых других лиц, участвующих в какой бы то ни было деятельности или программе Органа. Такие процедуры включают:

   a)   хранение конфиденциальных данных и информации в надежных местах и разработку процедур безопасности для предотвращения несанкционированного доступа к таким данным и информации или их изъятия;

   b)   составление и ведение классификации, перечня или описи всех полученных письменных данных и информации с указанием их типа, источника и схемы прохождения с момента получения до момента окончательного распоряжения ими.

2.   Лицо, уполномоченное согласно настоящим Правилам иметь доступ к конфиденциальным данным и информации, не разглашает таких данных и информации, за исключением тех случаев, когда это разрешается Конвенцией или настоящими Правилами. Генеральный секретарь предписывает любому лицу, уполномоченному иметь доступ к конфиденциальным данным и информации, делать в присутствии Генерального секретаря или назначенного им представителя письменное заявление о том, что имеющее такой допуск лицо:

   a)   признает свои юридические обязательства согласно Конвенции и настоящим Правилам относительно неразглашения конфиденциальных данных и информации;

   b)   соглашается соблюдать применимые правила и процедуры, установленные для обеспечения конфиденциальности таких данных и информации.

3.   Юридическая и техническая комиссия ограждает конфиденциальность конфиденциальных данных и информации, представленных ей в соответствии с настоящими Правилами или контрактом, заключенным согласно настоящим

Правилам. В соответствии с положениями пункта 8 статьи 163 Конвенции члены Комиссии не должны разглашать даже после прекращения осуществления своих функций никакие промышленные секреты, имеющие характер собственности данные, которые передаются Органу в соответствии со статьей 14 приложения III к Конвенции, и никакую другую конфиденциальную информацию, которая стала им известна в силу их обязанностей, выполняемых в Органе.

4.   Генеральный секретарь и персонал Органа не должны разглашать даже после прекращения осуществления своих функций в Органе никакие промышленные секреты, имеющие характер собственности данные, которые передаются Органу в соответствии со статьей 14 приложения III к Конвенции, и никакую другую конфиденциальную информацию, которая стала им известна в силу их службы в Органе.

5.   Принимая во внимание ответственность Органа согласно статье 22 приложения III к Конвенции, Орган может принимать какие бы то ни было надлежащие меры в отношении любого лица, которое в силу своих обязанностей, выполняемых в Органе, имеет доступ к каким-либо конфиденциальным данным и информации и которое нарушает обязательства в отношении конфиденциальности, содержащиеся в Конвенции и настоящих Правилах.

Часть VII
Общие процедуры

Правило 40
Уведомления и общие процедуры

1.   Любое заявление, просьба, уведомление, сообщение, согласие, одобрение, освобождение от обязательств, распоряжение или инструкция, предусмотренные настоящими Правилами, направляются Генеральным секретарем или же назначенным представителем изыскателя, заявителя либо контрактора в письменном виде. Требование о представлении какой-либо информации в письменном виде согласно настоящим Правилам удовлетворяется представлением информации в электронном документе, содержащем цифровую подпись. Они доставляются с посыльным либо по телексу, факсу, заказной авиапочтой или электронной почтой с авторизованной электронной подписью Генеральному секретарю в штаб-квартиру Органа или же назначенному представителю.

2.   Доставка с посыльным считается состоявшейся в момент вручения. Доставка по телексу считается состоявшейся на следующий рабочий день после того, как на телексном аппарате отправителя появляется автоответ. Доставка по факсу считается состоявшейся, когда отправитель получает сигнал «сообщение передано», подтверждающий, что сообщение прошло на обнародованный номер факса получателя. Доставка заказной авиапочтой считается состоявшейся через 21 день после отправки. Предполагается, что электронный документ получен адресатом, когда он попадает в информационную систему, обозначенную или используемую адресатом для

цели получения документов, аналогичных отправленному, и он может быть извлечен и обработан адресатом.

3. Уведомление в адрес назначенного представителя изыскателя, заявителя или контрактора представляет собой действительное уведомление изыскателя, заявителя или контрактора для всех целей по настоящим Правилам, а назначенный представитель является представителем изыскателя, заявителя или контрактора для целей вручения повесток или извещений по любому производству в каком-либо компетентном судебном или арбитражном органе.

4. Уведомление в адрес Генерального секретаря представляет собой действительное уведомление Органа для всех целей по настоящим Правилам, а Генеральный секретарь является представителем Органа для целей вручения повесток или извещений по любому производству в каком-либо компетентном судебном или арбитражном органе.

Правило 41
Рекомендации, призванные сориентировать контракторов

1. Юридическая и техническая комиссия может периодически выносить рекомендации технического или административного характера, призванные сориентировать контракторов, помогая им в толковании норм, правил и процедур Органа.

2. Полный текст таких рекомендаций сообщается Совету. Если Совет находит, что та или иная рекомендация не соответствует предназначению и цели настоящих Правил, он может потребовать изменения или изъятия этой рекомендации.

Часть VIII
Урегулирование споров

Правило 42
Споры

1. Споры относительно толкования или применения настоящих Правил урегулируются в соответствии с разделом 5 части XI Конвенции.

2. Любое окончательное решение относительно прав и обязанностей Органа и контрактора, вынесенное каким-либо судебным или арбитражным органом, имеющим юрисдикцию в соответствии с Конвенцией, подлежит исполнению на территории каждого государства — участника Конвенции.

Часть IX
Ресурсы помимо полиметаллических сульфидов или кобальтовых корок

Правило 43
Ресурсы помимо полиметаллических сульфидов

Если изыскатель или контрактор обнаруживает в Районе ресурсы помимо полиметаллических сульфидов, поиск, разведка и разработка таких ресурсов регламентируются в соответствии с Конвенцией и Соглашением нормами, правилами и процедурами Органа, касающимися таких ресурсов. Изыскатель или контрактор уведомляет орган о том, что он обнаружил.

Часть X
Обзор

Правило 44
Обзор

1.   Через пять лет после утверждения настоящих Правил Ассамблеей или в любой последующий момент времени Совет проводит обзор того, как Правила функционируют на практике.

2.   Если в свете обновленных знаний или технологии становится очевидным, что Правила не адекватны, любое государство-участник, Юридическая и техническая комиссия или любой контрактор через посредство своего удостоверяющего государства может в любой момент времени просить Совет провести на своей следующей очередной сессии пересмотр настоящих Правил.

3.   В свете обзора Совет может принимать и в предварительном порядке применять (впредь до утверждения Ассамблеей) поправки к положениям настоящих Правил, принимая во внимание рекомендации Юридической и технической комиссии или других соответствующих подчиненных органов. Любые такие поправки не наносят ущерба правам, присваиваемым какому-либо контрактору в соответствии с положениями контракта с Органом, заключенного в соответствии с настоящими Правилами, действующего на момент внесения любой такой поправки.

4.   Если в какие-либо положения настоящих Правил вносятся поправки, то контрактор и Орган могут пересмотреть контракт в соответствии с разделом 24 приложения 4.

Приложение 1

Уведомление о намерении заняться поиском

1.   Наименование изыскателя:

2.   Местонахождение изыскателя:

3.   Почтовый адрес (если отличается от вышеуказанного):

4.   Телефон:

5.   Факс:

6.   Адрес электронной почты:

7.   Национальная принадлежность изыскателя:

8.   Если изыскатель является юридическим лицом, указать:

    a)   место его регистрации и

    b)   местонахождение его главной конторы/его домициль — и приложить копию регистрационного свидетельства изыскателя.

9.   Наименование назначенного изыскателем представителя:

10.   Местонахождение (адрес) назначенного изыскателем представителя (если отличается от вышеуказанного):

11.   Почтовый адрес (если отличается от вышеуказанного):

12.   Телефон:

13.   Факс:

14.   Адрес электронной почты:

15.   Приложить координаты ориентировочного района (районов) проведения поиска в соответствии с мировой геодезической системой WGS.

16.   Приложить общее описание программы поиска, включая дату начала и примерную продолжительность программы.

17.   Приложить письменное обязательство о том, что изыскатель будет:

    a)   соблюдать Конвенцию и соответствующие нормы, правила и процедуры Органа, касающиеся:

        i)   сотрудничества в программах подготовки кадров в связи с морскими научными исследованиями и передачей технологии, о которых говорится в статьях 143 и 144 Конвенции, и

        ii)   защиты и сохранения морской среды, и

    b)   давать согласие на проведение Органом проверки их соблюдения.

18.   Перечислить в данном пункте все добавления и приложения к настоящему уведомлению (все данные и информация должны представляться в печатном виде и в указанном Органом цифровом формате):

Дата: _____   _____
                                          Подпись   назначенного   изыскателем
                                          представителя

ЗАВЕРЕНО:

_____
Подпись заверяющего лица

_____
Имя заверяющего лица

_____
Должность заверяющего лица

Приложение 2

Заявка на утверждение плана работы по разведке для получения контракта

Раздел I
Информация о заявителе

1.   Наименование заявителя:

2.   Местонахождение заявителя:

3.   Почтовый адрес (если отличается от вышеуказанного):

4.   Телефон:

5.   Факс:

6.   Адрес электронной почты:

7.   Наименование назначенного заявителем представителя:

8.   Местонахождение назначенного заявителем представителя (если отличается от вышеуказанного):

9.   Почтовый адрес (если отличается от вышеуказанного):

10. Телефон:

11. Факс:

12. Адрес электронной почты:

13. Если заявитель является юридическим лицом, указать:

    a)   место его регистрации и

    b)   местонахождение его главной конторы/его домициль — и приложить копию регистрационного свидетельства заявителя.

14. Указать поручившееся государство (государства).

15. По каждому поручившемуся государству указать дату сдачи на хранение им своего документа о ратификации Конвенции Организации Объединенных Наций по морскому праву 1982 года, о присоединении к ней или о правопреемстве в ее отношении и дату выражения согласия на обязательность для него Соглашения об осуществлении Части XI Конвенции Организации Объединенных Наций по морскому праву от 10 декабря 1982 года.

16. К настоящей заявке должно прилагаться удостоверение о поручительстве, выданное поручившимся государством. Если заявитель имеет более чем одну национальность, как в случае партнерства или консорциума субъектов из более чем одного государства, должны прилагаться удостоверения о поручительстве, выданные каждым из таких государств.

Раздел II
Информация о заявочном районе

17. Определить границы заявочных блоков, приложив карту (в указанных Органом масштабе и проекции) и перечень географических координат (в соответствии с мировой геодезической системой WGS 84).

18. Указать, что выбирает заявитель: передать зарезервированный район в соответствии с правилом 17 или предложить долю в акционерном капитале в рамках механизма совместного предприятия в соответствии с правилом 19.

19. Если заявитель выбирает передать зарезервированный район:

a)	приложить карту (в указанных Органом масштабе и проекции) и перечень координат, разделяющих общий район на две части одинаковой предположительной коммерческой ценности, и

b)	включить в приложение достаточную информацию, позволяющую Совету обозначить зарезервированный район с учетом предположительной коммерческой ценности каждой части заявочного района. Такое приложение должно включать имеющиеся у заявителя данные по обеим частям заявочного района, в том числе:

i)	данные о местоположении, съемке и оценке полиметаллических сульфидов в районах, включая:

a.	описание технологий, связанных с извлечением и обработкой полиметаллических сульфидов, которое необходимо для обозначения зарезервированного района;

b.	карту с указанием таких физических и геологических характеристик, как топография морского дна, батиметрия и донные течения, и информацию о степени надежности соответствующих данных;

c.	карту, на которую нанесены данные дистанционного зондирования (как-то электромагнитная съемка) и прочие исследовательские данные, использованные для определения пространственной протяженности каждого рудного тела полиметаллических сульфидов;

d.	характеристики керна и другие данные, использованные для определения параметров третьего измерения залежей, а соответственно и для определения сортности и тоннажа рудного тела полиметаллических сульфидов;

e.	данные, демонстрирующие распределение активных и неактивных участков полиметаллических сульфидов, и сроки, когда активность прекратилась в неактивных участках или началась в активных участках;

f.	данные, указывающие на средний тоннаж (в метрических тоннах) каждого рудного тела полиметаллических сульфидов, которое станет участком добычи, и соответствующую карту тоннажа с указанием мест пробоотбора;

g.	данные о среднем содержании металлов, представляющих экономический интерес, (сортность) на основе химических проб в процентах (сухого) веса и соответствующую карту сортности с указанием различий между рудными телами полиметаллических сульфидов и параметров конкретных рудных тел;

h.   сводные карты тоннажа и сортности полиметаллических сульфидов;

i.   произведенный на основе стандартных процедур (включая статистический анализ) расчет с использованием представленных данных и выкладок, дающий основания полагать, что оба района содержат полиметаллические сульфиды одинаковой предположительной коммерческой ценности, которая выражается в виде объема металлов, извлекаемого на поддающихся разработке участках;

j.   описание методов, использованных заявителем;

ii)   информацию об экологических параметрах (в сезонной разбивке и за весь период испытаний), в том числе о скорости и направлении ветра, солености и температуре воды и биологических сообществах.

20.   Если заявочный район включает какую-либо часть зарезервированного района, приложить перечень координат района, являющегося частью зарезервированного района, и указать соответствующие характеристики заявителя сообразно с правилом 18 Правил.

Раздел III
Финансовая и техническая информация

21.   Приложить достаточную информацию, позволяющую Совету определить, располагает ли заявитель финансовыми возможностями для осуществления предлагаемого плана работы по разведке и выполнения своих финансовых обязательств перед Органом:

a)   если заявка представляется Предприятием, приложить выданное его компетентным органом удостоверение о том, что Предприятие располагает необходимыми финансовыми ресурсами на покрытие сметных расходов по предлагаемому плану работы по разведке;

b)   если заявка представляется государством или государственным предприятием, приложить заявление государства или поручившегося государства, удостоверяющее, что заявитель располагает необходимыми финансовыми ресурсами на покрытие сметных расходов по предлагаемому плану работы по разведке;

c)   если заявка представляется субъектом, приложить проверенные финансовые ведомости заявителя (включая балансовые ведомости и отчеты о прибылях и убытках) за последние три года, составленные в соответствии с международно принятыми принципами учета и заверенные надлежащим образом квалифицированной аудиторской фирмой, а также:

i)   если заявителем является недавно созданный субъект и заверенной балансовой ведомости не имеется, — условную балансовую ведомость, заверенную соответствующим должностным лицом заявителя;

ii)   если заявителем является дочерняя компания другого субъекта, — копии таких финансовых ведомостей этого субъекта и заявление последнего о том, что заявитель будет располагать финансовыми ресурсами на осуществление плана работы по разведке, каковое заявление составляется в соответствии с международно принятыми принципами учета и заверяется надлежащим образом квалифицированной аудиторской фирмой;

iii) если заявитель находится под контролем государства или государственного предприятия, — заявление этого государства или государственного предприятия, удостоверяющее, что заявитель будет располагать финансовыми ресурсами на осуществление плана работы по разведке.

22. Если предлагаемый план работы по разведке намечается финансировать за счет займов, приложить заявление о сумме таких займов, сроках их погашения и процентной ставке.

23. Приложить достаточную информацию, позволяющую Совету определить, в состоянии ли заявитель осуществить предлагаемый план работы по разведке в техническом отношении, включая:

a) общее описание имеющихся у заявителя опыта, знаний, навыков, технической квалификации и специальной подготовки для осуществления предлагаемого плана работы по разведке;

b) общее описание оборудования и методов, которые намечается использовать при осуществлении предлагаемого плана работы по разведке, и другую не имеющую характера собственности информацию о характеристиках такой технологии;

c) общее описание имеющихся у заявителя финансовых и технических возможностей реагировать на любые инциденты или действия, причиняющие серьезный ущерб морской среде.

Раздел IV
План работы по разведке

24. Приложить следующую информацию о программе работы по разведке:

a) общее описание и график предлагаемой программы разведки, включая программу деятельности на ближайший пятилетний период, как-то запланированные исследования в отношении экологических, технических, экономических и прочих соответствующих факторов, которые должны учитываться при разведке;

b) описание программы океанографических и фоновых экологических исследований в соответствии с настоящими Правилами и любыми установленными Органом природоохранными нормами, правилами и процедурами, которая позволила бы произвести оценку потенциального экологического воздействия предлагаемой разведочной деятельности, включая воздействие на биоразнообразие, но не ограничиваясь таковым, с учетом любых рекомендаций, выносимых Юридической и технической комиссией;

c) предварительная оценка возможного воздействия предлагаемой разведочной деятельности на морскую среду;

d) описание предлагаемых мер по предупреждению, уменьшению и сохранению под контролем загрязнения и другого опасного воздействия на морскую среду, а также возможных последствий для нее;

e) калькуляция предполагаемых годовых расходов по программе деятельности на ближайший пятилетний период.

Раздел V
Обязательства

25. Приложить письменное обязательство заявителя:

a) признать в качестве подлежащих исполнению и соблюдать применимые обязательства, возникающие в силу положений Конвенции, норм, правил и процедур Органа, решений соответствующих органов Органа и условий его контрактов с Органом;

b) признать предусмотренный Конвенцией контроль со стороны Органа за деятельностью в Районе;

c) представить Органу письменное заверение в том, что его обязательства по контракту будут добросовестно выполняться.

Раздел VI
Предыдущие контракты

26. Заключал ли ранее заявитель, или — в случае представления заявки партнерством или консорциумом субъектов, осуществляющих деятельность совместно, — любой участник партнерства либо консорциума, или любой ассоциированный с ними субъект какой-либо контракт с Органом?

27. Если ответ на вопрос 27 утвердительный, то заявка должна включать:

a) дату предыдущего контракта (контрактов);

b) дату представления, условное обозначение и название каждого отчета, представленного Органу в связи с контрактом (контрактами);

c) в соответствующих случаях — дату прекращения контракта (контрактов).

Раздел VII
Добавления

28. Перечислить все добавления и приложения к настоящей заявке (все данные и информация должны представляться в печатном виде и в указанном Органом цифровом формате):

Дата: _____

_____
Подпись назначенного заявителем представителя

ЗАВЕРЕНО:

_____
Подпись заверяющего лица

_____
Имя заверяющего лица

_____

Должность заверяющего лица

Приложение 3

Контракт на разведку

НАСТОЯЩИЙ КОНТРАКТ, заключенный « » _____ года между МЕЖДУНАРОДНЫМ ОРГАНОМ ПО МОРСКОМУ ДНУ (именуемым далее «Орган»), представленным его ГЕНЕРАЛЬНЫМ СЕКРЕТАРЕМ, и _____ (именуемым далее «Контрактор»), представленным _____, УДОСТОВЕРЯЕТ нижеследующее:

Инкорпорация условий

A. Стандартные условия, приводимые в приложении 2 к Правилам поиска и разведки полиметаллических сульфидов в Районе, включаются в настоящий контракт и имеют такую же силу, как если бы они развернуто приводились в самом контракте.

Разведочный район

B. Для целей настоящего контракта «разведочный район» означает ту часть Района, которая выделена Контрактору для разведки; она определяется перечисленными в добавлении 1 к контракту координатами и может периодически сокращаться в соответствии со стандартными условиями и Правилами.

Предоставление прав

C. С учетом:

1) их взаимной заинтересованности в осуществлении деятельности по разведке в разведочном районе в соответствии с Конвенцией и Соглашением,

2) ответственность Органа за организацию и контроль деятельности в Районе, особенно в целях управления ресурсами Района, в соответствии с правовым режимом, установленным, соответственно, в части XI Конвенции и Соглашении и в части XII Конвенции, и

3) интересов и финансовых обязательств Контрактора в осуществлении деятельности в разведочном районе и взаимных договоренностей, закрепленных в настоящем контракте,

Орган настоящим предоставляет Контрактору исключительное право на разведку полиметаллических сульфидов в разведочном районе в соответствии с условиями настоящего контракта.

Вступление в силу и срок действия контракта

D. Настоящий контракт вступает в силу по его подписании обеими сторонами и с соблюдением стандартных условий остается в силе в течение последующих пятнадцати лет, если только:

1) Контрактор не получит контракт на разработку в разведочном районе, вступающий в силу до истечения такого пятнадцатилетнего периода, или

2) контракт не будет прекращен ранее, при условии что срок действия контракта может быть продлен в соответствии со стандартными условиями 3.2 и 17.2.

Добавления

Е.   Добавления, упоминаемые в стандартных условиях, а именно в разделе 4 и разделе 8, являются для целей настоящего контракта, соответственно, добавлениями 2 и 3.

Содержание соглашения

F.   Настоящий контракт заключает в себе все содержание соглашения между сторонами, и никакие устные договоренности или предшествующие документы не меняют его условий.

В УДОСТОВЕРЕНИЕ ЧЕГО нижеподписавшиеся, должным образом на то уполномоченные соответствующими сторонами, подписали « » _____ года в _____ настоящий контракт.

Добавление 1

[Координаты и иллюстративная карта разведочного района]

Добавление 2

[Периодически пересматриваемая программа деятельности на текущий пятилетний период]

Добавление 3

[Программа подготовки кадров становится добавлением к контракту после утверждения Органом в соответствии с разделом 8 стандартных условий.]

Приложение 4

Стандартные условия контракта на разведку

Раздел 1
Определения

1.1   В нижеследующих условиях:

a)   «разведочный район» означает ту часть Района, которая выделена Контрактору для разведки; она описывается в добавлении 1 к настоящему контракту и может периодически сокращаться в соответствии с настоящим контрактом и Правилами;

b)   «программа деятельности» означает программу деятельности, которая изложена в добавлении 2 к контракту и может периодически корректироваться в соответствии с разделами 4.3 и 4.4 стандартных условий;

c)   «Правила» означает Правила поиска и разведки полиметаллических сульфидов в Районе, принимаемые Органом.

1.2   Термины и выражения, которым дано определение в Правилах, имеют то же значение и в настоящих стандартных условиях.

1.3   В соответствии с Соглашением об осуществлении Части XI Конвенции Организации Объединенных Наций по морскому праву от 10 декабря 1982 года его положения и часть XI Конвенции толкуются и применяются совместно, как единый акт; настоящий контракт и содержащиеся в нем ссылки на Конвенцию толкуются и применяются соответствующим же образом.

1.4   Настоящий контракт включает добавления к нему, которые являются его неотъемлемой частью.

Раздел 2
Гарантия обладания контрактом

2.1   Контрактору гарантируется обладание контрактом, и настоящий контракт не может быть приостановлен, прекращен или пересмотрен иначе как в соответствии с разделами 20, 21 и 24 стандартных условий.

2.2   Контрактор имеет исключительное право на разведку полиметаллических сульфидов в разведочном районе в соответствии с положениями настоящего контракта. Орган обеспечивает, чтобы никакой иной субъект не осуществлял в разведочном районе деятельность, связанную с иной категорией ресурсов, таким образом, чтобы это создавало необоснованные помехи для деятельности Контрактора.

2.3   Контрактор вправе, уведомив Орган, в любой момент полностью или частично отказаться, не подвергаясь каким-либо санкциям, от своих прав в разведочном районе, при том что он не освобождается ни от каких обязательств, возникших в отношении района, от которого он отказывается, до даты такого отказа.

2.4 Ничто в настоящем контракте не может рассматриваться как наделяющее Контрактора какими-либо правами помимо тех, которые прямо ему предоставлены контрактом. Орган оставляет за собой право заключать с третьими сторонами контракты в отношении ресурсов помимо полиметаллических сульфидов в районе, охватываемом настоящим контрактом.

Раздел 3
Срок действия контракта

3.1 Настоящий контракт вступает в силу по его подписании обеими сторонами и остается в силе в течение последующих пятнадцати лет, если только:

a) Контрактор не получит контракт на разработку в разведочном районе, вступающий в силу до истечения такого пятнадцатилетнего срока, или

b) контракт не будет прекращен ранее,

при условии что срок действия контракта может быть продлен в соответствии с разделами 3.2 и 17.2 стандартных условий.

3.2 По заявлению Контрактора не позднее чем за шесть месяцев до истечения настоящего контракта контракт может быть продлен на сроки, не превышающие пяти лет каждый, на таких условиях, которые Орган и Контрактор могут в тот момент согласовать в соответствии с Правилами. Такие продления утверждаются, если Контрактор добросовестно пытался соблюсти требования настоящего контракта, однако в силу неподвластных ему обстоятельств не смог завершить необходимую подготовительную работу для перехода к этапу разработки, либо если такой переход не оправдывается сложившейся экономической конъюнктурой.

3.3 Независимо от истечения срока действия настоящего контракта в соответствии с разделом 3.1 стандартных условий, если Контрактор не позднее чем за 90 дней до истечения срока действия подаст заявку на контракт на разработку, права и обязательства Контрактора по настоящему контракту остаются в силе до тех пор, пока эта заявка не будет рассмотрена и не будет заключен или же отклонен контракт на разработку.

Раздел 4
Разведка

4.1 Контрактор начинает разведку в соответствии с графиком, предусмотренным в программе деятельности, изложенной в добавлении 2 к контракту, и придерживается таких сроков или любых их изменений, которые предусмотрены в настоящем контракте.

4.2 Контрактор выполняет программу деятельности, изложенную в добавлении 2 к контракту. В каждом контрактном году Контрактор расходует в качестве фактических прямых затрат на разведку сумму, не меньшую указанной в такой программе или любом согласованном пересмотренном ее варианте.

4.3 Контрактор с согласия Органа, который не может необоснованно отказать в таком согласии, может периодически вносить в программу деятельности и указанные в ней расходы такие изменения, которые могут быть необходимы и разумны в соответствии с принятой в добывающей промышленности надлежащей практикой и с учетом конъюнктуры на рынке металлов, содержащихся в полиметаллических сульфидах, и иных условий мировой экономической конъюнктуры.

4.4 Не позднее чем за 90 дней до истечения каждого пятилетнего срока, отсчитываемого с даты, когда настоящий контракт вступает в силу в соответствии с разделом 3 стандартных условий, Контрактор и Генеральный секретарь совместно производят обзор осуществления плана работы по разведке в соответствии с настоящим контрактом. Генеральный секретарь может затребовать у Контрактора дополнительные данные и информацию, которые могут оказаться необходимы для целей обзора. В свете этого обзора Контрактор вносит в свой план работы необходимые коррективы и формулирует свою программу деятельности на последующий пятилетний период, включая пересмотренную смету ожидаемых ежегодных расходов. В добавление 2 к контракту вносятся соответствующие коррективы.

Раздел 5
Экологический мониторинг

5.1 Контрактор принимает необходимые меры для предотвращения, сокращения и сохранения под контролем загрязнения и других опасностей для морской среды, вызываемых его деятельностью в Районе, насколько это реально возможно, используя осторожный подход и передовую природоохранную практику.

5.2 До начала разведочной деятельности Контрактор представляет Органу:

a) оценку возможного воздействия предлагаемой деятельности на морскую среду;

b) предложение по программе мониторинга, позволяющей определить возможное воздействие предлагаемой деятельности на морскую среду, и

c) данные, могущие применяться для установления экологического фона, в сопоставлении с которым оценивается воздействие предлагаемой деятельности.

5.3 По ходу разведочной деятельности Контрактор производит в соответствии с Правилами сбор фоновых экологических данных и устанавливает экологический фон, в сопоставлении с которым оценивается возможное воздействие деятельности Контрактора на морскую среду.

5.4 Контрактор организует и осуществляет в соответствии с Правилами программу мониторинга такого воздействия на морскую среду и сообщения о нем. Контрактор сотрудничает с Органом в осуществлении такого мониторинга.

5.5 В течение 90 дней после окончания каждого календарного года Контрактор сообщает Генеральному секретарю об осуществлении и результатах программы мониторинга, о которой говорится в разделе 5.4

стандартных условий, и представляет данные и информацию в соответствии с Правилами.

Раздел 6
Планы чрезвычайных мер и чрезвычайные ситуации

6.1   До начала осуществления своей программы деятельности по настоящему контракту Контрактор представляет Генеральному секретарю план чрезвычайных мер с целью эффективного реагирования на вызванные деятельностью Контрактора на море в разведочном районе инциденты, которые могут причинить серьезный ущерб морской среде или вызвать угрозу серьезного ущерба. В таком плане чрезвычайных мер устанавливаются специальные процедуры и предусматривается надлежащее и подходящее оборудование для борьбы с такими инцидентами и, в частности, оговаривается:

a)   немедленное объявление общей тревоги в районе разведочной деятельности;

b)   немедленное извещение Генерального секретаря;

c)   предупреждение судов, которые могут вскоре оказаться в непосредственной близости;

d)   непрерывное снабжение Генерального секретаря полной информацией, касающейся подробностей уже принятых чрезвычайных мер и требуемых дальнейших действий;

e)   устранение в надлежащих случаях загрязняющих веществ;

f)   сокращение и, насколько это реально возможно, предотвращение серьезного ущерба морской среде, а также смягчение соответствующих последствий;

g)   сотрудничество при необходимости с другими контракторами Органа в целях устранения чрезвычайной ситуации;

h)   проведение периодических учебных тревог.

6.2   Контрактор оперативно сообщает Генеральному секретарю о любом вызванном деятельностью Контрактора инциденте, который причинил, причиняет или угрожает причинить серьезный ущерб морской среде. Каждое такое сообщение содержит подробное изложение такого инцидента, включая, в частности:

a)   координаты района, который был затронут или который вполне может быть затронут;

b)   описание действий, предпринимаемых Контрактором в целях предотвращения, сдерживания, максимального сокращения и устранения серьезного ущерба морской среде;

c)   описание действий, предпринимаемых Контрактором в целях мониторинга последствий инцидента для морской среды;

d)   такую другую информацию, которая может разумно потребоваться Генеральному секретарю.

6.3   Контрактор выполняет издаваемые Советом чрезвычайные распоряжения и принимаемые Генеральным секретарем в соответствии с Правилами экстренные меры временного характера, которые направлены на предотвращение, сдерживание, максимальное сокращение или устранение серьезного ущерба или угрозы серьезного ущерба морской среде и которые могут включать распоряжения о том, чтобы Контрактор немедленно приостановил или скорректировал любую деятельность в разведочном районе.

6.4   Если Контрактор не выполняет оперативно такие чрезвычайные распоряжения или экстренные меры временного характера, то Совет может принимать за счет Контрактора такие разумные меры, которые необходимы для предотвращения, сдерживания, максимального сокращения или устранения любого такого серьезного ущерба или угрозы серьезного ущерба морской среде. Контрактор оперативно возмещает Органу такие расходы. Такие расходы не включают любые денежные штрафы, которые могут быть наложены на Контрактора в соответствии с условиями настоящего контракта или Правилами.

Раздел 7
Человеческие останки и объекты и участки, имеющие археологическое или историческое значение

Контрактор незамедлительно уведомляет Генерального секретаря в письменном виде об обнаружении в разведочном районе каких бы то ни было человеческих останков, имеющих археологическое или историческое значение, или каких-либо объектов или участков аналогичного характера и об их местонахождении, включая принятые меры по сохранению и защите. Генеральный секретарь препровождает такую информацию Генеральному директору Организации Объединенных Наций по вопросам образования, науки и культуры и любой иной компетентной международной организации. При обнаружении в разведочном районе любых таких человеческих останков, объектов или участков и во избежание причинения ущерба таким человеческим останкам, объектам или участкам в разумном радиусе не проводится никаких дальнейших поисково-разведочных работ, пока Совет не примет иного решения с учетом мнения Генерального директора Организации Объединенных Наций по вопросам образования, науки и культуры или любой иной компетентной международной организации.

Раздел 8
Подготовка кадров

8.1   В соответствии с Правилами Контрактор до начала разведки по настоящему контракту представляет Органу на утверждение предлагаемые программы подготовки персонала Органа и развивающихся государств, включая участие такого персонала во всех мероприятиях Контрактора по настоящему контракту.

8.2   Сфера охвата и порядок финансирования программы подготовки кадров подлежат согласованию между Контрактором, Органом и поручившимся государством (государствами).

8.3 Контрактор осуществляет программы подготовки кадров согласно утвержденной Органом в соответствии с Правилами конкретной программе подготовки персонала, о которой говорится в разделе 8.1 стандартных условий и которая с вносимыми в нее периодически изменениями становится частью контракта в качестве добавления 3.

Раздел 9
Книги и записи

Контрактор содержит в соответствии с международно принятыми принципами учета полный и надлежащий комплект книг, счетов и финансовых записей. Такие книги, счета и финансовые записи включают информацию, которая дает полный отчет о фактических прямых затратах на разведку, и такую другую информацию, которая позволяет произвести эффективную ревизию таких расходов.

Раздел 10
Годовые отчеты

10.1 В течение 90 дней после окончания каждого календарного года Контрактор представляет Генеральному секретарю в таком формате, который может периодически рекомендовать Юридическая и техническая комиссия, отчет о своей программе деятельности в разведочном районе, содержащий, насколько это применимо, достаточно подробную информацию:

a) о разведочных работах, выполненных за календарный год, включая карты, диаграммы и графики, иллюстрирующие проделанную работу и полученные результаты;

b) об оборудовании, использовавшемся при выполнении разведочных работ, включая результаты проведенных испытаний предлагаемых добычных технологий, без данных о конструкции оборудования; и

c) об осуществлении программ подготовки кадров, включая любые предлагаемые изменения или дополнения к таким программам.

10.2 В таких отчетах содержатся также:

a) результаты, полученные в ходе программ экологического мониторинга, включая наблюдения, измерения, оценки и анализы экологических параметров;

b) заявление о количестве полиметаллических сульфидов, извлеченных в виде проб или для испытаний;

c) подготовленная в соответствии с международно принятыми принципами учета и заверенная надлежащим образом уполномоченной аудиторской фирмой или — когда Контрактором является государство или государственное предприятие — поручившимся государством ведомость фактических прямых затрат на разведку, понесенных Контрактором при осуществлении программы деятельности за учетный год Контрактора (такие затраты могут проводиться Контрактором как часть его расходов по освоению, понесенных до начала промышленного производства), и

d) подробное изложение предлагаемых корректировок программы деятельности и оснований для таких корректировок.

10.3 Контрактор представляет также информацию, которая дополняет отчеты, упомянутые в разделах 10.1 и 10.2 стандартных условий и которую периодически может обоснованно затребовать Генеральный секретарь в целях осуществления функций Органа по Конвенции, Правилам и настоящему контракту.

10.4 До истечения срока действия настоящего контракта Контрактор сохраняет в хорошем состоянии показательную часть проб и кернов полиметаллических сульфидов, собранных в ходе разведки. Орган может в письменном виде запросить у Контрактора для анализа часть любой такой пробы и кернов, полученных в ходе разведки.

10.5 При представлении годового отчета контрактор уплачивает ежегодный сбор за накладные расходы в размере 47 000 долл. США (или в том размере, который может быть установлен в соответствии с разделом 10.6 стандартных условий), предназначенный для покрытия расходов Органа на административное обслуживание и контроль за исполнением настоящего контракта, а также на рассмотрение отчетов, представляемых в соответствии с разделом 10.1 стандартных условий.

10.6 Размер ежегодного сбора за накладные расходы может пересматриваться Органом, с тем чтобы он отражал фактические издержки Органа, понесенные им в разумных пределах[4].

Раздел 11
Данные и информация, представляемые по истечении срока действия контракта

11.1 Контрактор передает Органу все данные и информацию, которые необходимы и имеют значение для эффективного осуществления полномочий и функций Органа в отношении разведочного района в соответствии с положениями настоящего раздела.

11.2 По истечении срока действия настоящего контракта Контрактор представляет Генеральному секретарю, если он еще этого не сделал, следующие данные и информацию:

a) копии геологических, экологических, геохимических и геофизических данных, которые получены Контрактором в ходе выполнения программы деятельности и которые необходимы и имеют значение для эффективного осуществления полномочий и функций Органа в отношении разведочного района;

---

[4] ISBA/19/A/12 от 25 июля 2013 года, поправки

b) оценка эксплуатабельных залежей (если такие залежи были определены), которая включает подробные сведения о сортности и количестве доказанных, вероятных и возможных запасов полиметаллических сульфидов и предполагаемых условиях добычи;

c) копии геологических, технических, финансовых и экономических отчетов, которые составлены Контрактором или для него и которые необходимы и имеют значение для эффективного осуществления полномочий и функций Органа в отношении разведочного района;

d) достаточно подробная информация об оборудовании, использовавшемся при выполнении разведочных работ, включая результаты проведенных испытаний предлагаемых добычных технологий, без данных о конструкции оборудования;

e) заявление о количестве полиметаллических сульфидов, извлеченных в виде проб или для испытаний; и

f) заявление о том, каким образом и где пробы и керны были получены, и об их доступности Органу.

11.3 Указанные в разделе 11.2 стандартных условий данные и информация представляются Генеральному секретарю также в том случае, если до истечения срока действия настоящего контракта Контрактор подает заявку на утверждение плана работы по разработке или если Контрактор отказывается от своих прав в разведочном районе, — в том объеме, в каком такие данные и информация относятся к району, от которого он отказывается.

Раздел 12
Конфиденциальность

Переданные Органу в соответствии с настоящим контрактом данные и информация рассматриваются как конфиденциальные в соответствии с положениями настоящего раздела и Правилами.

Раздел 13
Обязательства

13.1 Контрактор ведет разведку в соответствии с условиями настоящего контракта, Правилами, частью XI Конвенции, Соглашением и другими нормами международного права, согласующимися с Конвенцией.

13.2 Контрактор обязуется:

a) признать в качестве подлежащих исполнению и соблюдать условия настоящего контракта;

b) выполнять применимые обязательства, возникающие в силу положений Конвенции, норм, правил и процедур Органа и решений соответствующих органов Органа;

c) признать предусмотренный Конвенцией контроль со стороны Органа за деятельностью в Районе;

d)   добросовестно выполнять свои обязательства по настоящему контракту; и

e)   соблюдать, насколько это реально возможно, любые рекомендации, которые может периодически выносить Юридическая и техническая комиссия.

13.3   Контрактор активно осуществляет программу работы и при этом:

a)   проявляет должное старание, действенность и экономию;

b)   разумно учитывает воздействие своей деятельности на морскую среду; и

c)   разумно учитывает другую деятельность в морской среде.

13.4   В соответствии со статьей 157 Конвенции Орган обязуется добросовестно выполнять свои полномочия и функции по Конвенции и Соглашению.

Раздел 14
Инспектирование

14.1   Контрактор разрешает Органу направлять своих инспекторов на борт судов и установок, используемых Контрактором для осуществления деятельности в разведочном районе, в целях:

a)   проверки соблюдения Контрактором условий настоящего контракта и Правил; и

b)   мониторинга воздействия такой деятельности на морскую среду.

14.2   Генеральный секретарь за разумный срок сообщает Контрактору сведения о предполагаемом времени и продолжительности инспекций, имена инспекторов и сведения о любой их деятельности, для которой может потребоваться наличие специального оборудования или особое содействие персонала Контрактора.

14.3   Такие инспекторы полномочны производить осмотр любого судна или установки, включая их судовой журнал, оборудование, отчеты, оснащение, все прочие регистрируемые данные и любые соответствующие документы, необходимые для проверки соблюдения Контрактором своих обязательств.

14.4   Контрактор, его агенты и работники оказывают инспекторам содействие в выполнении их обязанностей и:

a)   допускают и облегчают быструю и безопасную высадку инспекторов на суда и установки;

b)   оказывают содействие в осмотре любого судна или установки, производимом в соответствии с этими процедурами;

c)   обеспечивают доступ ко всему соответствующему оборудованию, оснащению и персоналу на судах и установках в любое разумное время;

d)   не чинят препятствий, не допускают угроз и не мешают инспекторам в выполнении ими своих обязанностей;

e)   обеспечивают инспекторам разумные условия, включая, когда необходимо, продовольствие и жилые помещения; и

f) способствуют безопасному убытию инспекторов.

14.5 Инспекторы избегают вмешательства в нормальные и безопасные операции на борту судов и установок, используемых Контрактором для осуществления деятельности в посещаемом районе, и действуют сообразно Правилам и мерам, принятым в целях охраны конфиденциальности данных и информации.

14.6 Генеральный секретарь и любой из должным образом уполномоченных его представителей имеют доступ — на предмет ревизии и изучения — к любым книгам, документам, бумагам и записям Контрактора, которые необходимы для проверки расходов, упомянутых в разделе 10.2(c), и имеют непосредственное отношение к такой проверке.

14.7 В тех случаях, когда требуется принятие мер, Генеральный секретарь направляет соответствующую информацию, содержащуюся в докладах инспекторов, Контрактору и поручившемуся за него государству (государствам).

14.8 Если по какой-либо причине Контрактор не производит разведку и не запрашивает контракт на разработку, до ухода из разведочного района он уведомляет Генерального секретаря в письменном виде, с тем чтобы Орган мог осуществить инспектирование согласно настоящему разделу, если он примет такое решение.

Раздел 15
Нормы техники безопасности, охраны труда и производственной гигиены

15.1 Контрактор соблюдает установленные компетентными международными организациями или общими дипломатическими конференциями общепризнанные международные нормы и стандарты, касающиеся охраны человеческой жизни на море и предупреждения столкновений судов, и такие нормы, правила и процедуры, которые могут быть приняты Органом в отношении безопасности на море. Каждое судно, используемое для осуществления деятельности в Районе, имеет действительные на текущий момент свидетельства, требуемые и выдаваемые на основании таких международных норм и стандартов.

15.2 При ведении разведки по настоящему контракту Контрактор соблюдает и выполняет такие нормы, правила и процедуры, которые могут быть приняты Органом в отношении защиты от дискриминации в области занятости, техники безопасности, производственной гигиены, производственных отношений, социального обеспечения, гарантий занятости и жилищно-бытовых условий на месте работы. В таких нормах, правилах и процедурах учитываются конвенции и рекомендации Международной организации труда и других компетентных международных организаций.

Раздел 16
Ответственность

16.1 Контрактор несет ответственность за любой фактический ущерб, в том числе ущерб морской среде, причиненный в результате неправомерных действий или бездействия самого Контрактора или его работников, субподрядчиков, агентов и всех лиц, выполняющих для них работы или действующих от их имени при осуществлении Контрактором деятельности по настоящему контракту, включая затраты на разумные меры по предотвращению или ограничению ущерба морской среде; при этом учитываются действия или бездействие Органа, способствовавшие причинению такого ущерба.

16.2 Контрактор возмещает Органу, его работникам, субподрядчикам и агентам издержки по всем претензиям и требованиям, предъявленным любой третьей стороной в результате каких-либо неправомерных действий или бездействия Контрактора и его работников, агентов и субподрядчиков, а также всех лиц, выполняющих для них работы или действующих от их имени при осуществлении Контрактором деятельности по настоящему контракту.

16.3 Орган несет ответственность за любой фактический ущерб Контрактору, причиненный в результате его неправомерных действий при исполнении им своих полномочий и функций, включая нарушения, предусмотренные пунктом 2 статьи 168 Конвенции; при этом учитываются способствовавшие причинению такого ущерба действия или бездействие Контрактора или его работников, агентов и субподрядчиков, а также всех лиц, выполняющих для них работы или действующих от их имени при осуществлении Контрактором деятельности по настоящему контракту.

16.4 Орган возмещает Контрактору, его работникам, субподрядчикам, агентам и всем лицам, выполняющим для них работы или действующим от их имени при осуществлении Контрактором деятельности по настоящему контракту, издержки по всем претензиям и требованиям, предъявленным любой третьей стороной в результате каких-либо неправомерных действий или бездействия при осуществлении им своих полномочий и функций по настоящему контракту, включая нарушения, предусмотренные в пункте 2 статьи 168 Конвенции.

16.5 Контрактор заключает с международно признанными страховыми компаниями надлежащие договоры страхования в соответствии с общепринятой международной морской практикой.

Раздел 17
Форс-мажорные обстоятельства

17.1 Контрактор не несет ответственности за неизбежную задержку с исполнением или неисполнение какого-либо из своих обязательств по настоящему контракту в силу форс-мажорных обстоятельств. Для целей настоящего контракта выражение «форс-мажорные обстоятельства» означает событие или состояние, предотвратить или сохранить под контролем которое Контрактор реально не мог, при условии что это событие или состояние не было вызвано небрежностью или нарушением принятой в добывающей промышленности надлежащей практики.

17.2 Предоставленный Контрактору срок продлевается по его просьбе на период, равный по продолжительности вызванной форс-мажорными обстоятельствами задержке; соответственно продлевается и срок действия контракта.

17.3 В случае форс-мажорных обстоятельств Контрактор принимает все разумные меры с целью устранить свою неспособность исполнить обязательство и соблюдать условия настоящего контракта с минимальной задержкой.

17.4 Контрактор в разумно возможные сроки уведомляет Орган о сложившихся форс-мажорных обстоятельствах и аналогичным же образом уведомляет Орган о восстановлении нормальных условий.

Раздел 18
Оговорка

Ни Контрактор, ни какие-либо ассоциированные компании или субподрядчики никоим образом — ни прямо, ни опосредованно — не заявляют и не дают оснований предположить, что Орган или какое-либо его должностное лицо имеет или выразило какое-либо мнение относительно полиметаллических сульфидов в разведочном районе, причем ни в каких проспектах, уведомлениях, циркулярах, рекламных материалах, пресс-релизах или аналогичных документах, прямо или косвенно затрагивающих настоящий контракт и публикуемых Контрактором, какими-либо ассоциированными компаниями или субподрядчиками, не фигурируют и не поддерживаются заявления на этот счет. Для целей настоящего раздела выражение «ассоциированная компания» означает любое лицо, фирму или компанию либо принадлежащий государству субъект, контролирующие Контрактора, контролируемые им или находящиеся под общим с ним контролем.

Раздел 19
Отказ от прав

Контрактор вправе, уведомив Орган, отказаться от своих прав и прекратить действие настоящего контракта, не подвергаясь каким-либо санкциям, при том что он не освобождается ни от каких обязательств, возникших до даты такого отказа, и от тех обязательств, которые требуется выполнить после прекращения действия контракта в соответствии с Правилами.

Раздел 20
Прекращение поручительства

20.1 Если изменяется национальная принадлежность Контрактора или контроль над ним либо если поручившееся за Контрактора государство, как оно определяется в Правилах, прекращает свое поручительство, Контрактор оперативно уведомляет об этом Орган.

20.2 В любом подобном случае действие контракта немедленно прекращается, если Контрактор не находит другого поручителя, который отвечает предписываемым Правилами требованиям и представляет Органу в оговоренный в Правилах срок удостоверение о поручительстве за Контрактора по установленной форме.

Раздел 21
Приостановление и прекращение действия контракта и санкции

21.1 Совет может приостановить или прекратить действие настоящего контракта, что не наносит ущерба каким-либо другим правам, которые может иметь Орган, в случае наступления любого из следующих событий:

a)   если, несмотря на письменные предупреждения Органа, Контрактор осуществлял свою деятельность таким образом, что это приводило к серьезным, постоянным и умышленным нарушениям основных условий настоящего контракта, части XI Конвенции, Соглашения и норм, правил и процедур, установленных Органом;

b)   если Контрактор не выполнил применимого к нему окончательного обязательного решения органа по урегулированию споров;

c)   если Контрактор становится неплатежеспособным, либо объявляет себя банкротом, либо заключает со своими кредиторами мировое соглашение, либо подвергается ликвидации или конкурсному управлению, будь то в принудительном или добровольном порядке, либо обращается в какой-либо судебный орган с просьбой назначить управляющего или же поручителя или управляющего для него самого, либо начинает в отношении себя производство по любому действующему сейчас или в будущем закону о банкротстве, несостоятельности или реструктуризации долгов, за исключением случаев, когда это делается в целях реорганизации.

21.2 При условии соблюдения раздела 17 Совет может после консультаций с Контрактором приостановить или прекратить действие настоящего контракта (что не наносит ущерба каким-либо другим правам, которые может иметь Орган), если Контрактор оказывается не в состоянии исполнять свои обязательства по настоящему контракту в силу события или состояния, которое относится к форс-мажорным обстоятельствам по смыслу раздела 17.1 и которое продолжается в течение непрерывного промежутка времени, превышающего два года, несмотря на принятие Контрактором всех разумных мер с целью устранить свою неспособность исполнить обязательство и соблюдать условия настоящего контракта с минимальной задержкой.

21.3 Любое приостановление или прекращение действия контракта осуществляется путем делаемого через Генерального секретаря уведомления, которое включает изложение причин этой меры. Приостановление или прекращение действия контракта вступает в силу через 60 дней после такого уведомления, если только Контрактор за этот срок не оспорит право Органа приостанавливать или прекращать действие контракта в соответствии с разделом 5 части XI Конвенции.

21.4 Если Контрактор предпринимает такой шаг, действие настоящего контракта приостанавливается или прекращается только на основании окончательного обязательного решения в соответствии с разделом 5 части XI Конвенции.

21.5 Если Совет приостанавливает действие настоящего контракта, он может путем уведомления потребовать, чтобы Контрактор не позднее чем через 60 дней после такого уведомления возобновил свои операции и стал выполнять условия настоящего контракта.

21.6 В случае какого-либо нарушения настоящего контракта, не охватываемого его разделом 21.1(a), либо вместо приостановления или прекращения действия контракта в соответствии с его разделом 21.1 Совет может наложить на Контрактора денежный штраф, соразмерный серьезности нарушения.

21.7 Совет не может исполнить решение, предусматривающее наложение денежных штрафов, до тех пор пока Контрактору не будет предоставлена разумная возможность исчерпать средства судебной защиты, которыми он обладает в соответствии с разделом 5 части XI Конвенции.

21.8 В случае прекращения или истечения срока действия настоящего контракта Контрактор выполняет требования Правил и удаляет из разведочного района все установки, механизмы, оборудование и материалы, обезопасив этот район для людей, судоходства и морской среды.

Раздел 22
Передача прав и обязательств

22.1 Права и обязательства Контрактора по настоящему контракту могут передаваться полностью или частично только с согласия Органа и в соответствии с Правилами.

22.2 Орган без разумных оснований не отказывает в таком согласии, если субъект, которому предлагается передать права и обязательства, отвечает всем требованиям Правил и принимает на себя все обязательства Контрактора и если при этой передаче он не приобретает план работы, утверждение которого запрещалось бы пунктом 3(c) статьи 6 Приложения III к Конвенции.

22.3 Условия, обязательства и положения настоящего контракта вступают в силу и являются обязательными для его сторон и их соответствующих правопреемников и правоприобретателей.

Раздел 23
Неосвобождение от обязательств

Никакой отказ одной из сторон от каких-либо прав в связи с нарушением условий настоящего контракта, которые должна выполнять другая сторона, не рассматривается как предоставление стороной освобождения от обязательств при любом последующем нарушении тех же или каких-либо других условий, подлежащих выполнению другой стороной.

Раздел 24
Пересмотр

24.1 Когда возникают или могут возникнуть обстоятельства, которые, по мнению Органа или Контрактора, приводят к тому, что настоящий контракт становится несправедливым или практически неосуществимым, или при которых невозможно достичь целей, изложенных в настоящем контракте либо в части XI Конвенции или в Соглашении, стороны вступают в переговоры с целью соответствующего его пересмотра.

24.2 Настоящий контракт может также быть пересмотрен по договоренности между Контрактором и Органом с тем, чтобы облегчить применение любых норм, правил и процедур, принятых Органом после вступления в силу настоящего контракта.

24.3 Настоящий контракт может быть подвергнут пересмотру, внесению поправок или иных изменений лишь с согласия Контрактора и Органа посредством соответствующего документа, подписанного уполномоченными представителями сторон.

Раздел 25
Споры

25.1 Любой спор между сторонами относительно толкования или применения настоящего контракта урегулируется в соответствии с разделом 5 части XI Конвенции.

25.2 В соответствии с пунктом 2 статьи 21 приложения III к Конвенции окончательные решения суда или арбитража, имеющего компетенцию согласно Конвенции, относительно прав и обязанностей Органа и Контрактора подлежат исполнению на территории любого государства — участника Конвенции, затрагиваемого этими решениями.

Раздел 26
Уведомление

26.1 Любое заявление, просьба, уведомление, сообщение, согласие, одобрение, освобождение от обязательств, распоряжение или инструкция на основании настоящего контракта направляются Генеральным секретарем или же назначенным представителем Контрактора в письменном виде. Они доставляются с посыльным либо по телексу, по факсу, заказной авиапочтой или электронной почтой с авторизованной электронной подписью Генеральному секретарю в штаб-квартиру Органа или же назначенному представителю. Требование о представлении какой-либо информации в письменном виде согласно настоящим Правилам удовлетворяется представлением информации в электронном документе, содержащем цифровую подпись.

26.2 Любая из сторон вправе изменить всякий такой адрес на любой другой, уведомив об этом не менее чем за десять дней другую сторону.

26.3 Доставка с посыльным считается состоявшейся в момент вручения. Доставка по телексу считается состоявшейся на следующий рабочий день после того, как на телексном аппарате отправителя появляется автоответ. Доставка по факсу считается состоявшейся, когда отправитель получает сигнал «сообщение передано», подтверждающий, что сообщение прошло на обнародованный номер факса получателя. Доставка заказной авиапочтой считается состоявшейся через 21 день после отправки. Предполагается, что электронный документ получен адресатом, когда он попадает в информационную систему, обозначенную или используемую адресатом для цели получения документов, аналогичных отправленному, и он может быть извлечен и обработан адресатом.

26.4 Уведомление в адрес назначенного представителя Контрактора представляет собой действительное уведомление Контрактора для всех целей по настоящему контракту, а назначенный представитель является представителем Контрактора для целей вручения повесток или извещений по любому производству в каком-либо компетентном судебном или арбитражном органе.

26.5 Уведомление в адрес Генерального секретаря представляет собой действительное уведомление Органа для всех целей по настоящему контракту, а Генеральный секретарь является представителем Органа для целей вручения повесток или извещений по любому производству в каком-либо компетентном судебном или арбитражном органе.

Раздел 27
Применимые правовые нормы

27.1 Настоящий контракт регулируется положениями контракта, нормами, правилами и процедурами Органа, частью XI Конвенции, Соглашением и другими нормами международного права, согласующимися с Конвенцией.

27.2 Контрактор, его работники, субподрядчики, агенты и все лица, выполняющие для них работы или действующие от их имени при осуществлении деятельности по настоящему контракту, соблюдают применимые правовые нормы, указанные в разделе 27.1 стандартных условий, и не участвуют ни прямым, ни косвенным образом в каких бы то ни было сделках, запрещенных этими нормами.

27.3 Ничто в настоящем контракте не рассматривается как освобождение от необходимости запрашивать и получать те или иные разрешения или санкции, которые могут требоваться для той или иной деятельности по настоящему контракту.

Раздел 28
Толкование

Разбивка настоящего контракта на разделы и подразделы и их рубрикация предназначены только для удобства пользования и не влияют на его трактовку и толкование.

Раздел 29
Дополнительные документы

Каждая из сторон настоящего контракта соглашается оформлять и передавать все дальнейшие документы и делать и принимать все дальнейшие шаги и меры, которые могут оказаться необходимыми или целесообразными для выполнения положений настоящего контракта.

Ассамблея

Distr.: General
22 October 2012
Russian
Original: English

Восемнадцатая сессия
Кингстон, Ямайка
16–27 июля 2012 года

Решение Ассамблеи Международного органа по морскому дну о Правилах поиска и разведки кобальтоносных железомарганцевых корок в Районе

Ассамблея Международного органа по морскому дну,

рассмотрев Правила поиска и разведки кобальтоносных железомарганцевых корок в Районе, предварительно принятые Советом на его 181-м заседании 26 июля 2012 года,

утверждает Правила поиска и разведки кобальтоносных железомарганцевых корок в Районе, содержащиеся в приложении к настоящему решению.

138-е заседание
27 июля 2012 года

12-57347 (R)   211112   211112

1257347

Просьба отправить на вторичную переработку

Приложение

Правила поиска и разведки кобальтоносных железомарганцевых корок в Районе

Преамбула

Согласно Конвенции Организации Объединенных Наций по морскому праву от 10 декабря 1982 года («Конвенция»), дно морей и океанов и его недра за пределами национальной юрисдикции, а также его ресурсы являются общим наследием человечества, и их разведка и разработка осуществляются на благо человечества в целом, от имени которого действует Международный орган по морскому дну. Задача настоящего свода Правил состоит в том, чтобы предусмотреть порядок ведения поиска и разведки кобальтоносных железомарганцевых корок.

Часть I
Введение

Правило 1
Употребление терминов и сфера применения

1.   Термины, употребляемые в Конвенции, имеют то же значение и в настоящих Правилах.

2.   В соответствии с Соглашением об осуществлении части XI Конвенции Организации Объединенных Наций по морскому праву от 10 декабря 1982 года («Соглашение»), положения Соглашения и части XI Конвенции толкуются и применяются совместно, как единый акт. Настоящие Правила и содержащиеся в них ссылки на Конвенцию толкуются и применяются соответствующим же образом.

3.   Для целей настоящих Правил:

    a)   «кобальтовые корки» означает залежи богатых кобальтом железомарганцевых (ферромарганцевых) гидроокислов/окислов, сформировавшихся в результате непосредственного осаждения минералов из морской воды на твердые субстраты, содержащие небольшие, но значимые скопления кобальта, титана, никеля, платины, молибдена, теллура, церия и других металлических и редкоземельных элементов;

    b)   «разработка» означает промышленный сбор кобальтовых корок в Районе и извлечение из них полезных ископаемых, в том числе изготовление и эксплуатацию систем добычи, обработки и транспортировки для производства металлов;

    c)   «разведка» означает изыскание залежей кобальтовых корок в Районе на исключительных правах, анализ таких залежей, использование и испытание систем и оборудования для добычи, обрабатывающих установок и систем транспортировки, а также проведение исследований в отношении экологических, технических, экономических, коммерческих и прочих соответствующих факторов, которые должны учитываться при разработке;

d) «морская среда» означает физические, химические, геологические и биологические компоненты, условия и факторы, которые взаимодействуют и определяют продуктивность, положение, состояние и качество морской экосистемы, воды морей и океанов и воздушное пространство над ними, а также дно морей и океанов и его недра;

e) «поиск» означает изыскание залежей кобальтовых корок в Районе — включая оценку состава, размеров и распределения залежей кобальтовых корок и их экономической ценности, — не предполагающие каких-либо исключительных прав;

f) «серьезный ущерб морской среде» означает любое воздействие деятельности в Районе на морскую среду, которое представляет собой значительное негативное изменение в морской среде, определяемое в соответствии с нормами, правилами и процедурами, принятыми Органом на основе международно признанных стандартов и практики.

4. Настоящие Правила никоим образом не затрагивают свободу научных исследований, предусмотренную статьей 87 Конвенции, или право на проведение морских научных исследований в Районе, предусмотренное статьями 143 и 256 Конвенции. Ничто в настоящих Правилах не должно пониматься как ограничивающее осуществление государствами свобод открытого моря, нашедших отражение в статье 87 Конвенции.

5. Настоящие Правила могут дополняться новыми правилами, положениями и процедурами, в частности касающимися защиты и сохранения морской среды. Настоящие Правила подчиняются положениям Конвенции и Соглашения и другим нормам международного права, не расходящимся с Конвенцией.

Часть II
Поиск

Правило 2
Поиск

1. Поиск производится в соответствии с Конвенцией и настоящими Правилами и может начаться лишь после того, как Генеральный секретарь информирует изыскателя о том, что его уведомление зарегистрировано в соответствии с правилом 4 (2).

2. Изыскатели и Орган применяют к такой деятельности осторожный подход, нашедший отражение в принципе 15 Рио-де-Жанейрской декларации по окружающей среде и развитию[1].

3. Поиск не производится при наличии существенных доказательств, указывающих на риск причинения серьезного ущерба морской среде.

---

[1] *Доклад Конференции Организации Объединенных Наций по окружающей среде и развитию, Рио-де-Жанейро, 3–14 июня 1992 года* (издание Организации Объединенных Наций, в продаже под № R.93.I.8, и исправление), том I, *Резолюции, принятые на Конференции*, резолюция 1, приложение I.

4. Поиск не производится в районе, охваченном утвержденным планом работы по разведке кобальтовых корок, или в зарезервированном районе; поиск не может производиться также в районе, в котором разработка не была разрешена Советом Международного органа по морскому дну ввиду риска причинения серьезного ущерба морской среде.

5. Поиск не предоставляет изыскателю каких-либо прав на ресурсы. Однако изыскатель может извлекать разумное количество полезных ископаемых, т.е. количество, необходимое для испытаний, но не для коммерческого использования.

6. Поиск ведется без каких-либо временных ограничений, за исключением тех случаев, когда поиск в каком-либо конкретном районе прекращается по получении изыскателем от Генерального секретаря письменного уведомления о том, что в отношении этого района утвержден план работы по разведке.

7. Поиск в одном и том же районе (районах) может проводиться одновременно более чем одним изыскателем.

Правило 3
Уведомление о поиске

1. Предполагаемый изыскатель уведомляет Орган о своем намерении заняться поиском.

2. Каждое уведомление о поиске представляется по установленной в приложении I к настоящим Правилам форме на имя Генерального секретаря и должно отвечать требованиям настоящих Правил.

3. Каждое уведомление представляется:

    a) в случае государства — органом, назначенным для этой цели;

    b) в случае субъекта права — назначенным им представителем;

    c) в случае Предприятия — его компетентным органом.

4. Каждое уведомление представляется на одном из языков Органа и содержит:

    a) наименование, национальную принадлежность и адрес предполагаемого изыскателя и назначенного им представителя;

    b) координаты ориентировочного района (районов) проведения поиска, указанные в соответствии с наиболее свежим общепринятым международным стандартом, используемым Органом;

    c) общее описание программы поиска, включая предлагаемую дату начала и ее примерную продолжительность;

    d) удовлетворительное письменное обязательство о том, что предполагаемый изыскатель будет:

    i) соблюдать Конвенцию и соответствующие нормы, правила и процедуры Органа, касающиеся:

    a. сотрудничества в программах подготовки кадров в связи с морскими научными исследованиями и передачей технологии, о которых говорится в статьях 143 и 144 Конвенции, и

      b.   защиты и сохранения морской среды;

ii)   давать согласие на проведение Органом проверки их соблюдения;

iii)   предоставлять Органу, насколько это практически возможно, такие данные, которые могут иметь отношение к защите и сохранению морской среды.

Правило 4
Рассмотрение уведомлений

1.   Генеральный секретарь письменно подтверждает получение каждого уведомления, представляемого согласно правилу 3, с указанием даты получения.

2.   В 45-дневный срок с момента получения уведомления Генеральный секретарь рассматривает его и принимает решение. Если уведомление соответствует требованиям Конвенции и настоящих Правил, Генеральный секретарь заносит указанные в уведомлении данные в регистр, который ведется для этой цели, и в письменном виде информирует изыскателя о том, что уведомление зарегистрировано.

3.   В 45-дневный срок с момента получения уведомления Генеральный секретарь в письменном виде информирует предполагаемого изыскателя о том, охватывает ли его уведомление какую-либо часть района, включенного в утвержденный план работы по разведке либо разработке какой-либо категории ресурсов, или какую-либо часть зарезервированного района, или какую-либо часть района, в котором разработка не была разрешена Советом ввиду риска причинения серьезного ущерба морской среде, или же о том, что его письменное обязательство является неудовлетворительным, и представляет предлагаемому изыскателю в письменном виде изложение причин. В таких случаях предлагаемый изыскатель может в 90-дневный срок представить измененное уведомление. Генеральный секретарь в 45-дневный срок рассматривает такое измененное уведомление и принимает по нему решение.

4.   Изыскатель в письменном виде информирует Генерального секретаря о любом изменении в информации, содержащейся в уведомлении.

5.   Генеральный секретарь предает содержащиеся в уведомлении данные огласке лишь с письменного согласия изыскателя. Однако Генеральный секретарь периодически информирует всех членов Органа о личности изыскателей и о том, где в принципе ведется ими поиск.

Правило 5
Защита и сохранение морской среды в ходе поиска

1.   Каждый изыскатель принимает необходимые меры к предотвращению, сокращению и сохранению под контролем загрязнения морской среды и других опасностей для нее, вытекающих из поиска, насколько это реально возможно, используя осторожный подход и передовую природоохранную практику. В частности, каждый изыскатель сводит к минимуму или устраняет:

    a)   негативное экологическое воздействие поиска и

b)   фактические или потенциальные коллизии или помехи в отношении осуществляемой или планируемой деятельности по проведению морских научных исследований согласно соответствующим будущим руководящим принципам по этому вопросу.

2.   Изыскатели сотрудничают с Органом в учреждении и осуществлении программ мониторинга и оценки потенциального воздействия разведки и разработки кобальтоносных корок на морскую среду.

3.   Изыскатель незамедлительно уведомляет Генерального секретаря в письменном виде, используя наиболее эффективные средства, о любом инциденте, происшедшем в результате поиска и представляющем угрозу причинения серьезного вреда морской среде. По получении такого уведомления Генеральный секретарь действует сообразно с правилом 35.

Правило 6
Годовой отчет

1.   В 90-дневный срок после окончания каждого календарного года изыскатель представляет Органу отчет о ходе поиска. Такие отчеты препровождаются Генеральным секретарем Юридической и технической комиссии. В каждом таком отчете содержатся:

a)   общее описание состояния поиска и полученных результатов;

b)   информация о соблюдении обязательств, указанных в правиле 3 (4) (d); и

c)   информация о соблюдении соответствующих будущих руководящих принципов по этому вопросу.

2.   Если изыскатель намеревается провести расходы по поиску как часть расходов по освоению, произведенных до начала промышленного производства, то он представляет составленную в соответствии с международно принятыми принципами учета и заверенную надлежащим образом квалифицированной аудиторской фирмой годовую ведомость фактических прямых затрат, произведенных изыскателем в ходе поиска.

Правило 7
Конфиденциальность содержащихся в годовом отчете данных и информации, полученных в результате поиска

1.   Генеральный секретарь обеспечивает конфиденциальность всех данных и информации, содержащихся в отчетности, представляемой согласно правилу 6, применяя mutatis mutandis положения правил 38 и 39, при том условии, что данные и информация, касающиеся защиты и сохранения морской среды, в частности данные и информация программ экологического мониторинга, не считаются конфиденциальными. Изыскатель может запросить неразглашение такой информации до истечения трех лет после даты ее представления.

2.   С согласия соответствующего изыскателя Генеральный секретарь может в любой момент предать огласке данные и информацию, касающиеся поиска в районе, в отношении которого представлено уведомление. Если, приложив разумные усилия по меньшей мере в течение двух лет, Генеральный секретарь определяет, что изыскателя уже нет в наличии или что его местонахождение

установить невозможно, то Генеральный секретарь может предать такие данные и информацию огласке.

Правило 8
Объекты, имеющие археологическое или историческое значение

Изыскатель незамедлительно уведомляет Генерального секретаря в письменном виде об обнаружении в Районе любого объекта, имеющего фактическое или потенциальное археологическое или историческое значение, и о его местонахождении. Генеральный секретарь препровождает такую информацию Генеральному директору Организации Объединенных Наций по вопросам образования, науки и культуры.

Часть III
Заявки на утверждение планов работы по разведке в форме контракта

Раздел 1
Общие положения

Правило 9
Общие положения

При условии соблюдения положений Конвенции право подавать в Орган заявки на утверждение планов работы на разведку имеют:

a) Предприятие от своего имени или как участник совместной деятельности;

b) государства-участники, государственные предприятия либо физические или юридические лица, имеющие национальность этих государств-участников либо находящиеся под эффективным контролем этих государств или их граждан, когда такие государства поручились за них, или любая группа вышеуказанных субъектов, которые отвечают требованиям, предусмотренным в настоящих Правилах.

Раздел 2
Содержание заявок

Правило 10
Форма заявок

1. Каждая заявка на утверждение плана работы по разведке представляется по установленной в приложении II к настоящим Правилам форме на имя Генерального секретаря и должна отвечать требованиям настоящих Правил.

2. Каждая заявка представляется:

a) в случае государства — органом, назначенным им для этой цели;

b) в случае субъекта права — назначенным им представителем или органом, назначенным для этой цели поручившимся государством (государствами), и

c) в случае Предприятия — его компетентным органом.

3. В каждой заявке государственного предприятия или одного из субъектов, упомянутых в правиле 9(b), указывается также:

a) достаточная информация для установления национальной принадлежности заявителя или наименование государства (государств), под эффективным контролем которого (или граждан которого) находится заявитель, и

b) местонахождение главной конторы или домициль, а в соответствующих случаях — место регистрации заявителя.

4. Каждая заявка, представленная партнерством или консорциумом субъектов, содержит необходимую информацию о каждом участнике партнерства или консорциума.

Правило 11
Удостоверение о поручительстве

1. Каждая заявка государственного предприятия или одного из субъектов, упомянутых в правиле 9 (b), сопровождается удостоверением о поручительстве, выданном государством, национальность которого он имеет или под эффективным контролем которого (или граждан которого) он находится. Если заявитель имеет более чем одну национальность, как в случае партнерства или консорциума субъектов из нескольких государств, каждое такое государство выдает удостоверение о поручительстве.

2. Если заявитель имеет национальность одного государства, но находится под эффективным контролем другого государства или его граждан, каждое такое государство выдает удостоверение о поручительстве.

3. Каждое удостоверение о поручительстве должно быть должным образом подписано от имени государства, которое его представляет, и содержать:

a) наименование заявителя;

b) наименование поручившегося государства;

c) указание о том, что заявитель:

i) имеет национальность поручившегося государства или

ii) является субъектом, находящимся под эффективным контролем поручившегося государства или его граждан;

d) заявление поручившегося государства о том, что оно поручается за заявителя;

e) дату сдачи на хранение поручившимся государством своего документа о ратификации Конвенции, присоединении к ней или о правопреемстве в ее отношении;

f)   заявление о том, что поручившееся государство берет на себя ответственность согласно статьям 139 и 153 (4) Конвенции и статье 4 (4) приложения III к ней.

4.   Государства или субъект, осуществляющие деятельность совместно с Предприятием, также соблюдают настоящее правило.

Правило 12
Целый район, указанный в заявке

1.   Для целей настоящих Правил «блок кобальтовых корок» означает одну или несколько клеток координатной сетки, указанной Органом, квадратной или прямоугольной формы и площадью не свыше 20 кв. км.

2.   Район, указанный в каждой заявке на утверждение плана работы по разведке кобальтовых корок, состоит из не более чем 150 блоков кобальтовых корок, которые компонуются заявителем в группы, как указано в пункте 3 ниже.

3.   Пять прилегающих блоков кобальтовых корок образуют группу блоков кобальтовых корок. Прилегающими блоками считаются два блока, соприкасающиеся в какой бы то ни было точке. Группы блоков кобальтовых корок могут не быть прилегающими, но должны находиться поблизости друг от друга и полностью входить в один и тот же географический район размером не более 550 км на 550 км.

4.   Независимо от положений пункта 2 выше, когда заявитель выбирает передачу зарезервированного района для осуществления деятельности согласно статье 9 приложения III к Конвенции, в соответствии с правилом 17, общая площадь, указанная в заявке, не должна превышать 300 блоков кобальтовых корок. Такие блоки компонуются в два комплекта равной предположительной коммерческой ценности, и каждый из этих комплектов блоков кобальтовых корок разбивается заявителем на группы, как указано в пункте 3 выше.

Правило 13
Финансовые и технические возможности

1.   Каждая заявка на утверждение плана работы по разведке содержит достаточный объем конкретной информации, позволяющей Совету определить, располагает ли заявитель финансовыми и техническими возможностями для осуществления предлагаемого плана работы по разведке и выполнения своих финансовых обязательств перед Органом.

2.   Заявка на утверждение плана работы по разведке Предприятия содержит заявление его компетентного органа, удостоверяющее, что Предприятие располагает необходимыми финансовыми ресурсами на покрытие сметных расходов по предлагаемому плану работы по разведке.

3.   Заявка на утверждение плана работы по разведке государства или государственного предприятия содержит заявление государства или поручившегося государства, удостоверяющее, что заявитель располагает необходимыми финансовыми ресурсами на покрытие сметных расходов по предлагаемому плану работы по разведке.

4. Заявка субъекта на утверждение плана работы по разведке содержит копии его проверенных финансовых ведомостей (включая балансовые ведомости и отчеты о прибылях и убытках) за последние три года, составленные в соответствии с международно принятыми принципами учета и заверенные надлежащим образом квалифицированной аудиторской фирмой.

5. Если заявителем является недавно созданный субъект и заверенной балансовой ведомости не имеется, заявка содержит условную балансовую ведомость, заверенную соответствующим должностным лицом заявителя.

6. Если заявителем является дочерняя компания другого субъекта, заявка содержит копии таких финансовых ведомостей этого субъекта и заявление последнего о том, что заявитель будет располагать финансовыми ресурсами на осуществление плана работы по разведке, каковое заявление составляется в соответствии с международно принятыми принципами учета и заверяется надлежащим образом квалифицированной аудиторской фирмой.

7. Если заявитель находится под контролем государства или государственного предприятия, заявка содержит заявление этого государства или государственного предприятия, удостоверяющее, что заявитель будет располагать финансовыми ресурсами на осуществление плана работы по разведке.

8. Если заявитель, обращающийся за утверждением плана работы по разведке, намеревается финансировать предлагаемый план работы по разведке за счет займов, в его заявке указывается сумма таких займов, сроки их погашения и процентная ставка.

9. Все заявки должны включать:

    a) общее описание имеющихся у заявителя опыта, знаний, навыков, технической квалификации и специальной подготовки для осуществления предлагаемого плана работы по разведке;

    b) общее описание оборудования и методов, которые намечается использовать при осуществлении предлагаемого плана работы по разведке, и другую не имеющую характера собственности информацию о характеристиках такой технологии;

    c) общее описание имеющихся у заявителя финансовых и технических возможностей реагировать на любые инциденты или действия, причиняющие серьезный ущерб морской среде.

10. Если заявителем является партнерство или консорциум субъектов, осуществляющих совместную деятельность, каждый участник этого партнерства или консорциума предоставляет информацию, предусмотренную настоящим правилом.

Правило 14
Предыдущие контракты с Органом

Если заявитель или — в случае представления заявки партнерством или консорциумом субъектов, осуществляющих деятельность совместно, — любой участник партнерства или консорциума ранее заключал какой-либо контракт с Органом, в заявке указывается:

a) дата предыдущего контракта (контрактов);

b) дата представления, условное обозначение и название каждого отчета, представленного Органу в связи с контрактом (контрактами) и

c) в соответствующих случаях — дата прекращения контракта (контрактов).

Правило 15
Обязательства

Каждый заявитель, включая Предприятие, в рамках своей заявки на утверждение плана работы по разведке берет перед Органом следующие письменные обязательства:

a) признать в качестве подлежащих исполнению и соблюдать применимые обязательства, возникающие в силу положений Конвенции, норм, правил и процедур Органа, решений соответствующих органов Органа и условий его контрактов с Органом;

b) признать предусмотренный Конвенцией контроль со стороны Органа за деятельностью в Районе и

c) представить Органу письменное заверение в том, что его обязательства по контракту будут добросовестно выполняться.

Правило 16
Право заявителя на выбор между передачей зарезервированного района или предложением доли в акционерном капитале в рамках механизма совместного предприятия

Каждый заявитель в своей заявке выбирает либо:

a) передать зарезервированный район для проведения деятельности согласно статье 9 приложения III к Конвенции в соответствии с правилом 17; либо

b) предложить долю в акционерном капитале в рамках механизма совместного предприятия в соответствии с правилом 19.

Правило 17
Данные и информация, предоставляемые до обозначения зарезервированного района

1. Если заявитель выбирает передачу зарезервированного района для осуществления деятельности согласно статье 9 приложения III к Конвенции, район, указанный в заявке, должен быть достаточно большим и иметь достаточную предполагаемую коммерческую ценность, чтобы в нем можно было вести две добычных операции, и должен быть скомпонован заявителем в соответствии с правилом 12 (4).

2. Каждая такая заявка содержит достаточный объем предписываемых в разделе II приложения II к настоящим Правилам данных и информации о заявочном районе, позволяющих Совету по рекомендации Юридической и технической комиссии обозначить зарезервированный район с учетом предположительной коммерческой ценности каждой части. Такие данные и

информация включают имеющиеся у заявителя данные об обеих частях заявочного района, в том числе данные, использованные для определения их коммерческой ценности.

3.   На основе данных и информации, представленных заявителем согласно разделу II приложения II к настоящим Правилам (если таковые сочтены удовлетворительными), и с учетом рекомендаций Юридической и технической комиссии Совет обозначает ту часть заявочного района, которая станет зарезервированным районом. Обозначенный таким образом район становится зарезервированным районом, как только утверждается план работы по разведке в отношении незарезервированного района и подписывается контракт. Если Совет определит, что для обозначения зарезервированного района необходима дополнительная информация, соответствующая настоящим Правилам и приложению II, он возвращает этот вопрос в Комиссию для дальнейшего рассмотрения с указанием требуемой дополнительной информации.

4.   После утверждения плана работы по разведке и заключения контракта данные и информация о зарезервированном районе, переданные заявителем Органу, могут быть преданы Органом огласке в соответствии со статьей 14 (3) приложения III к Конвенции.

Правило 18
Заявки на утверждение планов работы в отношении зарезервированного района

1.   Любое государство, являющееся развивающимся государством, или любое физическое либо юридическое лицо, за которое это государство поручилось или которое находится под эффективным контролем этого государства либо другого развивающегося государства, или любая группа вышеуказанных субъектов может уведомить Орган о своем намерении представить план работы по разведке в отношении зарезервированного района. Генеральный секретарь препровождает такое уведомление Предприятию, которое в течение шести месяцев в письменном виде информирует Генерального секретаря о том, намерено ли оно осуществлять деятельность в этом районе. Если Предприятие намерено осуществлять деятельность в этом районе, оно в соответствии с пунктом 4 в письменном виде информирует также контрактора, чья заявка на утверждение плана работы по разведке первоначально включала этот район.

2.   Заявка на утверждение плана работы по разведке в отношении зарезервированного района может подаваться в любой момент после того, как этот район станет свободным вследствие принятия Предприятием решения о том, что оно не намеревается осуществлять деятельность в этом районе, или если в течение шести месяцев после получения уведомления от Генерального секретаря Предприятие не примет решение о том, намеревается ли оно осуществлять деятельность в этом районе, и не уведомит Генерального секретаря в письменном виде о том, что оно ведет переговоры о потенциальном совместном предприятии. В последнем случае Предприятию предоставляется один год с момента подачи такой заявки, в течение которого оно должно решить, будет ли оно осуществлять деятельность в указанном районе.

3. Если Предприятие, или развивающееся государство, или один из субъектов, упомянутых в пункте 1, не подает заявку на утверждение плана работы по разведке в рамках деятельности в зарезервированном районе в течение 15 лет с момента начала своего независимого от Секретариата Органа функционирования или же в течение 15 лет с даты, когда этот район резервируется за Органом, — в зависимости от того, что наступит позднее, — контрактор, чья заявка на утверждение плана работы по разведке первоначально включала этот район, вправе подать заявку на утверждение плана работы по разведке в этом районе, при условии что он добросовестно предлагает Предприятию участвовать в совместном предприятии.

4. Контрактор обладает преимущественным правом на организацию с Предприятием совместного предприятия для разведки района, который был включен в его заявку на утверждение плана работы по разведке и который был обозначен Советом в качестве зарезервированного района.

Правило 19
Доля в акционерном капитале в рамках механизма совместного предприятия

1. Если заявитель решает предложить долю в акционерном капитале в рамках совместного предприятия, он предоставляет данные и информацию в соответствии с правилом 20. Выделение района заявителю регулируется положениями правила 27.

2. Механизм совместного предприятия, вступающий в силу в момент подачи заявителем заявки на утверждение контракта на эксплуатацию, включает следующее:

a) Предприятие получает не менее 20 процентов участия в акционерном капитале совместного предприятия на следующей основе:

i) половина такого долевого участия предоставляется без выплаты заявителю каких-либо платежей, прямых или косвенных, и для всех целей имеет такой же режим, как и долевое участие заявителя;

ii) остальная часть такого долевого участия для всех целей имеет такой же режим, как и долевое участие заявителя за исключением того, что Предприятие не получает никаких дивидендов в отношении этой части, пока заявитель не возместит в полном объеме сумму своего долевого участия в совместном предприятии;

b) независимо от подпункта (a) выше заявитель тем не менее предлагает Предприятию возможность приобрести еще 30 процентов долевого участия в механизме совместного предприятия или такую меньшую долю, которую Предприятие решит приобрести, на основе режима, во всех отношениях равноправного с заявителем[2];

c) за исключением случаев, когда это прямо предусмотрено в соглашении между заявителем и Предприятием, Предприятие не обязано в силу своего участия каким-либо иным способом предоставлять фонды или кредиты или обеспечивать гарантии или признавать какую бы то ни было

---

[2] Условия возможного приобретения такого долевого участия нужно будет проработать более подробно.

финансовую ответственность за механизм совместного предприятия или от его имени, равно как и не обязано подписываться на дополнительное долевое участие для поддержания своей доли в механизме совместного предприятия.

Правило 20
Данные и информация, подлежащие представлению для утверждения плана работы по разведке

1.   Каждый заявитель в целях утверждения плана работы по разведке в форме контракта представляет следующую информацию:

a)   общее описание и график предлагаемой программы разведки, включая программу деятельности на ближайший пятилетний период, как то: запланированные исследования в отношении экологических, технических, экономических и прочих соответствующих факторов, которые должны учитываться при разведке;

b)   описание программы океанографических и фоновых экологических исследований в соответствии с настоящими Правилами и любыми установленными Органом природоохранными нормами, правилами и процедурами, которая позволила бы произвести оценку потенциального экологического воздействия предлагаемой разведочной деятельности, с учетом любых рекомендаций, вынесенных Юридической и технической комиссией;

c)   предварительная оценка возможного воздействия предлагаемой деятельности по разведке на морскую среду;

d)   описание предлагаемых мер по предотвращению, сокращению и сохранению под контролем загрязнения морской среды и других опасностей для нее, а также возможного воздействия на морскую среду;

e)   данные, необходимые Совету для определения, которое он должен вынести в соответствии с правилом 13 (1), и

f)   калькуляция предполагаемых годовых расходов по программе деятельности на ближайший пятилетний период.

2.   Если заявитель выбирает вариант зарезервированного района, данные и информация в отношении такого района передаются заявителем Органу после обозначения Советом зарезервированного района в соответствии с правилом 17 (3).

3.   Если заявитель выбирает вариант долевого участия в механизме совместного предприятия, данные и информация о таком районе передаются заявителем Органу в момент принятия такого решения.

Раздел 3
Сборы

Правило 21
Сбор за заявку

1.   Сбор за рассмотрение заявок на утверждение плана работы по разведке кобальтовых корок составляет фиксированную сумму в размере 500 000 долл.

США или эквивалент этой суммы в свободно конвертируемой валюте, подлежащей выплате в полном объеме в момент представления заявки.

2.   Если административные издержки, понесенные Органом при рассмотрении заявки, меньше фиксированной суммы, указанной в пункте 1 выше, Орган возмещает разницу заявителю. Если административные издержки, понесенные Органом при рассмотрении заявки, превышают фиксированную сумму, указанную в пункте 1 выше, заявитель оплачивает разницу Органу; при том условии, что какая-либо дополнительная сумма, подлежащая выплате заявителем, не должна превышать 10 процентов фиксированного сбора, о котором идет речь в пункте 1.

3.   С учетом любого критерия, установленного для этой цели Финансовым комитетом, Генеральный секретарь определяет размер такой разницы, о которой идет речь в пункте 2 выше, и уведомляет об этом заявителя. Уведомление должно включать в себя ведомость с указанием издержек, понесенных Органом. Соответствующая сумма должна выплачиваться заявителем или возмещаться Органом в течение трех месяцев с момента подписания контракта, о котором идет речь в правиле 25 ниже.

4.   Фиксированная сумма, о которой идет речь в пункте 1 выше, пересматривается на регулярной основе Советом в целях обеспечения того, чтобы она покрывала предполагаемые административные издержки, связанные с рассмотрением заявок, и устраняла необходимость выплаты заявителями дополнительных сумм согласно пункту 2 выше.

Раздел 4
Рассмотрение заявок

Правило 22
Получение, подтверждение и хранение заявок

Генеральный секретарь:

a)   в течение 30 дней в письменном виде подтверждает получение каждой заявки на утверждение плана работы по разведке, представленной согласно настоящей части, с указанием даты получения;

b)   обеспечивает сохранность заявки с сопроводительными документами и приложениями к ней, а также конфиденциальность всех содержащихся в заявке конфиденциальных данных и информации;

c)   уведомляет членов Органа о получении такой заявки и рассылает им информацию о заявке, имеющую общий и неконфиденциальный характер.

Правило 23
Рассмотрение заявок Юридической и технической комиссией

1.   По получении заявки на утверждение плана работы по разведке Генеральный секретарь уведомляет членов Юридической и технической комиссии и вносит вопрос о рассмотрении заявки в повестку дня следующего заседания Комиссии. Комиссия рассматривает только заявки, в отношении которых уведомление и информация были распространены Генеральным

секретарем в соответствии с правилом 22(с) по меньшей мере за 30 дней до открытия заседания Комиссии, на котором они должны рассматриваться.

2.   Комиссия рассматривает заявки в порядке их поступления.

3.   Комиссия определяет следующее:

       а)   выполнил ли заявитель положения настоящих Правил;

       b)   взял ли заявитель на себя обязательства и представил ли заверения, указанные в правиле 15;

       с)   располагает ли заявитель финансовыми и техническими возможностями для осуществления предлагаемого плана работы по разведке и представил ли он подробные сведения на предмет своей способности выполнять чрезвычайные распоряжения;

       d)   выполнил ли заявитель надлежащим образом свои обязательства в связи с любым предыдущим контрактом с Органом.

4.   В соответствии с требованиями, установленными в настоящих Правилах, и своими процедурами Комиссия определяет, будет ли предлагаемый план работы по разведке:

       а)   обеспечивать эффективную охрану здоровья и безопасности людей;

       b)   обеспечивать эффективную защиту и сохранение морской среды, включая воздействие на биоразнообразие, но не ограничиваясь таковым;

       с)   обеспечивать, чтобы установки не сооружались там, где это может создать помехи для использования признанных морских путей, имеющих существенное значение для международного судоходства, или в районах ведения интенсивной рыбопромысловой деятельности.

5.   Если Комиссия определяет, что заявитель выполнил требования пункта 3 и что предлагаемый план работы по разведке удовлетворяет требованиям пункта 4, она рекомендует Совету утвердить план работы по разведке.

6.   Комиссия не рекомендует план работы по разведке к утверждению, если указанный в предлагаемом плане работы по разведке район или его часть включены в:

       а)   какой-либо утвержденный Советом план работы по разведке кобальтовых корок, или

       b)   какой-либо утвержденный Советом план работы по разведке или разработке других ресурсов, если предлагаемый план работы по разведке кобальтовых корок может повлечь за собой ненужные помехи в отношении деятельности по утвержденному плану работы по другим ресурсам, или

       с)   какой-либо район, разработка которого запрещена Советом, поскольку имеются существенные доказательства, указывающие на риск причинения серьезного ущерба морской среде.

7.   Комиссия может рекомендовать одобрить план работы, если она решит, что такое одобрение не позволит государству-участнику или спонсируемым им организациям монополизировать проведение деятельности в Районе в

отношении кобальтовых корок или помешать другим государствам-участникам проводить в Районе деятельность в отношении кобальтовых корок.

8.   За исключением случаев подачи заявок Предприятием — от его собственного имени или в рамках совместного предприятия — и заявок согласно правилу 18, Комиссия не рекомендует план работы к утверждению, если указанный в предлагаемом плане работы по разведке район или его часть включены в какой-либо зарезервированный район или район, обозначенный Советом в качестве будущего зарезервированного района.

9.   Если Комиссия считает, что заявка не соответствует настоящим Правилам, то Комиссия через Генерального секретаря уведомляет об этом заявителя в письменном виде, указывая причины. Заявитель может в течение 45 дней с момента такого уведомления исправить свою заявку. Если после дальнейшего рассмотрения Комиссия приходит к мнению о том, что ей не следует рекомендовать план работы по разведке к утверждению, то она сообщает об этом заявителю и предоставляет ему еще одну возможность сделать представления в течение 30 дней с момента получения такой информации. Комиссия рассматривает любые такие представления, сделанные заявителем, при подготовке своего доклада и рекомендации Совету.

10.   При рассмотрении предлагаемого плана работы по разведке Комиссия принимает во внимание принципы, политику и цели в отношении деятельности в Районе, как это предусмотрено в части XI и приложении III Конвенции и в Соглашении.

11.   Комиссия рассматривает заявки оперативно и представляет Совету доклад и рекомендации относительно обозначения районов и о плане работы по разведке при первой же возможности с учетом графика заседаний Органа.

12.   При выполнении своих обязанностей Комиссия применяет настоящие Правила, а также нормы, правила и процедуры Органа на единообразной и недискриминационной основе.

Правило 24
Рассмотрение и утверждение Советом планов работы по разведке

Совет рассматривает доклады и рекомендации Юридической и технической комиссии, касающиеся утверждения планов работы по разведке, в соответствии с пунктами 11 и 12 раздела 3 приложения к Соглашению.

Часть IV
Контракты на разведку

Правило 25
Контракт

1.   После утверждения Советом плана работы по разведке он оформляется в виде контракта между Органом и заявителем, как предписано в приложении III к настоящим Правилам. Каждый контракт включает изложенные в приложении IV стандартные условия, действующие на дату вступления контракта в силу.

2.   Контракт подписывается Генеральным секретарем от имени Органа и заявителем. Генеральный секретарь в письменном виде уведомляет всех членов Органа о заключении каждого контракта.

Правило 26
Права контрактора

1.   Контрактор имеет исключительное право на разведку в районе, указанном в плане работы, в отношении кобальтовых корок. Орган обеспечивает, чтобы никакой другой субъект не осуществлял в этом же районе деятельность в отношении других ресурсов таким образом, чтобы это создавало помехи для деятельности контрактора.

2.   Контрактор, который имеет утвержденный план работы только на разведку, имеет предпочтение и пользуется приоритетом среди заявителей, представивших планы работы на разработку того же района или тех же ресурсов. Совет может лишить контрактора такого предпочтения или приоритета, если он не выполнит требований своего утвержденного плана работы в течение периода времени, предписанного в письменном уведомлении или уведомлениях, направленных Советом контрактору с указанием требований, не выполненных контрактором. Период времени, указываемый в любом таком уведомлении, должен быть разумным. Контрактору предоставляется разумная возможность быть заслушанным, прежде чем лишение его такого предпочтения или приоритета становится окончательным. Совет разъясняет мотивы предлагаемого лишения предпочтения или приоритета и рассматривает любой ответ контрактора. При принятии решения Совет учитывает этот ответ и основывается на существенных сведениях.

3.   Лишение предпочтения или приоритета становится действительным лишь после того, как контрактору предоставляется разумная возможность исчерпать средства судебной защиты, имеющиеся в его распоряжении согласно разделу 5 части XI Конвенции.

Правило 27
Размеры района и отказ от его участков

1.   Контрактор производит отказ от выделенных ему блоков в соответствии с пунктом 1 настоящего правила. Участки, от которых производится отказ, могут не быть прилегающими и определяются контрактором в форме подблоков, составляющих один или более квадратов координатной сетки, как предусмотрено Органом. К концу восьмого года с даты контракта контрактор отказывается не менее чем от одной трети изначально выделенного ему района; к концу десятого года с даты контракта контрактор отказывается не менее чем от двух третей изначально выделенного ему района; или в конце пятнадцатого года с даты контракта, или когда контрактор подает заявку на права на эксплуатацию, в зависимости от того, что произойдет раньше, контрактор обозначает район в рамках оставшихся участков выделенного ему района, который будет сохранен за ним для целей добычи.

2.   Несмотря на положения пункта 1, контрактор не должен отказываться от какой-либо дополнительной части такого района, если оставшийся район, выделенный ему после отказа, по площади не превышает 1000 кв. км.

3.   Контрактор может в любое время отказываться от участков выделенного ему района, опережая график, установленный в пункте 1.

4.   Блоки, от которых производится отказ, вновь поступают в Район.

5.   По просьбе контрактора и рекомендации Комиссии Совет в исключительных обстоятельствах может продлить сроки отказа. Такие исключительные обстоятельства определяются Советом и включают, в частности, преобладающие экономические условия или иные непредвиденные исключительные обстоятельства, возникающие в связи с оперативной деятельностью контрактора.

Правило 28
Срок действия контрактов

1.   План работы по разведке утверждается на 15-летний срок. По истечении плана работы по разведке контрактор подает заявку на план работы по разработке, за исключением случаев, когда контрактор уже сделал это, добился продления плана работы по разведке или решил отказаться от своих прав в районе, охваченном планом работы по разведке.

2.   Не позднее шести месяцев после истечения плана работы по разведке контрактор может ходатайствовать о продлениях плана работы по разведке на сроки не более чем по пять лет. Такие продления утверждаются Советом по рекомендации Комиссии, если контрактор добросовестно пытался соблюсти требования плана работы, однако в силу неподвластных ему обстоятельств не смог завершить необходимую подготовительную работу для перехода к этапу разработки, либо если такой переход не оправдывается сложившейся экономической конъюнктурой.

Правило 29
Подготовка кадров

Во исполнение статьи 15 приложения III Конвенции к каждому контракту прилагается практическая программа подготовки персонала Органа и развивающихся государств, составленная контрактором в сотрудничестве с Органом и поручившимся государством (государствами). Программы подготовки ориентированы на обучение навыкам разведки и предусматривают всестороннее участие такого персонала во всех мероприятиях, охватываемых контрактом. По взаимному согласию такие программы подготовки могут при необходимости периодически пересматриваться и дорабатываться.

Правило 30
Периодический обзор осуществления плана работы по разведке

1.   Каждые пять лет контрактор и Генеральный секретарь совместно производят периодический обзор осуществления плана работы по разработке. Генеральный секретарь может запросить у контрактора дополнительные данные и информацию, которые могут оказаться необходимыми для целей обзора.

2.   В свете этого обзора Контрактор знакомит со своей программой деятельности на следующий пятилетний период, внося необходимые коррективы в свою предшествующую программу деятельности.

3.   Генеральный секретарь докладывает о результатах обзора Комиссии и Совету. Генеральный секретарь указывает в докладе, были ли учтены в ходе обзора какие-либо замечания, препровожденные ему государствами — участниками Конвенции относительно того, каким образом контрактор осуществляет свои обязательства по настоящим правилам касательно защиты и сохранения морской среды.

Правило 31
Прекращение поручительства

1.   На протяжении всего срока действия контракта каждому контрактору необходимо иметь поручительство.

2.   Если государство прекращает свое поручительство, оно в письменном виде оперативно уведомляет об этом Генерального секретаря. Поручившееся государство должно также сообщить Генеральному секретарю мотивы прекращения им своего поручительства. Поручительство прекращает действовать через шесть месяцев после даты получения Генеральным секретарем уведомления, если только в уведомлении не указывается более поздний срок.

3.   В случае прекращения поручительства контрактор находит другого поручителя в срок, указанный в пункте 2. Такой поручитель выдает удостоверение о поручительстве в соответствии с правилом 11. Если контрактор не находит поручителя в требуемый срок, действие контракта прекращается.

4.   Прекращение поручительства не освобождает поручившееся государство от каких-либо обязательств, возникших в период, когда оно являлось поручившимся государство, и не затрагивает никаких юридических прав и обязанностей, появившихся в период такого поручительства.

5.   Генеральный секретарь уведомляет членов Органа о прекращении или изменении поручительства.

Правило 32
Ответственность

Материальная и иная ответственность контрактора и Органа регулируется Конвенцией. Контрактор продолжает нести ответственность за любой ущерб, причиненный в результате неправомерных действий, допущенных им при осуществлении своей деятельности, в частности ущерб морской среде, по окончании этапа разведки.

Часть V
Защита и сохранение морской среды

Правило 33
Защита и сохранение морской среды

1.   В соответствии с Конвенцией и Соглашением Орган устанавливает и подвергает периодическому обзору природоохранные нормы, правила и процедуры, необходимые для обеспечения эффективной защиты морской

среды от вредных для нее последствий, которые могут возникнуть в результате деятельности в Районе.

2.   Чтобы обеспечить эффективную защиту морской среды от вредных последствий, которые могут возникнуть в результате осуществления деятельности в Районе, Орган и поручившиеся государства применяют осторожный подход, нашедший отражение в принципе 15 Рио-де-Жанейрской декларации· и передовую природоохранную практику.

3.   Юридическая и техническая комиссия формулирует рекомендации Совету относительно осуществления пунктов 1 и 2 выше.

4.   Комиссия разрабатывает и осуществляет процедуры с целью определить на основе наилучшей имеющейся научно-технической информации, включая информацию, представляемую во исполнение правила 20, будет ли предлагаемая разведочная деятельность в Районе иметь серьезные пагубные последствия для уязвимых морских экосистем, в частности экосистем, приуроченных к подводным горам и холодноводным кораллам, и обеспечивает, чтобы в случае определения, что некоторые предлагаемые виды разведочной деятельности будут иметь серьезные пагубные последствия для уязвимых морских экосистем, такая деятельность регулировалась во избежание подобных последствий или ее проведение не санкционировалось.

5.   Во исполнение статьи 145 Конвенции и пункта 2 настоящего правила каждый контрактор принимает необходимые меры в целях предотвращения, сокращения и сохранения под контролем загрязнения и других опасностей для морской среды, вытекающих из его деятельности в Районе, насколько это реально возможно, используя осторожный подход и передовую природоохранную практику.

6.   Контракторы, поручившиеся государства и другие заинтересованные государства или субъекты сотрудничают с Органом в разработке и осуществлении программ мониторинга и оценки воздействия разработки глубоководных районов морского дна на морскую среду. Когда об этом попросит Совет, такие программы включают предложения об обозначении участков, предназначенных для обособления и исключительного использования в качестве рабочих эталонных полигонов и заповедных эталонных полигонов. Термин «рабочие эталонные полигоны» означает участки, используемые для оценки последствий деятельности в Районе для морской среды и имеющие типичные для Района экологические характеристики. Термин «заповедные эталонные полигоны» означает участки, в которых добыча не производится, с тем чтобы обеспечить типичность и ненарушенность биоты морского дна для целей оценки любых изменений в биоразнообразии морской среды.

Правило 34
Экологический фон и мониторинг

1.   В каждом контракте предусматривается требование о том, чтобы, учитывая любые рекомендации, выносимые Юридической и технической комиссией на основании правила 41, контрактор собирал фоновые экологические данные и устанавливал экологический фон, используемый для оценки вероятного воздействия его программы деятельности в рамках плана

работы по разведке на морскую среду, а также программу мониторинга такого воздействия и сообщения о нем. В рекомендациях, выносимых Комиссией, могут, в частности, перечисляться те разведочные мероприятия, которые могут рассматриваться в качестве потенциально неспособных оказать вредное воздействие на морскую среду. В надлежащих случаях контрактор сотрудничает с Органом и поручившимся государством (государствами) в разработке и осуществлении такой программы мониторинга.

2.   Контрактор ежегодно докладывает в письменном виде Генеральному секретарю об осуществлении и результатах программы мониторинга, упомянутой в пункте 1, и представляет данные и информацию, учитывая при этом любые рекомендации, выносимые Комиссией на основании правила 41. Генеральный секретарь направляет такие доклады Комиссии, которая рассматривает их согласно статье 165 Конвенции.

Правило 35
Чрезвычайные распоряжения

1.   Контрактор незамедлительно сообщает Генеральному секретарю в письменном виде, используя наиболее эффективные средства, о любом инциденте, вытекающем из деятельности, причинившей, причиняющей или угрожающей причинить серьезный ущерб морской среде.

2.   Когда Генеральный секретарь уведомляется контрактором или иным образом осведомляется об инциденте, который произошел вследствие деятельности контрактора в Районе или вызван этой деятельностью и который причинил, причиняет или угрожает причинить серьезный ущерб морской среде, Генеральный секретарь обеспечивает общее оповещение об инциденте, в письменном виде уведомляет контрактора и поручившееся государство (государства) и немедленно сообщает об этом Юридической и технической комиссии, Совету и всем другим членам Органа. Копия этого сообщения распространяется среди всех членов Органа, компетентных международных организаций и соответствующих субрегиональных, региональных и глобальных организаций и органов. Генеральный секретарь следит за событиями в связи со всеми такими инцидентами и сообщает о них по мере необходимости Комиссии, Совету и всем другим членам Органа.

3.   Впредь до того, как Совет предпримет какие-либо действия, Генеральный секретарь принимает экстренные меры временного характера, которые являются практичными и разумными в сложившихся обстоятельствах с точки зрения предотвращения, сдерживания и максимального сокращения серьезного ущерба или угрозы серьезного ущерба морской среде. Такие временные меры остаются в силе в течение не более чем 90 дней или же до того момента, когда Совет постановит на своей следующей очередной сессии, какие меры должны (и должны ли) быть приняты во исполнение пункта 6 настоящего правила.

4.   Получив доклад Генерального секретаря, Комиссия, опираясь на представленные ей сведения и учитывая уже принятые контрактором меры, определяет, какие меры необходимо принять для эффективного преодоления инцидента, с тем чтобы предотвратить, сдержать и максимально сократить угрозу серьезного или необратимого ущерба морской среде, и выносит Совету свои рекомендации.

5.   Совет рассматривает рекомендации Комиссии.

6.   Учитывая рекомендации Комиссии, доклад Генерального секретаря, любую информацию, представленную контрактором, и любую иную соответствующую информацию, Совет может издавать чрезвычайные распоряжения, в число которых могут входить распоряжения о приостановке или корректировке операций, разумно необходимой для предотвращения, сдерживания и максимального сокращения серьезного ущерба или угрозы серьезного ущерба морской среде в результате деятельности в Районе.

7.   Если контрактор не обеспечивает оперативного выполнения чрезвычайного распоряжения о предотвращении, сдерживании и максимальном сокращении серьезного ущерба или угрозы серьезного ущерба морской среде, вызываемого его деятельностью в Районе, сам Совет или по договоренности с ним кто-либо иной от его имени принимает такие практические меры, которые необходимы для предотвращения, сдерживания и максимального сокращения любого такого серьезного ущерба или угрозы серьезного ущерба морской среде.

8.   Для того чтобы Совет, при необходимости, мог немедленно принять практические меры для предотвращения, сдерживания и максимального сокращения серьезного ущерба или угрозы серьезного ущерба морской среде, о которых говорится в пункте 7, контрактор до начала испытаний коллекторных систем и операций по переработке должен будет представить Совету гарантию своих финансовых и технических возможностей для оперативного выполнения чрезвычайных распоряжений или заверить Совет в том, что такие меры может принять он сам. Если контрактор не предоставляет Совету такой гарантии, то поручившееся государство или государства в ответ на просьбу Генерального секретаря и во исполнение статей 139 и 235 Конвенции принимают меры с целью обеспечить оказание Органу содействия в осуществлении им своих обязанностей по пункту 7.

Правило 36
Права прибрежных государств

1.   Сообразно со статьей 142 и другими соответствующими положениями Конвенции ничто в настоящих Правилах не затрагивает прав прибрежных государств.

2.   Любое прибрежное государство, которое имеет основания полагать, что та или иная деятельность контрактора в Районе может причинить серьезный ущерб морской среде или вызвать угрозу серьезного ущерба морской среде в акваториях, находящихся под его юрисдикцией и/или суверенитетом, может в письменном виде уведомить Генерального секретаря о таких основаниях. Генеральный секретарь предоставляет контрактору и его поручившемуся государству (государствам) разумную возможность изучить доказательства (если таковые имеются), представленные прибрежным государством в качестве упомянутых оснований. Контрактор и его поручившееся государство (государства) могут представить Генеральному секретарю свои замечания по ним в течение разумного периода времени.

3.   Если имеются явные основания заключить, что серьезный ущерб морской среде вероятен, то Генеральный секретарь действует в соответствии с

правилом 35, а в случае необходимости принимает экстренные меры временного характера, предусмотренные правилом 35 (3).

4.   Контракторы принимают все необходимые меры с целью обеспечить, чтобы их деятельность проводилась без нанесения серьезного ущерба морской среде, включая загрязнение, но не ограничиваясь таковым, в акваториях, находящихся под юрисдикцией или суверенитетом прибрежных государств, и чтобы такой серьезный ущерб или загрязнение, являющееся результатом инцидентов или деятельности в их разведочных районах, не распространялись за пределы таких районов.

Правило 37
Человеческие останки и объекты и участки, имеющие археологическое или историческое значение

Контрактор незамедлительно уведомляет Генерального секретаря в письменном виде об обнаружении в разведочном районе каких бы то ни было человеческих останков, имеющих археологическое или историческое значение, или каких-либо объектов или участков аналогичного характера и об их местонахождении, включая принятые меры по сохранению и защите. Генеральный секретарь незамедлительно препровождает такую информацию Генеральному директору Организации Объединенных Наций по вопросам образования, науки и культуры и любой иной компетентной международной организации. При обнаружении в разведочном районе любых таких человеческих останков, объектов или участков и во избежание причинения ущерба таким человеческим останкам, объектам или участкам в разумном радиусе не проводится никаких дальнейших поисково-разведочных работ, пока Совет не примет иного решения с учетом мнения Генерального директора Организации Объединенных Наций по вопросам образования, науки и культуры или любой иной компетентной международной организации.

Часть VI
Конфиденциальность

Правило 38
Конфиденциальность данных и информации

1.   Данные и информация, представленные или переданные Органу или любому лицу, участвующему в какой бы то ни было деятельности или программе Органа, во исполнение настоящих Правил или контракта, заключенного согласно настоящим Правилам, и обозначенные контрактором в консультации с Генеральным секретарем в качестве имеющих конфиденциальный характер, считаются конфиденциальными, если речь не идет о данных и информации, которые:

a)   общеизвестны или доступны из других источников;

b)   были ранее представлены их собственником другим лицам без обязательства соблюдать их конфиденциальность или

c)   уже находятся во владении Органа без обязательства соблюдать их конфиденциальность.

2. Данные и информация, которые необходимы для выработки Органом норм, правил и процедур, касающихся защиты и сохранения морской среды и техники безопасности, и которые не относятся при этом к данным о конструкции оборудования, не рассматриваются в качестве конфиденциальных.

3. Конфиденциальные данные и информация могут использоваться Генеральным секретарем и персоналом Секретариата, с санкции Генерального секретаря, и членами Юридической и технической комиссии только при необходимости и только для эффективного осуществления ими своих полномочий и функций. Генеральный секретарь санкционирует доступ к таким данным и информации только для ограниченного пользования в связи с осуществлением сотрудниками Секретариата и Юридической и технической комиссией своих функций и обязанностей.

4. Через десять лет после даты представления конфиденциальных данных и информации Органу или после истечения контракта на разведку (в зависимости от того, что наступает позднее) и через каждые пять лет после этого Генеральный секретарь и контрактор производят обзор таких данных и информации с целью определить, должны ли они оставаться конфиденциальными. Такие данные и информация остаются конфиденциальными, если контрактор определяет, что в случае опубликования таких данных и информации возникнет существенный риск серьезного и несправедливого экономического ущерба. Такие данные и информация не публикуются до тех пор, пока контрактору не будет предоставлена разумная возможность исчерпания средств судебной защиты, имеющихся в его распоряжении согласно разделу 5 части XI Конвенции.

5. Если в какой-либо момент времени после истечения контракта на разведку контрактор заключает контракт на разработку в отношении любой части разведочного района, конфиденциальные данные и информация, касающиеся этой части района, сохраняют конфиденциальность в соответствии с контрактом на разработку.

6. Контрактор может в любое время отказаться от конфиденциальности данных и информации.

Правило 39
Процедуры обеспечения конфиденциальности

1. Генеральный секретарь отвечает за сохранение конфиденциальности всех конфиденциальных данных и информации и без предварительного письменного согласия контрактора не разглашает такие данные и информацию какому-либо лицу, постороннему для Органа. Для обеспечения конфиденциальности таких данных и информации Генеральный секретарь устанавливает в соответствии с положениями Конвенции процедуры обращения с конфиденциальной информацией для членов Секретариата, членов Юридической и технической комиссии и любых других лиц, участвующих в какой бы то ни было деятельности или программе Органа. Такие процедуры включают:

a) хранение конфиденциальных данных и информации в надежных местах и разработку процедур безопасности для предотвращения несанкционированного доступа к таким данным и информации или их изъятия;

b) составление и ведение классификации, перечня или описи всех полученных письменных данных и информации с указанием их типа, источника и схемы прохождения с момента получения до момента окончательного распоряжения ими.

2. Лицо, уполномоченное согласно настоящим Правилам иметь доступ к конфиденциальным данным и информации, не разглашает таких данных и информации, за исключением тех случаев, когда это разрешается Конвенцией или настоящими Правилами. Генеральный секретарь предписывает любому лицу, уполномоченному иметь доступ к конфиденциальным данным и информации, делать в присутствии Генерального секретаря или назначенного им представителя письменное заявление о том, что имеющее такой допуск лицо:

a) признает свои юридические обязательства согласно Конвенции и настоящим Правилам относительно неразглашения конфиденциальных данных и информации;

b) соглашается соблюдать применимые правила и процедуры, установленные для обеспечения конфиденциальности таких данных и информации.

3. Юридическая и техническая комиссия ограждает конфиденциальность конфиденциальных данных и информации, представленных ей в соответствии с настоящими Правилами или контрактом, заключенным согласно настоящим Правилам. В соответствии с положениями статьи 163 (8) Конвенции члены Комиссии не должны разглашать даже после прекращения осуществления своих функций никакие промышленные секреты, имеющие характер собственности данные, которые передаются Органу в соответствии со статьей 14 приложения III к Конвенции, и никакую другую конфиденциальную информацию, которая стала им известна в силу их обязанностей, выполняемых в Органе.

4. Генеральный секретарь и персонал Органа не должны разглашать даже после прекращения осуществления своих функций в Органе никакие промышленные секреты, имеющие характер собственности данные, которые передаются Органу в соответствии со статьей 14 приложения III к Конвенции, и никакую другую конфиденциальную информацию, которая стала им известна в силу их службы в Органе.

5. Принимая во внимание ответственность Органа согласно статье 22 приложения III к Конвенции, Орган может принимать какие бы то ни было надлежащие меры в отношении любого лица, которое в силу своих обязанностей, выполняемых в Органе, имеет доступ к каким-либо конфиденциальным данным и информации и которое нарушает обязательства в отношении конфиденциальности, содержащиеся в Конвенции и настоящих Правилах.

Часть VII
Общие процедуры

Правило 40
Уведомления и общие процедуры

1.   Любое заявление, просьба, уведомление, сообщение, согласие, одобрение, освобождение от обязательств, распоряжение или инструкция, предусмотренные настоящими Правилами, направляются Генеральным секретарем или же назначенным представителем изыскателя, заявителя либо контрактора в письменном виде. Требование о представлении какой-либо информации в письменном виде согласно настоящим Правилам удовлетворяется представлением информации в электронном документе, содержащем цифровую подпись. Они доставляются с посыльным либо по телексу, факсу, заказной авиапочтой или электронной почтой с авторизованной электронной подписью Генеральному секретарю в штаб-квартиру Органа или же назначенному представителю.

2.   Доставка с посыльным считается состоявшейся в момент вручения. Доставка по телексу считается состоявшейся на следующий рабочий день после того, как на телексном аппарате отправителя появляется автоответ. Доставка по факсу считается состоявшейся, когда отправитель получает сигнал «сообщение передано», подтверждающий, что сообщение прошло на обнародованный номер факса получателя. Доставка заказной авиапочтой считается состоявшейся через 21 день после отправки. Предполагается, что электронное сообщение получено адресатом, когда оно попадает в информационную систему, обозначенную или используемую адресатом для цели получения документов, аналогичных отправленному, и оно может быть извлечено и обработано адресатом.

3.   Уведомление в адрес назначенного представителя изыскателя, заявителя или контрактора представляет собой действительное уведомление изыскателя, заявителя или контрактора для всех целей по настоящим Правилам, а назначенный представитель является представителем изыскателя, заявителя или контрактора для целей вручения повесток или извещений по любому производству в каком-либо компетентном судебном или арбитражном органе.

4.   Уведомление в адрес Генерального секретаря представляет собой действительное уведомление Органа для всех целей по настоящим Правилам, а Генеральный секретарь является представителем Органа для целей вручения повесток или извещений по любому производству в каком-либо компетентном судебном или арбитражном органе.

Правило 41
Рекомендации, призванные сориентировать контракторов

1.   Юридическая и техническая комиссия может периодически выносить рекомендации технического или административного характера, призванные сориентировать контракторов, помогая им в толковании норм, правил и процедур Органа.

2.   Полный текст таких рекомендаций сообщается Совету. Если Совет находит, что та или иная рекомендация не соответствует предназначению и

цели настоящих Правил, он может потребовать изменения или изъятия этой рекомендации.

Часть VIII
Урегулирование споров

Правило 42
Споры

1.   Споры относительно толкования или применения настоящих Правил урегулируются в соответствии с разделом 5 части XI Конвенции.

2.   Любое окончательное решение относительно прав и обязанностей Органа и контрактора, вынесенное каким-либо судебным или арбитражным органом, имеющим юрисдикцию в соответствии с Конвенцией, подлежит исполнению на территории каждого государства — участника Конвенции.

Часть IX
Ресурсы помимо кобальтовых корок

Правило 43
Ресурсы помимо кобальтовых корок

Если изыскатель или контрактор обнаруживает в Районе ресурсы помимо кобальтовых корок, поиск, разведка и разработка таких ресурсов регламентируются в соответствии с Конвенцией и Соглашением нормами, правилами и процедурами Органа, касающимися таких ресурсов. Изыскатель или контрактор уведомляет орган о том, что он обнаружил.

Часть X
Обзор

Правило 44
Обзор

1.   Через пять лет после утверждения настоящих Правил Ассамблеей или в любой последующий момент времени Совет проводит обзор того, как Правила функционируют на практике.

2.   Если в свете обновленных знаний или технологии становится очевидным, что Правила не адекватны, любое государство-участник, Юридическая и техническая комиссия или любой контрактор через посредство своего удостоверяющего государства может в любой момент времени просить Совет провести на своей следующей очередной сессии пересмотр настоящих Правил.

3.   В свете обзора Совет может принимать и в предварительном порядке применять (впредь до утверждения Ассамблеей) поправки к положениям настоящих Правил, принимая во внимание рекомендации Юридической и технической комиссии или других соответствующих подчиненных органов. Любые такие поправки не наносят ущерба правам, присваиваемым какому-либо контрактору в соответствии с положениями контракта с Органом,

заключенного в соответствии с настоящими Правилами, действующего на момент внесения любой такой поправки.

4.   Если в какие-либо положения настоящих Правил вносятся поправки, то контрактор и Орган могут пересмотреть контракт в соответствии с разделом 24 приложения IV.

Приложение I

Уведомление о намерении заняться поиском

1. Наименование изыскателя:

2. Местонахождение изыскателя:

3. Почтовый адрес (если отличается от вышеуказанного):

4. Телефон:

5. Факс:

6. Адрес электронной почты:

7. Национальная принадлежность изыскателя:

8. Если изыскатель является юридическим лицом:

   a) указать место регистрации изыскателя;

   b) указать местонахождение главной конторы/домициль изыскателя;

   c) приложить копию регистрационного свидетельства изыскателя.

9. Наименование назначенного изыскателем представителя:

10. Местонахождение (адрес) назначенного изыскателем представителя (если отличается от вышеуказанного):

11. Почтовый адрес (если отличается от вышеуказанного):

12. Телефон:

13. Факс:

14. Адрес электронной почты:

15. Приложить координаты ориентировочного района (районов) проведения поиска (в соответствии с мировой геодезической системой WGS 84).

16. Приложить общее описание программы поиска, включая дату начала и примерную продолжительность программы.

17. Приложить письменное обязательство о том, что изыскатель будет:

   a) соблюдать Конвенцию и соответствующие нормы, правила и процедуры Органа, касающиеся:

   i) сотрудничества в программах подготовки кадров в связи с морскими научными исследованиями и передачей технологии, о которых говорится в статьях 143 и 144 Конвенции, и

   ii) защиты и сохранения морской среды; и

   b) давать согласие на проведение Органом проверки их соблюдения.

18.   Перечислить в данном пункте все добавления и приложения к настоящему уведомлению (все данные и информация должны представляться в печатном виде и в указанном Органом цифровом формате):

_____

Дата

Заверено:

_____

Подпись заверяющего лица

_____

Имя заверяющего лица

_____

Должность заверяющего лица

_____

Подпись назначенного изыскателем представителя

Приложение II

Заявка на утверждение плана работы по разведке для получения контракта

Раздел I
Информация о заявителе

1. Наименование заявителя:

2. Местонахождение заявителя:

3. Почтовый адрес (если отличается от вышеуказанного):

4. Телефон:

5. Факс:

6. Адрес электронной почты:

7. Наименование назначенного заявителем представителя:

8. Местонахождение назначенного заявителем представителя (если отличается от вышеуказанного):

9. Почтовый адрес (если отличается от вышеуказанного):

10. Телефон:

11. Факс:

12. Адрес электронной почты:

13. Если заявитель является юридическим лицом:

    a) указать место регистрации изыскателя;

    b) указать местонахождение главной конторы/домициль изыскателя;

    c) приложить копию регистрационного свидетельства изыскателя.

14. Указать поручившееся государство (государства).

15. По каждому поручившемуся государству указать дату сдачи на хранение им своего документа о ратификации Конвенции Организации Объединенных Наций по морскому праву от 10 декабря 1982 года, о присоединении к ней или о правопреемстве в ее отношении и дату выражения согласия на обязательность для него Соглашения об осуществлении части XI Конвенции.

16. К настоящей заявке должно прилагаться удостоверение о поручительстве, выданное поручившимся государством. Если заявитель имеет более чем одну национальность, как в случае партнерства или консорциума субъектов из более чем одного государства, должны прилагаться удостоверения о поручительстве, выданные каждым из таких государств.

Раздел II
Информация о заявочном районе

17.   Определить границы заявочных блоков, приложив карту (в указанных Органом масштабе и проекции) и перечень географических координат (в соответствии с мировой геодезической системой WGS 84).

18.   Указать, что выбирает заявитель: передать зарезервированный район в соответствии с правилом 17 или предложить долю в акционерном капитале в рамках механизма совместного предприятия в соответствии с правилом 19.

19.   Если заявитель выбирает передать зарезервированный район:

a)   приложить перечень координат, обозначающих две части общего района, имеющие одинаковую предположительную коммерческую ценность; и

b)   включить в приложение достаточную информацию, позволяющую Совету обозначить зарезервированный район с учетом предположительной коммерческой ценности каждой части заявочного района. Такое приложение должно включать имеющиеся у заявителя данные по обеим частям заявочного района, в том числе:

i)   данные о местоположении, съемке и оценке кобальтовых корок в районах, включая:

a.   описание технологий, связанных с извлечением и обработкой кобальтовых корок, которое необходимо для обозначения зарезервированного района;

b.   карту с указанием таких физических и геологических характеристик, как топография морского дна, батиметрия и донные течения, и информацию о степени надежности соответствующих данных;

c.   карту, на которую нанесены исследовательские данные, использованные для определения параметров кобальтовых корок (толщина и т.д.), необходимых для измерения их тоннажа в пределах каждого блока, групп блоков разведочного района и зарезервированного района;

d.   данные, указывающие на средний тоннаж (в метрических тоннах) каждой группы блоков кобальтовых корок, которое станет участком добычи, и соответствующую карту тоннажа с указанием мест пробоотбора;

e.   сводные карты тоннажа и сортности кобальтовых корок;

f.   произведенный на основе стандартных процедур (включая статистический анализ) расчет с использованием представленных данных и выкладок, дающий основания полагать, что оба района содержат кобальтовые корки одинаковой предположительной коммерческой ценности, которая выражается в виде объема металлов, извлекаемого на поддающихся разработке участках;

g.   описание методов, использованных заявителем;

ii) информацию об экологических параметрах (в сезонной разбивке и за весь период испытаний), в том числе о скорости и направлении ветра, солености и температуре воды и биологических сообществах.

20.   Если заявочный район включает какую-либо часть зарезервированного района, приложить перечень координат района, являющегося частью зарезервированного района, и указать соответствующие характеристики заявителя сообразно с правилом 18 Правил.

Раздел III
Финансовая и техническая информация

21.   Приложить достаточную информацию, позволяющую Совету определить, располагает ли заявитель финансовыми возможностями для осуществления предлагаемого плана работы по разведке и выполнения своих финансовых обязательств перед Органом:

a)   если заявка представляется Предприятием, приложить выданное его компетентным органом удостоверение о том, что Предприятие располагает необходимыми финансовыми ресурсами на покрытие сметных расходов по предлагаемому плану работы по разведке;

b)   если заявка представляется государством или государственным предприятием, приложить заявление государства или поручившегося государства, удостоверяющее, что заявитель располагает необходимыми финансовыми ресурсами на покрытие сметных расходов по предлагаемому плану работы по разведке;

c)   если заявка представляется субъектом, приложить проверенные финансовые ведомости заявителя (включая балансовые ведомости и отчеты о прибылях и убытках) за последние три года, составленные в соответствии с международно принятыми принципами учета и заверенные надлежащим образом квалифицированной аудиторской фирмой, а также:

i)   если заявителем является недавно созданный субъект и заверенной балансовой ведомости не имеется, — условную балансовую ведомость, заверенную соответствующим должностным лицом заявителя;

ii)   если заявителем является дочерняя компания другого субъекта, — копии таких финансовых ведомостей этого субъекта и заявление последнего о том, что заявитель будет располагать финансовыми ресурсами на осуществление плана работы по разведке, каковое заявление составляется в соответствии с международно принятыми принципами учета и заверяется надлежащим образом квалифицированной аудиторской фирмой;

iii) если заявитель находится под контролем государства или государственного предприятия, — заявление этого государства или государственного предприятия, удостоверяющее, что заявитель будет располагать финансовыми ресурсами на осуществление плана работы по разведке.

22.   Если предлагаемый план работы по разведке намечается финансировать за счет займов, приложить заявление о сумме таких займов, сроках их погашения и процентной ставке.

23. Приложить достаточную информацию, позволяющую Совету определить, в состоянии ли заявитель осуществить предлагаемый план работы по разведке в техническом отношении, включая:

a) общее описание имеющихся у заявителя опыта, знаний, навыков, технической квалификации и специальной подготовки для осуществления предлагаемого плана работы по разведке;

b) общее описание оборудования и методов, которые намечается использовать при осуществлении предлагаемого плана работы по разведке, и другую не имеющую характера собственности информацию о характеристиках такой технологии;

c) общее описание имеющихся у заявителя финансовых и технических возможностей реагировать на любые инциденты или действия, причиняющие серьезный ущерб морской среде.

Раздел IV
План работы по разведке

24. Приложить следующую информацию о программе работы по разведке:

a) общее описание и график предлагаемой программы разведки, включая программу деятельности на ближайший пятилетний период, как то запланированные исследования в отношении экологических, технических, экономических и прочих соответствующих факторов, которые должны учитываться при разведке;

b) описание программы океанографических и фоновых экологических исследований в соответствии с настоящими Правилами и любыми установленными Органом природоохранными нормами, правилами и процедурами, которая позволила бы произвести оценку потенциального экологического воздействия предлагаемой разведочной деятельности, включая воздействие на биоразнообразие, но не ограничиваясь таковым, с учетом любых рекомендаций, выносимых Юридической и технической комиссией;

c) предварительная оценка возможного воздействия предлагаемой разведочной деятельности на морскую среду;

d) описание предлагаемых мер по предупреждению, уменьшению и сохранению под контролем загрязнения и другого опасного воздействия на морскую среду, а также возможных последствий для нее;

e) калькуляция предполагаемых годовых расходов по программе деятельности на ближайший пятилетний период.

Раздел V
Обязательства

25. Приложить письменное обязательство заявителя:

a) признать в качестве подлежащих исполнению и соблюдать применимые обязательства, возникающие в силу положений Конвенции, норм, правил и процедур Органа, решений соответствующих органов Органа и условий его контрактов с Органом;

b) признать предусмотренный Конвенцией контроль со стороны Органа за деятельностью в Районе;

c) представить Органу письменное заверение в том, что его обязательства по контракту будут добросовестно выполняться.

Раздел VI
Предыдущие контракты

26. Если заявитель, или — в случае представления заявки партнерством или консорциумом субъектов, осуществляющих деятельность совместно, — любой участник партнерства либо консорциума, или любой ассоциированный с ними субъект заключал ранее какой-либо контракт с Органом, то заявка должна включать:

a) дату предыдущего контракта (контрактов);

b) дату представления, условное обозначение и название каждого отчета, представленного Органу в связи с контрактом (контрактами);

c) в соответствующих случаях — дату прекращения контракта (контрактов).

Раздел VII
Добавления

27. Перечислить все добавления и приложения к настоящей заявке (все данные и информация должны представляться в печатном виде и в указанном Органом цифровом формате):

_____   _____

Дата   Подпись назначенного изыскателем
                                                                                    представителя

Заверено:

_____

Подпись заверяющего лица

_____

Имя заверяющего лица

_____

Должность заверяющего лица

Приложение III

Контракт на разведку

НАСТОЯЩИЙ КОНТРАКТ, заключенный « » _____ года между **МЕЖДУНАРОДНЫМ ОРГАНОМ ПО МОРСКОМУ ДНУ** (именуемым далее «Орган»), представленным его **ГЕНЕРАЛЬНЫМ СЕКРЕТАРЕМ**, и _____ (именуемым далее «Контрактор»), представленным _____, **УДОСТОВЕРЯЕТ** нижеследующее:

Инкорпорация условий

1.   Стандартные условия, приводимые в приложении IV к Правилам поиска и разведки кобальтоносных железомарганцевых корок в Районе, включаются в настоящий контракт и имеют такую же силу, как если бы они развернуто приводились в самом контракте.

Разведочный район

2.   Для целей настоящего контракта «разведочный район» означает ту часть Района, которая выделена Контрактору для разведки; она определяется перечисленными в добавлении 1 к контракту координатами и может периодически сокращаться в соответствии со стандартными условиями и Правилами.

Предоставление прав

3.   С учетом a) их взаимной заинтересованности в осуществлении деятельности по разведке в разведочном районе в соответствии с Конвенцией Организации Объединенных Наций по морскому праву от 10 декабря 1982 года и Соглашением об осуществлении части XI Конвенции; b) ответственности Органа за организацию и контроль деятельности в Районе, особенно в целях управления ресурсами Района, в соответствии с правовым режимом, установленным, соответственно, в части XI Конвенции и Соглашении и в части XII Конвенции, и c) интересов и финансовых обязательств Контрактора в осуществлении деятельности в разведочном районе и взаимных договоренностей, закрепленных в настоящем контракте, Орган настоящим предоставляет Контрактору исключительное право на разведку кобальтовых корок в разведочном районе в соответствии с условиями настоящего контракта.

Вступление в силу и срок действия контракта

4.   Настоящий контракт вступает в силу по его подписании обеими сторонами и с соблюдением стандартных условий остается в силе в течение последующих пятнадцати лет, если только:

    a)   Контрактор не получит контракт на разработку в разведочном районе, вступающий в силу до истечения такого пятнадцатилетнего периода, или

b)   контракт не будет прекращен ранее, при условии что срок действия контракта может быть продлен в соответствии со стандартными условиями 3.2 и 17.2.

Добавления

5.   Добавления, упоминаемые в стандартных условиях, а именно в разделе 4 и разделе 8, являются для целей настоящего контракта, соответственно, добавлениями 2 и 3.

Содержание соглашения

6.   Настоящий контракт заключает в себе все содержание соглашения между сторонами, и никакие устные договоренности или предшествующие документы не меняют его условий.

В УДОСТОВЕРЕНИЕ ЧЕГО нижеподписавшиеся, должным образом на то уполномоченные соответствующими сторонами, подписали « » _____ года в _____ настоящий контракт.

Добавление 1

[Координаты и иллюстративная карта разведочного района]

Добавление 2

[Периодически пересматриваемая программа деятельности на текущий пятилетний период]

Добавление 3

[Программа подготовки кадров становится добавлением к контракту после утверждения Органом в соответствии с разделом 8 стандартных условий.]

Приложение IV

Стандартные условия контракта на разведку

Раздел 1
Определения

1.1 В нижеследующих условиях:

a) «разведочный район» означает ту часть Района, которая выделена Контрактору для разведки; она описывается в добавлении 1 к настоящему контракту и может периодически сокращаться в соответствии с настоящим контрактом и Правилами;

b) «программа деятельности» означает программу деятельности, которая изложена в добавлении 2 к контракту и может периодически корректироваться в соответствии с разделами 4.3 и 4.4 стандартных условий;

c) «Правила» означает Правила поиска и разведки кобальтоносных железомарганцевых корок в Районе, принимаемые Органом.

1.2 Термины и выражения, которым дано определение в Правилах, имеют то же значение и в настоящих стандартных условиях.

1.3 В соответствии с Соглашением об осуществлении части XI Конвенции Организации Объединенных Наций по морскому праву от 10 декабря 1982 года его положения и часть XI Конвенции толкуются и применяются совместно, как единый акт; настоящий контракт и содержащиеся в нем ссылки на Конвенцию толкуются и применяются соответствующим же образом.

1.4 Настоящий контракт включает добавления к нему, которые являются его неотъемлемой частью.

Раздел 2
Гарантия обладания контрактом

2.1 Контрактору гарантируется обладание контрактом, и настоящий контракт не может быть приостановлен, прекращен или пересмотрен иначе как в соответствии с разделами 20, 21 и 24 стандартных условий.

2.2 Контрактор имеет исключительное право на разведку кобальтовых корок в разведочном районе в соответствии с положениями настоящего контракта. Орган обеспечивает, чтобы никакой иной субъект не осуществлял в разведочном районе деятельность, связанную с иной категорией ресурсов, таким образом, чтобы это создавало необоснованные помехи для деятельности Контрактора.

2.3 Контрактор вправе, уведомив Орган, в любой момент полностью или частично отказаться, не подвергаясь каким-либо санкциям, от своих прав в разведочном районе, при том что он не освобождается ни от каких обязательств, возникших в отношении района, от которого он отказывается, до даты такого отказа.

2.4 Ничто в настоящем контракте не может рассматриваться как наделяющее Контрактора какими-либо правами помимо тех, которые прямо ему предоставлены контрактом. Орган оставляет за собой право заключать с третьими сторонами контракты в отношении ресурсов помимо кобальтовых корок в районе, охватываемом настоящим контрактом.

Раздел 3
Срок действия контракта

3.1 Настоящий контракт вступает в силу по его подписании обеими сторонами и остается в силе в течение последующих пятнадцати лет, если только:

a) Контрактор не получит контракт на разработку в разведочном районе, вступающий в силу до истечения такого пятнадцатилетнего срока, или

b) контракт не будет прекращен ранее, при условии что срок действия контракта может быть продлен в соответствии с разделами 3.2 и 17.2 стандартных условий.

3.2 По заявлению Контрактора не позднее чем за шесть месяцев до истечения настоящего контракта контракт может быть продлен на сроки, не превышающие пяти лет каждый, на таких условиях, которые Орган и Контрактор могут в тот момент согласовать в соответствии с Правилами. Такие продления утверждаются, если Контрактор добросовестно пытался соблюсти требования настоящего контракта, однако в силу неподвластных ему обстоятельств не смог завершить необходимую подготовительную работу для перехода к этапу разработки, либо если такой переход не оправдывается сложившейся экономической конъюнктурой.

3.3 Независимо от истечения срока действия настоящего контракта в соответствии с разделом 3.1 стандартных условий, если Контрактор не позднее чем за 90 дней до истечения срока действия подаст заявку на контракт на разработку, права и обязательства Контрактора по настоящему контракту остаются в силе до тех пор, пока эта заявка не будет рассмотрена и не будет заключен или же отклонен контракт на разработку.

Раздел 4
Разведка

4.1 Контрактор начинает разведку в соответствии с графиком, предусмотренным в программе деятельности, изложенной в добавлении 2 к контракту, и придерживается таких сроков или любых их изменений, которые предусмотрены в настоящем контракте.

4.2 Контрактор выполняет программу деятельности, изложенную в добавлении 2 к контракту. В каждом контрактном году Контрактор расходует в качестве фактических прямых затрат на разведку сумму, не меньшую указанной в такой программе или любом согласованном пересмотренном ее варианте.

4.3 Контрактор с согласия Органа, который не может необоснованно отказать в таком согласии, может периодически вносить в программу деятельности и указанные в ней расходы такие изменения, которые могут быть необходимы и разумны в соответствии с принятой в добывающей промышленности надлежащей практикой и с учетом конъюнктуры на рынке металлов, содержащихся в кобальтовых корках, и иных условий мировой экономической конъюнктуры.

4.4   Не позднее чем за 90 дней до истечения каждого пятилетнего срока, отсчитываемого с даты, когда настоящий контракт вступает в силу в соответствии с разделом 3 стандартных условий, Контрактор и Генеральный секретарь совместно производят обзор осуществления плана работы по разведке в соответствии с настоящим контрактом. Генеральный секретарь может затребовать у Контрактора дополнительные данные и информацию, которые могут оказаться необходимы для целей обзора. В свете этого обзора Контрактор вносит в свой план работы необходимые коррективы и формулирует свою программу деятельности на последующий пятилетний период, включая пересмотренную смету ожидаемых ежегодных расходов. В добавление 2 к контракту вносятся соответствующие коррективы.

Раздел 5
Экологический мониторинг

5.1   Контрактор принимает необходимые меры для предотвращения, сокращения и сохранения под контролем загрязнения и других опасностей для морской среды, вызываемых его деятельностью в Районе, насколько это реально возможно, используя осторожный подход и передовую природоохранную практику.

5.2   До начала разведочной деятельности Контрактор представляет Органу:

      a)   оценку возможного воздействия предлагаемой деятельности на морскую среду;

      b)   предложение по программе мониторинга, позволяющей определить возможное воздействие предлагаемой деятельности на морскую среду, и

      c)   данные, могущие применяться для установления экологического фона, в сопоставлении с которым оценивается воздействие предлагаемой деятельности.

5.3   По ходу разведочной деятельности Контрактор производит в соответствии с Правилами сбор фоновых экологических данных и устанавливает экологический фон, в сопоставлении с которым оценивается возможное воздействие деятельности Контрактора на морскую среду.

5.4   Контрактор организует и осуществляет в соответствии с Правилами программу мониторинга такого воздействия на морскую среду и сообщения о нем. Контрактор сотрудничает с Органом в осуществлении такого мониторинга.

5.5   В течение 90 дней после окончания каждого календарного года Контрактор сообщает Генеральному секретарю об осуществлении и результатах программы мониторинга, о которой говорится в разделе 5.4 стандартных условий, и представляет данные и информацию в соответствии с Правилами.

Раздел 6
Планы чрезвычайных мер и чрезвычайные ситуации

6.1 До начала осуществления своей программы деятельности по настоящему контракту Контрактор представляет Генеральному секретарю план чрезвычайных мер с целью эффективного реагирования на вызванные деятельностью Контрактора на море в разведочном районе инциденты, которые могут причинить серьезный ущерб морской среде или вызвать угрозу серьезного ущерба. В таком плане чрезвычайных мер устанавливаются специальные процедуры и предусматривается надлежащее и подходящее оборудование для борьбы с такими инцидентами и, в частности, оговаривается:

a) немедленное объявление общей тревоги в районе разведочной деятельности;

b) немедленное извещение Генерального секретаря;

c) предупреждение судов, которые могут вскоре оказаться в непосредственной близости;

d) непрерывное снабжение Генерального секретаря полной информацией, касающейся подробностей уже принятых чрезвычайных мер и требуемых дальнейших действий;

e) устранение в надлежащих случаях загрязняющих веществ;

f) сокращение и, насколько это реально возможно, предотвращение серьезного ущерба морской среде, а также смягчение соответствующих последствий;

g) сотрудничество при необходимости с другими контракторами Органа в целях устранения чрезвычайной ситуации и

h) проведение периодических учебных тревог.

6.2 Контрактор оперативно сообщает Генеральному секретарю о любом вызванном деятельностью Контрактора инциденте, который причинил, причиняет или угрожает причинить серьезный ущерб морской среде. Каждое такое сообщение содержит подробное изложение такого инцидента, включая, в частности:

a) координаты района, который был затронут или который вполне может быть затронут;

b) описание действий, предпринимаемых Контрактором в целях предотвращения, сдерживания, максимального сокращения и устранения серьезного ущерба морской среде;

c) описание действий, предпринимаемых Контрактором в целях мониторинга последствий инцидента для морской среды;

d) такую другую информацию, которая может разумно потребоваться Генеральному секретарю.

6.3 Контрактор выполняет издаваемые Советом чрезвычайные распоряжения и принимаемые Генеральным секретарем в соответствии с Правилами экстренные меры временного характера, которые направлены на предотвращение, сдерживание, максимальное сокращение или устранение серьезного ущерба или угрозы серьезного ущерба морской среде и которые могут включать распоряжения о том, чтобы Контрактор немедленно приостановил или скорректировал любую деятельность в разведочном районе.

6.4 Если Контрактор не выполняет оперативно такие чрезвычайные распоряжения или экстренные меры временного характера, то Совет может принимать за счет Контрактора такие разумные меры, которые необходимы для предотвращения, сдерживания, максимального сокращения или устранения любого такого серьезного ущерба или угрозы серьезного ущерба морской среде. Контрактор оперативно возмещает Органу такие расходы. Такие расходы не включают любые денежные штрафы, которые могут быть наложены на Контрактора в соответствии с условиями настоящего контракта или Правилами.

Раздел 7
Человеческие останки и объекты и участки, имеющие археологическое или историческое значение

Контрактор незамедлительно уведомляет Генерального секретаря в письменном виде об обнаружении в разведочном районе каких бы то ни было человеческих останков, имеющих археологическое или историческое значение, или каких-либо объектов или участков аналогичного характера и об их местонахождении, включая принятые меры по сохранению и защите. Генеральный секретарь препровождает такую информацию Генеральному директору Организации Объединенных Наций по вопросам образования, науки и культуры и любой иной компетентной международной организации. При обнаружении в разведочном районе любых таких человеческих останков, объектов или участков и во избежание причинения ущерба таким человеческим останкам, объектам или участкам в разумном радиусе не проводится никаких дальнейших поисково-разведочных работ, пока Совет не примет иного решения с учетом мнения Генерального директора Организации Объединенных Наций по вопросам образования, науки и культуры или любой иной компетентной международной организации.

Раздел 8
Подготовка кадров

8.1 В соответствии с Правилами Контрактор до начала разведки по настоящему контракту представляет Органу на утверждение предлагаемые программы подготовки персонала Органа и развивающихся государств, включая участие такого персонала во всех мероприятиях Контрактора по настоящему контракту.

8.2 Сфера охвата и порядок финансирования программы подготовки кадров подлежат согласованию между Контрактором, Органом и поручившимся государством (государствами).

8.3 Контрактор осуществляет программы подготовки кадров согласно утвержденной Органом в соответствии с Правилами конкретной программе подготовки персонала, о которой говорится в разделе 8.1 стандартных условий и которая с вносимыми в нее периодически изменениями становится частью контракта в качестве добавления 3.

Раздел 9
Книги и записи

Контрактор содержит в соответствии с международно принятыми принципами учета полный и надлежащий комплект книг, счетов и финансовых записей. Такие книги, счета и финансовые записи включают информацию, которая дает полный отчет о фактических прямых затратах на разведку, и такую другую информацию, которая позволяет произвести эффективную ревизию таких расходов.

Раздел 10
Годовые отчеты

10.1 В течение 90 дней после окончания каждого календарного года Контрактор представляет Генеральному секретарю в таком формате, который может периодически рекомендовать Юридическая и техническая комиссия, отчет о своей программе деятельности в разведочном районе, содержащий, насколько это применимо, достаточно подробную информацию:

a)   о разведочных работах, выполненных за календарный год, включая карты, диаграммы и графики, иллюстрирующие проделанную работу и полученные результаты;

b)   об оборудовании, использовавшемся при выполнении разведочных работ, включая результаты проведенных испытаний предлагаемых добычных технологий, без данных о конструкции оборудования и

c)   об осуществлении программ подготовки кадров, включая любые предлагаемые изменения или дополнения к таким программам.

10.2 В таких отчетах содержатся также:

a)   результаты, полученные в ходе программ экологического мониторинга, включая наблюдения, измерения, оценки и анализы экологических параметров;

b)   заявление о количестве кобальтовых корок, извлеченных в виде проб или для испытаний;

c)   подготовленная в соответствии с международно принятыми принципами учета и заверенная надлежащим образом уполномоченной аудиторской фирмой или — когда Контрактором является государство или государственное предприятие — поручившимся государством ведомость фактических прямых затрат на разведку, понесенных Контрактором при осуществлении программы деятельности за учетный год Контрактора (такие затраты могут проводиться Контрактором как часть его расходов по освоению, понесенных до начала промышленного производства), и

d)   подробное изложение предлагаемых корректировок программы деятельности и оснований для таких корректировок.

10.3 Контрактор представляет также информацию, которая дополняет отчеты, упомянутые в разделах 10.1 и 10.2 стандартных условий, и которую периодически может обоснованно затребовать Генеральный секретарь в целях осуществления функций Органа по Конвенции, Правилам и настоящему контракту.

10.4 До истечения срока действия настоящего контракта Контрактор сохраняет в хорошем состоянии показательную часть проб и кернов кобальтовых корок, собранных в ходе разведки. Орган может в письменном виде запросить у Контрактора для анализа часть любой такой пробы и кернов, полученных в ходе разведки.

10.5 При представлении годового отчета контрактор уплачивает ежегодный сбор за накладные расходы в размере 47 000 долл. США (или в том размере, который может быть установлен в соответствии с разделом 10.6 стандартных условий), предназначенный для покрытия расходов Органа на административное обслуживание и контроль за исполнением настоящего контракта, а также на рассмотрение отчетов, представляемых в соответствии с разделом 10.1 стандартных условий.

10.6 Размер ежегодного сбора за накладные расходы может пересматриваться Органом, с тем чтобы он отражал фактические издержки Органа, понесенные им в разумных пределах[3].

Раздел 11
Данные и информация, представляемые по истечении срока действия контракта

11.1 Контрактор передает Органу все данные и информацию, которые необходимы и имеют значение для эффективного осуществления полномочий и функций Органа в отношении разведочного района в соответствии с положениями настоящего раздела.

11.2 По истечении срока действия настоящего контракта Контрактор представляет Генеральному секретарю, если он еще этого не сделал, следующие данные и информацию:

a) копии геологических, экологических, геохимических и геофизических данных, которые получены Контрактором в ходе выполнения программы деятельности и которые необходимы и имеют значение для эффективного осуществления полномочий и функций Органа в отношении разведочного района;

b) оценку эксплуатабельных залежей (если такие залежи были определены), которая включает подробные сведения о сортности и количестве доказанных, вероятных и возможных запасов кобальтовых корок и предполагаемых условиях добычи;

c) копии геологических, технических, финансовых и экономических отчетов, которые составлены Контрактором или для него и которые необходимы и имеют значение для эффективного осуществления полномочий и функций Органа в отношении разведочного района;

---

[3] ISBA/19/A/12 от 25 июля 2013 года, поправки

d)   достаточно   подробную   информацию   об   оборудовании, использовавшемся при выполнении разведочных работ, включая результаты проведенных испытаний предлагаемых добычных технологий, без данных о конструкции оборудования;

e)   заявление о количестве кобальтовых корок, извлеченных в виде проб или для испытаний, и

f)   заявление о том, каким образом и где пробы и керны были получены, и об их доступности Органу.

11.3 Указанные в разделе 11.2 стандартных условий данные и информация представляются Генеральному секретарю также в том случае, если до истечения срока действия настоящего контракта Контрактор подает заявку на утверждение плана работы по разработке или если Контрактор отказывается от своих прав в разведочном районе, — в том объеме, в каком такие данные и информация относятся к району, от которого он отказывается.

Раздел 12
Конфиденциальность

Переданные Органу в соответствии с настоящим контрактом данные и информация рассматриваются как конфиденциальные в соответствии с положениями Правил.

Раздел 13
Обязательства

13.1 Контрактор ведет разведку в соответствии с условиями настоящего контракта, Правилами, частью XI Конвенции, Соглашением и другими нормами международного права, согласующимися с Конвенцией.

13.2 Контрактор обязуется:

a)   признать в качестве подлежащих исполнению и соблюдать условия настоящего контракта;

b)   выполнять применимые обязательства, возникающие в силу положений Конвенции, норм, правил и процедур Органа и решений соответствующих органов Органа;

c)   признать предусмотренный Конвенцией контроль со стороны Органа за деятельностью в Районе;

d)   добросовестно выполнять свои обязательства по настоящему контракту и

e)   соблюдать, насколько это реально возможно, любые рекомендации, которые может периодически выносить Юридическая и техническая комиссия.

13.3 Контрактор активно осуществляет программу работы и при этом:

a)   проявляет должное старание, действенность и экономию;

b)   разумно учитывает воздействие своей деятельности на морскую среду и

c)   разумно учитывает другую деятельность в морской среде.

13.4 В соответствии со статьей 157 Конвенции Орган обязуется добросовестно выполнять свои полномочия и функции по Конвенции и Соглашению.

Раздел 14
Инспектирование

14.1 Контрактор разрешает Органу направлять своих инспекторов на борт судов и установок, используемых Контрактором для осуществления деятельности в разведочном районе, в целях:

a) проверки соблюдения Контрактором условий настоящего контракта и Правил и

b) мониторинга воздействия такой деятельности на морскую среду.

14.2 Генеральный секретарь за разумный срок сообщает Контрактору сведения о предполагаемом времени и продолжительности инспекций, имена инспекторов и сведения о любой их деятельности, для которой может потребоваться наличие специального оборудования или особое содействие персонала Контрактора.

14.3 Такие инспекторы полномочны производить осмотр любого судна или установки, включая их судовой журнал, оборудование, отчеты, оснащение, все прочие регистрируемые данные и любые соответствующие документы, необходимые для проверки соблюдения Контрактором своих обязательств.

14.4 Контрактор, его агенты и работники оказывают инспекторам содействие в выполнении их обязанностей и:

a) допускают и облегчают быструю и безопасную высадку инспекторов на суда и установки;

b) оказывают содействие в осмотре любого судна или установки, производимом в соответствии с этими процедурами;

c) обеспечивают доступ ко всему соответствующему оборудованию, оснащению и персоналу на судах и установках в любое разумное время;

d) не чинят препятствий, не допускают угроз и не мешают инспекторам в выполнении ими своих обязанностей;

e) обеспечивают инспекторам разумные условия, включая, когда необходимо, продовольствие и жилые помещения, и

f) способствуют безопасному убытию инспекторов.

14.5 Инспекторы избегают вмешательства в нормальные, безопасные операции на борту судов и установок, используемых Контрактором для осуществления деятельности в посещаемом районе, и действуют сообразно Правилам и мерам, принятым в целях охраны конфиденциальности данных и информации.

14.6 Генеральный секретарь и любой из должным образом уполномоченных его представителей имеют доступ — на предмет ревизии и изучения — к любым книгам, документам, бумагам и записям Контрактора, которые необходимы для проверки расходов, упомянутых в разделе 10.2 (c), и имеют непосредственное отношение к такой проверке.

14.7 В тех случаях, когда требуется принятие мер, Генеральный секретарь направляет соответствующую информацию, содержащуюся в докладах инспекторов, Контрактору и поручившемуся за него государству (государствам).

14.8 Если по какой-либо причине Контрактор не производит разведку и не запрашивает контракт на разработку, до ухода из разведочного района он уведомляет Генерального секретаря в письменном виде, с тем чтобы Орган мог осуществить инспектирование согласно настоящему разделу, если он примет такое решение.

Раздел 15
Нормы техники безопасности, охраны труда и производственной гигиены

15.1 Контрактор соблюдает установленные компетентными международными организациями или общими дипломатическими конференциями общепризнанные международные нормы и стандарты, касающиеся охраны человеческой жизни на море и предупреждения столкновений судов, и такие нормы, правила и процедуры, которые могут быть приняты Органом в отношении безопасности на море. Каждое судно, используемое для осуществления деятельности в Районе, имеет действительные на текущий момент свидетельства, требуемые и выдаваемые на основании таких международных норм и стандартов.

15.2 При ведении разведки по настоящему контракту Контрактор соблюдает и выполняет такие нормы, правила и процедуры, которые могут быть приняты Органом в отношении защиты от дискриминации в области занятости, техники безопасности, производственной гигиены, производственных отношений, социального обеспечения, гарантий занятости и жилищно-бытовых условий на месте работы. В таких нормах, правилах и процедурах учитываются конвенции и рекомендации Международной организации труда и других компетентных международных организаций.

Раздел 16
Ответственность

16.1 Контрактор несет ответственность за любой фактический ущерб, в том числе ущерб морской среде, причиненный в результате неправомерных действий или бездействия самого Контрактора или его работников, субподрядчиков, агентов и всех лиц, выполняющих для них работы или действующих от их имени при осуществлении Контрактором деятельности по настоящему контракту, включая затраты на разумные меры по предотвращению или ограничению ущерба морской среде; при этом учитываются действия или бездействие Органа, способствовавшие причинению такого ущерба.

16.2 Контрактор возмещает Органу, его работникам, субподрядчикам и агентам издержки по всем претензиям и требованиям, предъявленным любой третьей стороной в результате каких-либо неправомерных действий или бездействия Контрактора и его работников, агентов и субподрядчиков, а также всех лиц, выполняющих для них работы или действующих от их имени при осуществлении Контрактором деятельности по настоящему контракту.

16.3 Орган несет ответственность за любой фактический ущерб Контрактору, причиненный в результате его неправомерных действий при исполнении им своих полномочий и функций, включая нарушения, предусмотренные статьей 168 (2) Конвенции; при этом учитываются способствовавшие причинению такого ущерба действия или бездействие Контрактора или его работников, агентов и субподрядчиков, а также всех лиц, выполняющих для них работы или действующих от их имени при осуществлении Контрактором деятельности по настоящему контракту.

16.4 Орган возмещает Контрактору, его работникам, субподрядчикам, агентам и всем лицам, выполняющим для них работы или действующим от их имени при осуществлении Контрактором деятельности по настоящему контракту, издержки по всем претензиям и требованиям, предъявленным любой третьей стороной в результате каких-либо неправомерных действий или бездействия при осуществлении им своих полномочий и функций по настоящему контракту, включая нарушения, предусмотренные в статье 168 (2) Конвенции.

16.5 Контрактор заключает с международно признанными страховыми компаниями надлежащие договоры страхования в соответствии с общепринятой международной морской практикой.

Раздел 17
Форс-мажорные обстоятельства

17.1 Контрактор не несет ответственности за неизбежную задержку с исполнением или неисполнение какого-либо из своих обязательств по настоящему контракту в силу форс-мажорных обстоятельств. Для целей настоящего контракта выражение «форс-мажорные обстоятельства» означает событие или состояние, предотвратить или сохранить под контролем которое Контрактор реально не мог, при условии что это событие или состояние не было вызвано небрежностью или нарушением принятой в добывающей промышленности надлежащей практики.

17.2 Предоставленный Контрактору срок продлевается по его просьбе на период, равный по продолжительности вызванной форс-мажорными обстоятельствами задержке; соответственно продлевается и срок действия контракта.

17.3 В случае форс-мажорных обстоятельств Контрактор принимает все разумные меры с целью устранить свою неспособность исполнить обязательство и соблюдать условия контракта с минимальной задержкой.

17.4 Контрактор в разумно возможные сроки уведомляет Орган о сложившихся форс-мажорных обстоятельствах и аналогичным же образом уведомляет Орган о восстановлении нормальных условий.

Раздел 18
Оговорка

Ни Контрактор, ни какие-либо ассоциированные компании или субподрядчики никоим образом — ни прямо, ни опосредованно — не заявляют и не дают оснований предположить, что Орган или какое-либо его должностное лицо имеет или выразило какое-либо мнение относительно кобальтовых корок в разведочном районе, причем ни в каких проспектах, уведомлениях, циркулярах, рекламных материалах, пресс-релизах или аналогичных документах, прямо или косвенно затрагивающих настоящий контракт и публикуемых Контрактором, какими-либо ассоциированными компаниями или субподрядчиками, не фигурируют и не поддерживаются заявления на этот счет. Для целей настоящего раздела выражение «ассоциированная компания» означает любое лицо, фирму или компанию либо принадлежащий государству субъект, контролирующие Контрактора, контролируемые им или находящиеся под общим с ним контролем.

Раздел 19
Отказ от прав

Контрактор вправе, уведомив Орган, отказаться от своих прав и прекратить действие настоящего контракта, не подвергаясь каким-либо санкциям, при том что он не освобождается ни от каких обязательств, возникших до даты такого отказа, и от тех обязательств, которые требуется выполнить после прекращения действия контракта в соответствии с Правилами.

Раздел 20
Прекращение поручительства

20.1 Если изменяется национальная принадлежность Контрактора или контроль над ним либо если поручившееся за Контрактора государство, как оно определяется в Правилах, прекращает свое поручительство, Контрактор оперативно уведомляет об этом Орган.

20.2 В любом подобном случае действие контракта немедленно прекращается, если Контрактор не находит другого поручителя, который отвечает предписываемым Правилами требованиям и представляет Органу в оговоренный в Правилах срок удостоверение о поручительстве за Контрактора по установленной форме.

Раздел 21
Приостановление и прекращение действия контракта и санкции

21.1 Совет может приостановить или прекратить действие настоящего контракта, что не наносит ущерб каким-либо другим правам, которые может иметь Орган, в случае наступления любого из следующих событий:

a) если, несмотря на письменные предупреждения Органа, Контрактор осуществлял свою деятельность таким образом, что это приводило к серьезным, постоянным и умышленным нарушениям основных условий настоящего контракта, части XI Конвенции, Соглашения и норм, правил и процедур, установленных Органом, или

b) если Контрактор не выполнил применимого к нему окончательного обязательного решения органа по урегулированию споров, или

c) если Контрактор становится неплатежеспособным, либо объявляет себя банкротом, либо заключает со своими кредиторами мировое соглашение, либо подвергается ликвидации или конкурсному управлению, будь то в принудительном или добровольном порядке, либо обращается в какой-либо судебный орган с просьбой назначить управляющего или же поручителя или управляющего для него самого, либо начинает в отношении себя производство по любому действующему сейчас или в будущем закону о банкротстве, несостоятельности или реструктуризации долгов, за исключением случаев, когда это делается в целях реорганизации.

21.2 При условии соблюдения раздела 17 Совет может после консультаций с Контрактором приостановить или прекратить действие настоящего контракта (что не наносит ущерба каким-либо другим правам, которые может иметь Орган), если Контрактор оказывается не в состоянии исполнять свои обязательства по настоящему контракту в силу события или состояния, которое относится к форс-мажорным обстоятельствам по смыслу раздела 17.1 и которое продолжается в течение непрерывного промежутка времени, превышающего два года, несмотря на принятие Контрактором всех разумных мер с целью преодолеть свою неспособность исполнить обязательство и соблюдать условия настоящего контракта с минимальной задержкой.

21.3 Любое приостановление или прекращение действия контракта осуществляется путем делаемого через Генерального секретаря уведомления, которое включает изложение причин этой меры. Приостановление или прекращение действия контракта вступает в силу через 60 дней после такого уведомления, если только Контрактор за этот срок не оспорит право Органа приостанавливать или прекращать действие контракта в соответствии с разделом 5 части XI Конвенции.

21.4 Если Контрактор предпринимает такой шаг, действие настоящего контракта приостанавливается или прекращается только на основании окончательного обязательного решения в соответствии с разделом 5 части XI Конвенции.

21.5 Если Совет приостанавливает действие настоящего контракта, он может путем уведомления потребовать, чтобы Контрактор не позднее чем через 60 дней после такого уведомления возобновил свои операции и стал выполнять условия настоящего контракта.

21.6 В случае какого-либо нарушения настоящего контракта, не охватываемого его разделом 21.1 (а), либо вместо приостановления или прекращения действия контракта в соответствии с его разделом 21.1 Совет может наложить на Контрактора денежный штраф, соразмерный серьезности нарушения.

21.7 Совет не может исполнить решение, предусматривающее наложение денежных штрафов, до тех пор пока Контрактору не будет предоставлена разумная возможность исчерпать средства судебной защиты, которыми он обладает в соответствии с разделом 5 части XI Конвенции.

21.8 В случае прекращения или истечения срока действия настоящего контракта Контрактор выполняет требования Правил и удаляет из разведочного района все установки, механизмы, оборудование и материалы, обезопасив этот район для людей, судоходства и морской среды.

Раздел 22
Передача прав и обязательств

22.1 Права и обязательства Контрактора по настоящему контракту могут передаваться полностью или частично только с согласия Органа и в соответствии с Правилами.

22.2 Орган без разумных оснований не отказывает в таком согласии, если субъект, которому предлагается передать права и обязательства, отвечает всем требованиям Правил и принимает на себя все обязательства Контрактора.

22.3 Условия, обязательства и положения настоящего контракта вступают в силу и являются обязательными для его сторон и их соответствующих правопреемников и правоприобретателей.

Раздел 23
Неосвобождение от обязательств

Никакой отказ одной из сторон от каких-либо прав в связи с нарушением условий настоящего контракта, которые должна выполнять другая сторона, не рассматривается как предоставление стороной освобождения от обязательств при любом последующем нарушении тех же или каких-либо других условий, подлежащих выполнению другой стороной.

Раздел 24
Пересмотр

24.1 Когда возникают или могут возникнуть обстоятельства, которые, по мнению Органа или Контрактора, приводят к тому, что настоящий контракт становится несправедливым или практически неосуществимым, или при которых невозможно достичь целей, изложенных в настоящем контракте либо в части XI Конвенции или в Соглашении, стороны вступают в переговоры с целью соответствующего его пересмотра.

24.2 Настоящий контракт может также быть пересмотрен по договоренности между Контрактором и Органом с тем, чтобы облегчить применение любых норм, правил и процедур, принятых Органом после вступления в силу настоящего контракта.

24.3 Настоящий контракт может быть подвергнут пересмотру, внесению поправок или иных изменений лишь с согласия Контрактора и Органа посредством соответствующего документа, подписанного уполномоченными представителями сторон.

Раздел 25
Споры

25.1 Любой спор между сторонами относительно толкования или применения настоящего контракта урегулируется в соответствии с разделом 5 части XI Конвенции.

25.2 В соответствии со статьей 21 (2) приложения III к Конвенции окончательные решения суда или арбитража, имеющего компетенцию согласно Конвенции, относительно прав и обязанностей Органа и Контрактора подлежат исполнению на территории любого государства — участника Конвенции, затрагиваемого этим решением.

Раздел 26
Уведомление

26.1 Любое заявление, просьба, уведомление, сообщение, согласие, одобрение, освобождение от обязательств, распоряжение или инструкция на основании настоящего контракта направляются Генеральным секретарем или же назначенным представителем Контрактора в письменном виде. Они доставляются с посыльным либо по телексу, по факсу, заказной авиапочтой или электронной почтой с авторизованной электронной подписью Генеральному секретарю в штаб-квартиру Органа или же назначенному представителю. Требование о представлении какой-либо информации в письменном виде согласно настоящим Правилам удовлетворяется представлением информации в электронном документе, содержащем цифровую подпись.

26.2 Любая из сторон вправе изменить всякий такой адрес на любой другой, уведомив об этом не менее чем за десять дней другую сторону.

26.3 Доставка с посыльным считается состоявшейся в момент вручения. Доставка по телексу считается состоявшейся на следующий рабочий день после того, как на телексном аппарате отправителя появляется автоответ. Доставка по факсу считается состоявшейся, когда отправитель получает сигнал «сообщение передано», подтверждающий, что сообщение прошло на обнародованный номер факса получателя. Доставка заказной авиапочтой считается состоявшейся через 21 день после отправки. Предполагается, что электронное сообщение получено адресатом, когда оно попадает в информационную систему, обозначенную или используемую адресатом для цели получения документов, аналогичных отправленному, и оно может быть извлечено и обработано адресатом.

26.4 Уведомление в адрес назначенного представителя Контрактора представляет собой действительное уведомление Контрактора для всех целей по настоящему контракту, а назначенный представитель является представителем Контрактора для целей вручения повесток или извещений по любому производству в каком-либо компетентном судебном или арбитражном органе.

26.5 Уведомление в адрес Генерального секретаря представляет собой действительное уведомление Органа для всех целей по настоящему контракту, а Генеральный секретарь является представителем Органа для целей вручения повесток или извещений по любому производству в каком-либо компетентном судебном или арбитражном органе.

Раздел 27
Применимые правовые нормы

27.1 Настоящий контракт регулируется положениями контракта, нормами, правилами и процедурами Органа, частью XI Конвенции, Соглашением и другими нормами международного права, согласующимися с Конвенцией.

27.2 Контрактор, его работники, субподрядчики, агенты и все лица, выполняющие для них работы или действующие от их имени при осуществлении деятельности по настоящему контракту, соблюдают применимые правовые нормы, указанные в разделе 27.1 стандартных условий, и не участвуют ни прямым, ни косвенным образом в каких бы то ни было сделках, запрещенных этими нормами.

27.3 Ничто в настоящем контракте не рассматривается как освобождение от необходимости запрашивать и получать те или иные разрешения или санкции, которые могут требоваться для той или иной деятельности по настоящему контракту.

Раздел 28
Толкование

Разбивка настоящего контракта на разделы и подразделы и их рубрикация предназначены только для удобства пользования и не влияют на его трактовку и толкование.

Раздел 29
Дополнительные документы

Каждая из сторон настоящего контракта соглашается оформлять и передавать все дальнейшие документы и делать и принимать все дальнейшие шаги и меры, которые могут оказаться необходимыми или целесообразными для выполнения положений настоящего контракта.

II. Рекомендации

и

процедуры

Юридическая и техническая комиссия

Distr.: General
1 March 2013
Russian
Original: English

Девятнадцатая сессия
Кингстон, Ямайка
15–26 июля 2013 года

Руководящие рекомендации контракторам по оценке возможного экологического воздействия разведки морских полезных ископаемых в Районе

Подготовлено Юридической и технической комиссией

I. Введение

1. На этапе поиска и разведки морских полезных ископаемых Международному органу по морскому дну предписано, в частности, устанавливать и подвергать периодическому обзору природоохранные нормы, правила и процедуры, необходимые для обеспечения эффективной защиты морской среды от вредных для нее последствий, которые могут возникнуть в результате деятельности в Районе, и вместе с поручившимися государствами применять осторожный подход к такой деятельности, опираясь на рекомендации Юридической и технической комиссии. Кроме того, в контракты на разведку полезных ископаемых включается требование о том, чтобы контрактор собирал океанографические и фоновые экологические данные и устанавливал экологический фон, используемый для оценки вероятного воздействия его программы деятельности в рамках плана работы по разведке на морскую среду, а также программу мониторинга такого воздействия и сообщения о нем. Контрактор сотрудничает с Органом и поручившимся государством (государствами) в разработке и осуществлении таких программ мониторинга. Контрактор ежегодно докладывает о результатах своих программ экологического мониторинга. Далее, при подаче заявки на утверждение плана работы по разведке каждый заявитель обязан представлять, в частности, описание программы океанографических и фоновых экологических исследований сообразно с соответствующими Правилами и любыми установленными Органом природоохранными нормами, правилами и процедурами, которая позволила бы произвести оценку потенциального экологического воздействия предлагаемой разведочной деятельности, с учетом любых рекомендаций, выносимых Юридической и технической комиссией, а также предварительную оценку возможного воздействия предлагаемой деятельности по разведке на морскую среду.

13-24715 (R)   190413   190413

2.   Согласно Правилам, Юридическая и техническая комиссия может периодически выносить рекомендации технического или административного характера, призванные сориентировать контракторов, помогая им в толковании норм, правил и процедур Органа. Согласно пункту 2 (e) статьи 165 Конвенции Организации Объединенных Наций по морскому праву 1982 года, Комиссия выносит также рекомендации Совету относительно защиты морской среды с учетом мнений признанных экспертов в этой области.

3.   Следует напомнить, что в июне 1998 года Орган устроил практикум, посвященный разработке экологического руководства по разведке полиметаллических конкреций. Итогом практикума стал проект руководства по оценке возможного экологического воздействия разведки полиметаллических конкреций в Районе. Участники практикума отметили потребность в четких и общеприменимых методах выяснения экологических характеристик на основе устоявшихся научных принципов и с учетом ограничивающих факторов океанографического характера. Год спустя после утверждения Правил поиска и разведки полиметаллических конкреций в Районе (ISBA/6/A/18) в 2001 году Юридическая и техническая комиссия опубликовала руководство в качестве документа ISBA/7/LTC/1/Rev.1**, а впоследствии в 2010 году пересмотрела его в свете более глубокого понимания (см. ISBA/16/LTC/7). В свете утверждения Правил поиска и разведки полиметаллических сульфидов (ISBA/16/A/12/Rev.1) в 2010 году и Правил поиска и разведки кобальтоносных железомарганцевых корок (ISBA/18/A/11) в 2012 году было принято решение о необходимости составления свода экологических руководств, включая указания по разведке полиметаллических сульфидов и кобальтоносных железомарганцевых корок.

4.   Практикум «Полиметаллические сульфиды и кобальтовые корки: их среда и соображения относительно установления экологического фона и соответствующей программы мониторинга разведки» состоялся в Кингстоне 6–10 сентября 2004 года в силу потребности в экологических директивах на этапе разведки этих двух ресурсов. Рекомендации практикума были основаны на имевшихся тогда научных знаниях о морской среде и технологии, которую планировалось использовать.

5.   Если не указано иное, сформулированные в настоящем документе рекомендации по разведке и добычным испытаниям применимы ко всем видам залежей. На некоторых участках может оказаться не вполне возможным выполнить некоторые из конкретных рекомендаций. В этой ситуации контрактору надлежит довести аргументы на этот счет до сведения Органа, который затем может освободить контрактора от выполнения конкретного требования в зависимости от обстоятельств.

6.   Учитывая технический характер этих рекомендаций и ограниченность представлений о воздействии разведочной деятельности на морскую среду, Комиссия сочла совершенно необходимым снабдить их пояснительным комментарием, который приведен в приложении I к рекомендациям. Пояснительный комментарий дополняется глоссарием технических терминов.

7.   Характер экологических соображений, связанных с добычными испытаниями, зависит от типа добычной технологии, используемой в добыче полезных ископаемых, и от масштаба операций (т.е. от количества тонн, извлекаемых с морского дна в данном районе в год). Механическое извлечение породы без первоначальной обработки на морском дне было сочтено наиболее вероят-

ной технологией, которая будет использоваться, и в настоящем документе предполагается именно этот метод добычи полезных ископаемых. Вполне вероятно, что в будущих добычных операциях будут использоваться не рассматриваемые здесь методологии. Поскольку рекомендации, вошедшие в настоящий документ, основываются на современных научных представлениях о морской среде и о технологии, которая будет применяться в будущем, во время их составления было отмечено, что научно-технический прогресс может потребовать в дальнейшем их пересмотра. В соответствии с каждым комплектом Правил Комиссия может периодически подвергать эти рекомендации обзору с учетом текущего состояния научных знаний и информации. Такие обзоры предпочтительно проводить регулярно и с интервалом не более пяти лет. Чтобы облегчить их проведение, Органу рекомендуется устраивать практикумы с надлежащей периодичностью, приглашая на них членов Комиссии, контракторов и признанных экспертов из научных кругов.

8. После утверждения плана работы по разведке в форме контракта и до начала разведочной деятельности контрактор обязан представлять Органу:

a) оценку возможного воздействия на морскую среду всех предлагаемых видов деятельности, за исключением тех, которые, по мнению Юридической и технической комиссии, не чреваты пагубными последствиями для морской среды;

b) предложение по программе мониторинга, позволяющей определить возможное воздействие предлагаемой деятельности на морскую среду; подтверждать отсутствие какого-либо серьезного ущерба для морской среды в результате поиска и разведки полезных ископаемых;

c) данные, могущие применяться для установления экологического фона, в сопоставлении с которым будет оцениваться воздействие будущей деятельности.

II. Сфера применения

A. Цель

9. В настоящих рекомендациях описываются процедуры, которым надлежит следовать при сборе фоновых данных, и мониторинг, который должен осуществляться в ходе и по завершении любой деятельности в разведочном районе, способной причинить серьезный вред окружающей среде. Их конкретные цели таковы:

a) определить биологические, химические, геологические и физические компоненты, подлежащие измерению, и процедуры, которым должны следовать контракторы, чтобы обеспечить эффективную защиту морской среды от вредных последствий, к которым может привести деятельность контракторов в Районе;

b) облегчить сообщение сведений контракторами;

c) сориентировать потенциальных контракторов в вопросах подготовки плана работы по разведке полезных ископаемых в соответствии с положениями Конвенции, Соглашения 1994 года об осуществлении части XI Конвенции Организации Объединенных Наций по морскому праву и соответствующих Правил Органа.

B. Определения

10.   Если в настоящем документе не указано иное, термины и выражения, определяемые в каждом комплекте Правил, имеют то же значение и в настоящих рекомендациях. В приложении II к настоящему документу приводится глоссарий технических терминов.

C. Экологические исследования

11.   В каждом плане работы по разведке полиметаллических конкреций принимаются во внимание следующие этапы экологических исследований:

a)   фоновые экологические исследования,

b)   мониторинг с целью обеспечить, чтобы в ходе поисково-разведочной деятельности не причинялось ущерба морской среде, и

c)   мониторинг в ходе и по завершении испытаний коллекторных систем и аппаратуры.

12.   Контрактор разрешает Органу направлять своих инспекторов на борт судов и установок, используемых Контрактором для осуществления разведочной деятельности в Районе, в частности в целях мониторинга воздействия такой деятельности на морскую среду.

III. Фоновые экологические исследования

13.   Важно получить достаточную информацию из разведочного района, чтобы задокументировать естественные условия, существовавшие до начала добычных испытаний, изучить природные процессы, как то дисперсия и осаждение частиц и последовательность бентической фауны, и собрать прочие данные, которые могут позволить приобрести потенциал, необходимый для точного прогнозирования экологического воздействия. Воздействие естественных периодических процессов на морскую среду может быть значительным, но не вполне поддается количественной оценке. Поэтому важно составить как можно более продолжительную картину естественного реагирования популяций поверхности моря, среднего слоя водной толщи и морского дна на природную экологическую вариативность.

Требования к фоновым данным

14.   Чтобы установить, как того требуют соответствующие правила, экологический фон в разведочном районе, контрактор с применением наилучшей имеющейся технологии, включая географические информационные системы, и используя методы глубоко обоснованного статистического проектирования для разработки стратегии пробоотбора, собирает данные для установления фоновых условий физических, химических, биологических и прочих параметров,

характеризующих системы, которые, вероятно, подвергнутся воздействию разведочной деятельности и возможных добычных испытаний. Фоновые данные, документирующие природные условия до начала добычных испытаний, крайне необходимы для мониторинга изменений в результате воздействия добычных испытаний и для прогнозирования последствий коммерческой добычной деятельности.

15.   В рамках сбора данных надлежит, в частности:

   a)   применительно к физической океанографии:

   i)   собирать информацию об океанографических условиях, включая режимы течения, температуры и мутности, по всей водной толще, и особенно у морского дна;

   ii)   подлаживать программу измерений под геоморфологию морского дна;

   iii)   подлаживать программу измерений под региональную гидродинамическую активность на поверхности моря, в верхней части водной толщи и на морском дне;

   iv)   замерять физические параметры на глубине вероятного воздействия сбросовых шлейфов при испытании коллекторных систем и аппаратуры;

   v)   замерять концентрацию и состав частиц для регистрации распределения по водной толще;

   b)   применительно к геологии:

   i)   составлять региональные геоинформационные карты с высококачественной батиметрией, которые показывают значимые геологические и геоморфологические детали, отражающие неоднородность среды. Эти карты должны составляться в масштабе, соответствующем вариативности ресурсов и местообитаний;

   ii)   собирать информацию о тяжелых металлах и микроэлементах, которые могут высвобождаться в ходе добычных испытаний, и об их концентрации;

   c)   применительно к химической океанографии:

   i)   собирать информацию о фоновой химии водной толщи, включая водный слой над ресурсами, в частности о металлах и прочих элементах, которые могут высвобождаться в ходе добычного процесса;

   ii)   собирать информацию о тяжелых металлах и микроэлементах, которые могут высвобождаться в ходе добычных испытаний, и об их концентрации;

   iii)   определять, какие еще химические вещества могут высвобождаться в сбросовом шлейфе после обработки ресурса в ходе добычных испытаний;

   d)   применительно к свойствам осадков:

   i)   устанавливать основные свойства осадочного чехла, в том числе измерять механику и состав почв, чтобы адекватно выяснить характеристики поверхностных осадочных отложений, из которых может потенциально образоваться глубоководный шлейф;

ii)   брать пробы осадков с учетом изменчивости морского дна;

e)   применительно к биологическим сообществам (с применением батиметрических карт высокого разрешения для составления стратегии биологического пробоотбора, учитывающей неоднородность среды):

i)   собирать данные о биологических сообществах, брать образцы фауны, репрезентативно отражающие вариативность местообитаний, донного рельефа, глубины, характеристик морского дна и осадочного чехла, плотности залегания и параметров искомого ресурса;

ii)   собирать данные о донных сообществах, а конкретно — о мега-, макро-, мейо- и микрофауне, фауне и демерсальных падальщиках, ассоциируемых непосредственно с ресурсом, как в разведочном районе, так и в районах, которые могут подвергаться воздействию операций (например, добычных и сбросовых шлейфов);

iii)   производить оценку пелагических сообществ в водной толще и в бентическом пограничном слое, которые могут подвергаться воздействию операций (например, добычных и сбросовых шлейфов);

iv)   регистрировать уровни микросодержания высвобождаемых в ходе добычи металлов, обнаруживаемых у преобладающих биологических видов;

v)   регистрировать встречаемость морских млекопитающих, помимо приповерхностных крупных животных (например, черепах и рыбьих косяков) и птичьих скоплений, по возможности с указанием соответствующих видов. Подробные сведения надлежит регистрировать на пути в разведочный район и обратно и при переходе от станции к станции. Следует оценивать временну́ю вариативность;

vi)   создавать как минимум по одной станции для каждого ареального типа или же каждого региона, чтобы оценивать временну́ю вариативность в водной толще и донных сообществах;

vii)   собираемые пробы надлежит фотографировать (с видеоиндексацией) на месте для архивирования контекстуальной/фоновой информации по каждой пробе;

f)   применительно к биотурбации: в надлежащих случаях собирать данные о перемешивании осадков организмами;

g)   применительно к седиментации: собирать данные о притоке материалов из верхней части водной толщи в глубинные слои и их составе в разбивке по временным рядам.

16.   Наряду с анализом данных, по согласованию с Секретариатом в годовых отчетах следует приводить необработанные данные в электронном формате. Эти данные будут использоваться для регионального экологического обустройства и оценки совокупного воздействия.

IV. Оценка экологического воздействия

17. При установлении фоновых данных для оценок экологического воздействия следует применять наилучшую имеющуюся технологию пробоотбора.

A. Работы, не требующие оценки экологического воздействия

18. Исходя из имеющейся информации считается, что ряд технологий, используемых сейчас в разведочных работах, не может причинить серьезного ущерба морской среде и, таким образом, не требует оценки экологического воздействия. К ним относятся:

    a) гравитационные и магнитометрические наблюдения и измерения;

    b) получение акустических или электромагнитных профилей дна и поддонного слоя для выяснения удельного сопротивления, собственного потенциала или наведенной поляризации либо их изображений, достигаемое невзрывным способом и без применения частот, значительно воздействующих на морскую жизнь;

    c) взятие проб воды, осадков и породы и образцов биоты для изучения экологического фона, включая:

        i) взятие небольших проб воды и осадков и образцов биоты (например, с помощью дистанционно управляемых аппаратов);

        ii) ограниченное по масштабу взятие проб полезных ископаемых и породы, например грейферным или черпаковым пробоотборником;

        iii) пробоотбор осадочного слоя бокс-корером или грунтовой трубкой малого диаметра;

    d) метеорологические наблюдения и измерения, включая настройку приборов (например, moorings);

    e) океанографические (в том числе гидрографические) наблюдения и измерения, включая настройку приборов (например, moorings);

    f) видео- и фотографические наблюдения и измерения;

    g) исследование и анализ полезных ископаемых на борту судна;

    h) эксплуатация систем определения координат, включая донные маяки-ответчики и поверхностные и подповерхностные буи, зарегистрированные в извещениях мореплавателям;

    i) замеры шлейфа с помощью буксируемых датчиков (химический анализ, нефелометры, флюорометры и т. д.);

    j) метаболические измерения фауны в натурных условиях (например, потребление кислорода осадочным слоем);

    k) ДНК-анализ биологических образцов;

    l) эксперименты с красителями и исследования с применением отслеживаемого индикатора.

B. Работы, требующие оценки экологического воздействия

19.   Перечисляемые ниже работы требуют предварительной оценки экологического воздействия, а также наличия программы экологического мониторинга, которая должна осуществляться в ходе и по завершении конкретных работ в соответствии с рекомендациями, изложенными в пунктах 29 и 30. Важно отметить, что эти исследования, посвященные выяснению фона, выполнению мониторинга и оценке воздействия, станут, скорее всего, первичными источниками информации для оценки экологического воздействия промышленных добычных работ:

        a)   пробоотбор для наземных исследований, касающихся добычи и/или обработки, если площадь, охватываемая каким-либо одним видом пробоотборных работ, превышает предел, предписанный в конкретном руководстве контракторам касательно конкретного вида минеральных ресурсов, как указано в разделе IV.F ниже;

        b)   использование систем создания искусственного возмущения на морском дне;

        c)   испытание коллекторных систем и аппаратуры;

        d)   буровые работы с использованием бортовых бурильных установок;

        e)   пробоотбор породы;

        f)   пробоотбор эпибентическими салазками, драгой или тралом, если только он не разрешается для районов площадью менее предписанной в конкретном руководстве контракторам касательно конкретного вида минеральных ресурсов, как указано в разделе IV.F ниже.

20.   Предварительная оценка экологического воздействия и информация, указанная в рекомендации, изложенной в пункте 27, и соответствующая программа экологического мониторинга должны представляться контрактором Генеральному секретарю как минимум за один год до выполнения соответствующих работ и как минимум за три месяца до начала ежегодной сессии Органа.

21.   Данные экологического мониторинга должны собираться на этапах до начала, в ходе проведения и по завершении добычных испытаний на добычном участке и на сопоставимых эталонных участках (выбираемых сообразно с их экологическими характеристиками и составом фауны). Оценка воздействия должна основываться на соответствующим образом составленной программе мониторинга, которая должна быть в состоянии обозначать эффекты воздействия во времени и пространстве и обеспечивать статистически обоснованные данные.

22.   Основное экологическое воздействие ожидается на морском дне. Дополнительное воздействие может происходить на глубине выброса хвостов и в водной толще. Оценка воздействия должна рассматривать последствия для бентической среды, бентического пограничного слоя и пелагических местообитаний. Оценка воздействия должна рассматривать не только участки, непосредственно затрагиваемые добычей, но и более обширный район, подвергающийся воздействию придонных шлейфов, сбросового шлейфа и материалов, высвобождаемых переносом полезных ископаемых на поверхность океана, в зависимости от используемой технологии.

23. Добычные испытания могут проводиться контракторами индивидуально или совместно. В ходе испытаний будут сконфигурированы все компоненты добычной системы и будет осуществлен весь процесс добычи, подъема руды на поверхность океана и выброса хвостов. Для целей экологической оценки необходимо будет обеспечить тщательный мониторинг этой испытательной фазы, равно как и испытаний всех добычных компонентов. По завершении добычных испытаний, даже если их выполнял другой контрактор, полученные в результате их проведения знания должны в надлежащих случаях использоваться для решения недоработанных вопросов за счет новых исследований.

24. Мониторинг добычных испытаний должен позволить прогнозировать последствия, которых следует ожидать от разработки и использования промышленных систем.

25. Сбросовый шлейф в поверхностных водах может нарушать первичную продуктивность за счет увеличения уровней питательных веществ и сокращения масштабов проникновения света в водную толщу океана. Привнесение холодной воды с большой глубины будет также вызывать изменение поверхностной температуры на местах и высвобождение углекислого газа в атмосферу. Прежде чем в ходе добычных испытаний в поверхностный слой будут привноситься существенные объемы воды с глубины, нужно будет проводить оценку экологического воздействия, поскольку экологические изменения могут нарушать пищевые цепочки, создавать помехи для вертикальной и иной миграции и приводить к смещению геохимических параметров зоны минимального содержания кислорода, если таковая имеет место быть. Ввиду вариативности размеров зон минимального содержания кислорода в зависимости от региона и в некоторой степени от времени года в рамках экологических исследований надлежит определять диапазон глубины этого слоя в каждом районе добычных испытаний.

C. Информация, представляемая контрактором

26. Контрактор представляет Органу общее описание и график осуществления предлагаемой программы разведки, включая программу работы на ближайший пятилетний период, как то исследования, которые будут проводиться в отношении экологических, технических, экономических и прочих соответствующих факторов, которые надлежит учитывать в ходе добычных испытаний. Это общее описание должно включать:

a) программу океанографических и фоновых экологических исследований сообразно с соответствующими Правилами и любыми установленными Органом природоохранными нормами, правилами и процедурами, которая позволила бы произвести оценку потенциального экологического воздействия предлагаемой разведочной деятельности, с учетом любых рекомендаций, вынесенных Органом;

b) предлагаемые меры предотвращения, сокращения и сохранения под контролем загрязнения морской среды и других опасностей и возможных последствий для нее;

c) предварительную оценку возможного воздействия предлагаемой разведочной деятельности на морскую среду;

d)   оконтуривание рабочих и заповедных эталонных полигонов. Рабочий эталонный полигон должен представлять собой репрезентативный участок добычного района в плане экологических характеристик и биоты. Заповедный эталонный полигон должен тщательно подбираться в плане местоположения и быть достаточно обширным, чтобы не быть затронутым добычной деятельностью, включая воздействие операционного и сбросового шлейфов. Эталонные полигоны будут иметь важное значение для выявления естественных вариаций в экологических условиях. Их видовой состав должен быть сопоставим с видовым составом района добычных испытаний.

27.   В зависимости от того, какие конкретно работы будут выполняться, контрактор обязан представить Генеральному секретарю информацию по всем или некоторым из следующих позиций:

a)   размер, форма, тоннаж и сортность залежи;

b)   метод сбора конкреций (пассивное или активное механическое драгирование, засасывание с помощью гидравлики, водоструйный метод и т. д.);

c)   глубина проникновения в морское дно;

d)   ходовой механизм (лыжи, колеса, гусеницы, архимедовы винты, опорные плиты, водяная подушка), соприкасающийся с морским дном;

e)   методы производимой на морском дне сепарации минерального ресурса от осадков, в том числе промывка полезных ископаемых, концентрация и состав осадков в смеси с водой в операционном шлейфе на морском дне, высота сбросов над морским дном, моделирование дисперсии и осаждения частиц различного размера и оценки глубины сдвига осадочного слоя на удалении от участка добычной деятельности;

f)   методы обработки на морском дне;

g)   методы измельчения полезных ископаемых;

h)   методы транспортировки материала на поверхность;

i)   сепарация минерального ресурса от мелких фракций и осадков на надводном судне;

j)   методы обращения с мелкими осколками и осадками;

k)   объем и глубина сбросового шлейфа, концентрация и состав частиц в сбрасываемой воде и физико-химические характеристики сбросов;

l)   обработка минерального ресурса на надводном судне;

m)   координаты добычных испытаний и границы испытательного участка;

n)   вероятная продолжительность испытаний;

o)   планы испытаний (схема сбора, подвергаемый возмущению район и т. д.);

p)   фоновые карты (например, данные гидролокатора бокового обзора, батиметрия высокого разрешения) залежей, подлежащих разработке;

q)   статус региональных и местных экологических фоновых данных.

28. Каждый контрактор должен включать в свою программу конкретной деятельности характеристику событий, которые могут привести к приостановлению или модификации деятельности ввиду серьезного экологического ущерба, если их последствия невозможно адекватно смягчить.

D. Наблюдения и измерения, производимые при выполнении конкретных работ

29. В зависимости от того, какие конкретно работы будут выполняться, контрактор обязан представить Генеральному секретарю информацию по всем или некоторым из следующих позиций:

   a) ширина, длина и очертания колеи, оставляемой коллектором на морском дне;

   b) глубина проникновения в осадочный чехол или породу и горизонтальное возмущение, вызываемое коллектором;

   c) объем и тип материала, забираемого коллектором;

   d) доля осадков, сепарируемых от минерального ресурса в коллекторе, объем и диапазон размеров частиц материала, отторгаемого коллектором, размер и геометрия операционного шлейфа на морском дне, траектория и протяженность операционного шлейфа в соотношении с размером составляющих его частиц;

   e) площадь и мощность реседиментации операционного шлейфа и расстояние, на котором реседиментация становится незначительной;

   f) объем сброса отходов с надводного судна, концентрация и состав частиц в сбрасываемой воде, физико-химические характеристики сбросов, поведение сбросового шлейфа на поверхности, в средних слоях воды или у морского дна в зависимости от обстоятельств.

E. Наблюдения и измерения, производимые по завершении конкретных работ

30. В зависимости от того, какие конкретно работы будут выполняться, контрактор обязан представить Генеральному секретарю информацию по всем или некоторым из следующих позиций:

   a) мощность реседиментации и отвала породы на участке, затронутом операционным шлейфом, образовавшимся при добычных испытаниях, и сбросовым шлейфом;

   b) численный состав и разнообразие бентических сообществ и изменения в поведении ключевых видов, подвергшихся воздействию реседиментации;

   c) изменения в распределении, численном составе и разнообразии бентических сообществ в добычном районе, включая темпы реколонизации;

   d) возможные изменения в бентических сообществах в смежных районах, которые, как ожидается, не подвергнутся возмущению в результате выполненных работ, включая воздействие операционного и сбросового шлейфов;

e)   изменения в характеристиках воды на уровне сбросового шлейфа в ходе добычных испытаний и изменения в поведении фауны на уровне сбросового шлейфа и глубже;

f)   для месторождений полезных ископаемых — карты отработанного участка после добычных испытаний, показывающие изменения в геоморфологии;

g)   уровни микросодержания металлов, обнаруживаемых у преобладающих видов бентосной фауны, подвергшейся переосаждению осадков из операционного и сбросового шлейфов;

h)   повторный сбор местных экологических фоновых данных в эталонной и испытательной зонах и оценка экологических последствий;

i)   изменения во флюидном потоке и реакция организмов на изменения в гидротермальных условиях, если это актуально;

j)   изменения в водных течениях и рекация организмов на изменения в циркуляции.

F.   Дополнительные требования в разбивке по индивидуальным типам ресурсов

Полиметаллические конкреции

31.   В дополнение к информации, предписанной выше, следующая информация относится к полиметаллическим конкрециям:

Оценка экологического воздействия требуется, если площадь, охватываемая одним комплексом пробоотборных работ, выполняемых эпибентическими салазками, драгой, тралом или аналогичным методом, превышает 10 000 м^2.

Полиметаллические сульфиды

32.   В дополнение к информации, предписанной выше, следующая информация относится к полиметаллическим сульфидам:

a)   любая модификация флюидных выбросов из гидротермальных источников и изменения в связанной с ними фауне подлежат регистрации (с использованием фотоизображений, температурных замеров и прочих надлежащих параметров);

b)   применительно к активным сульфидным залежам — необходимо анализировать взаимосвязи между температурным режимом и характеристиками фауны (например, 5–10 дискретных, отраженных на видеозаписи замеров температуры в каждом субареале);

c)   наличие ключевых таксонов, включая специальные локализованные химиосинтетические сообщества, подлежит картированию, а их местоположение относительно потенциальных мест разработки должно анализироваться в радиусе 10 км от предлагаемого участка добычи;

d)   структура и биомасса мейофауны и микробных сообществ, ассоциированных с залежами полиметаллических сульфидов, должны анализироваться на основе проб, полученных драгированием или бурением породы или взятых дистанционно управляемыми/погружными аппаратами, где это возможно. Необходимо обеспечивать сбор статистически обоснованного числа проб полиметаллических сульфидов, на основе которых следует выявлять биологические виды, обитающие на породе или в ее трещинах и углублениях;

e)   взятие образцов фауны должно проводиться с использованием точных технологий дистанционно управляемых/погружных аппаратов в разбивке по субареалам, и они должны быть рассортированы по отдельным контейнерам;

f)   необходимо определять численный состав и масштабы распространения преобладающих таксонов в каждом субареале.

Кобальтоносные железомарганцевые корки

33.   В дополнение к информации, предписанной выше, следующая информация относится к кобальтоносным железомарганцевым коркам:

a)   общины, ассоциированные с кобальтоносными железомарганцевыми корками, могут характеризоваться крайне локализованным распределением. Поэтому биологический пробоотбор нужно проводить в разбивке по типу местообитаний, которые будут определяться топографией (как то вершина, склон и подножие морских гор), гидрографией, комплексом течений, преобладающей мегафауной (например, коралловыми скоплениями), концентрацией кислорода в воде, если слой минимального содержания кислорода пересекает обследуемую характеристику рельефа, и, возможно, глубиной. Повторное взятие биологических образцов должно выполняться с применением соответствующих пробоотборных методов в каждом субареале;

b)   взятие биологических проб должно выполняться, насколько возможно, на репрезентативном комплекте всех особенностей рельефа, представляющих потенциальный интерес в плане добычи в каждом заявочном районе, что позволит составить картину распределения сообществ в данном районе;

c)   для определения типа местообитания, структуры сообществ и увязки мегафауны с конкретными типами субстратов должны проводиться трансектные видео- и фотонаблюдения. Данные об изобилии, процентном охвате и разнообразии мегафауны должны первоначально основываться по меньшей мере на четырех трансектах. Эти трансекты должны начинаться от плоскости морского дна на расстоянии не менее 100 метров от подножия подводной горы и проходить вдоль ее склона и через ее вершину. На более крупных особенностях рельефов подводной горы, возможно, потребуется проводить более ограниченный пробоотбор. В районах корок, которые могут представлять интерес с точки зрения экспериментальной добычи, необходимо будет составлять более подробные фотографические трансекты;

d)   для взятия образцов и оценки видового изобилия рекомендуется, чтобы дистанционно управляемые/погружные аппараты брали статистически обоснованное число типовых проб в каждом слое водной толщи;

e)   прежде чем приступать к добычным испытаниям надлежит производить оценку придонных видов рыб и прочего нектона, обитающего вблизи морского дна, на основе трансектных видео- и фотонаблюдений с помощью буксируемых камер, запрограммированных на съемку в разные периоды времени, или наблюдений и фотосъемки с помощью дистанционно управляемых/ погружных аппаратов. Подводные горы могут быть важными экосистемами с широким диапазоном ареалов обитания целого ряда видов рыб, скапливающихся там для нереста или питания. Экспериментально-добычные операции могут повлиять на поведение рыб;

f)   структура и биомасса мейофауны и микробных сообществ, ассоциированных с кобальтоносными железомарганцевыми корками, должны анализироваться на основе проб, взятых дистанционно управляемыми/погружными аппаратами. Необходимо обеспечивать сбор статистически обоснованного числа проб кобальтоносных железомарганцевых корок, на основе которых следует выявлять биологические виды, обитающие на породе или в трещинах и углублениях корок.

V.   Порядок сбора, сообщения и архивирования данных

A.   Сбор и анализ данных

34.   Типы данных, собираемых согласно настоящим руководящим рекомендациям, частота их сбора и способы анализа должны соответствовать наилучшей имеющейся методике, причем должны применяться международная система качества и сертифицированные операции и лаборатории.

B.   Схема архивирования и извлечения данных

35.   В годичный срок по завершении рейса секретариату Органа должен быть представлен отчет о рейсе со списком станций, списком выполненных работ и другими соответствующими метаданными.

36.   Контрактор должен представлять Органу все соответствующие данные, информационные стандарты и перечни, включая необработанные экологические данные в формате, согласованном с Органом. Данные и информация, необходимые для составления Органом норм, правил и процедур касательно защиты и сохранения морской среды и обеспечения безопасности, помимо имеющих характер собственности данных о конструкции оборудования (включая гидрографические, химические и биологические данные), должны иметься в свободном доступе для целей научного анализа не позднее чем через четыре года после завершения рейса. Перечень информационных баз по каждому контрактору должен выставляться на Интернете. В дополнение к фактическим данным надлежит также представлять метаданные с подробной характеристикой аналитических методов, анализом погрешностей, описанием недоработок, указанием методов и технологий, которых надлежит избегать, замечаниями относительно адекватности данных и прочими соответствующими сведениями описательного характера.

C.   Сообщение сведений

37.   Органу должны периодически сообщаться в предписанном формате проанализированные и дешифрированные результаты мониторинга вместе с необработанными данными.

D. Передача данных

38. Все относящиеся к защите и сохранению морской среды данные (помимо данных о конструкции аппаратуры), собираемые на основании рекомендаций, изложенных в пунктах 29 и 30, следует в четырехлетний срок по завершении рейса передавать Генеральному секретарю, который будет размещать их в свободном доступе для научного анализа и изучения с соблюдением предусмотренных соответствующими Правилами требований о конфиденциальности.

39. Контрактор должен представлять Генеральному секретарю любые прочие неконфиденциальные данные, которые находятся в его распоряжении и могут иметь значение для целей защиты и сохранения морской среды.

VI. Совместные исследования и рекомендации о восполнении пробелов в знаниях

40. Совместные исследования могут становиться источником дополнительных данных для защиты морской среды и оборачиваться экономией для контракторов.

41. Взаимоувязка различных океанографических дисциплин и различных организаций может приносить пользу в плане восполнения пробелов в знаниях, накопленных контракторами в одиночку. В соответствии с Конвенцией Орган может оказывать содействие в координации и распространении результатов таких исследований. Органу надлежит консультировать контракторов-разработчиков касательно выявления возможностей для проведения совместных исследований, но контракторы должны сами изыскивать каналы связи с академическими и прочими профессиональными кругами.

42. Программы совместных исследований могут обеспечить особый синергетический потенциал за счет обобщения опыта, объединения исследовательских мощностей и материально-технических возможностей и учета общих интересов добычных компаний и исследовательских организаций и учреждений. Тем самым контракторы могут наиболее эффективно использовать крупные исследовательские объекты, как то суда, автоматические погружные аппараты и подводные аппараты с дистанционным управлением, и накопленные в академических институтах знания и опыт в сферах геологии, экологии, химии и физической океанографии.

43. Чтобы ответить на некоторые вопросы касательно экологического воздействия добычи, нужно проводить конкретные эксперименты, наблюдения и замеры. Необязательно, чтобы все контракторы выполняли одни и те же исследования. Повторение определенных экспериментов и экспертиз может и не обеспечить приобретения новых знаний или углубления оценок воздействия, но будет без надобности отвлекать финансовые, людские и технические ресурсы. Контракторам рекомендуется изыскивать возможности для объединения усилий в проведении международных совместных океанографических исследований.

Приложение I

Пояснительный комментарий

1.	Предназначение настоящих рекомендаций состоит в том, чтобы определить биологические, химические, геологические и физические параметры океанографической информации, необходимой, чтобы обеспечить эффективную защиту морской среды от вредных последствий, к которым может привести его деятельность в Районе. Рекомендации призваны также сориентировать потенциальных контракторов в вопросах подготовки плана работы по разведке морских полезных ископаемых.

2.	План работы по разведке должен предусматривать мероприятия в целях удовлетворения следующих экологических требований:

	a)	проведение фонового экологического исследования, на основе которого будет проводиться сопоставление между природными изменениями и последствиями добычной деятельности;

	b)	обозначение методов мониторинга и оценки воздействия глубоководной разработки морского дна на морскую среду;

	c)	представление данных для оценки экологического воздействия, которая должна проводиться для утверждения контракта на разработку морских полезных ископаемых в Районе, включая оконтуривание рабочих и заповедных эталонных полигонов;

	d)	представление данных для регионального обустройства разведки и добычи ресурсов, сохранения биоразнообразия и восстановления популяций в районах, затронутых глубоководной разработкой морского дна;

	e)	установление процедур, которые позволят продемонстрировать, что окружающей среде не будет причинено серьезного ущерба в результате эксплуатации морских полезных ископаемых.

3.	Исходя из нынешних предлагаемых методологий ожидается, что основное воздействие будет иметь место на морском дне. Дополнительные последствия могут проистекать из обработки на борту добычного судна и образования сбросового шлейфа или ввиду различных технологий, которые будут использоваться.

4.	На морском дне добычная техника будет разрушать или удалять часть поверхностного слоя (порода, конкреции и осадки), создавая придонный операционный шлейф взвешенных частиц, а в некоторых случаях, возможно, высвобождая вредные химикаты, которые будут воздействовать на морскую жизнь. Необходимо будет смягчать удаление субстрата, предусматривать естественную реколонизацию морского дна и разрабатывать методы сведения к минимуму пространственных и временных масштабов воздействия непосредственного физического контакта техники с морским дном и привнесения и осаждения материалов из операционного шлейфа.

5.	Обработка минеральной жижи на поверхности моря на борту добычного судна будет приводить к вбросу больших объемов холодной, богатой питательными веществами, насыщенной углекислым газом и твердыми частицами воды в поверхностный слой, что нужно будет тщательно контролировать, дабы избежать изменений в морских поверхностных экосистемах, создать условия для удаления газов, воздействующих на климат, и вредных металлов и соединений, высвобождаемых в ходе процесса добычи, особенно применительно к редуцированным полезным ископаемым, таким как сульфиды. Добавление любых химикатов для сепарации полезных ископаемых от сопутствующего материала и воды подлежит оценке на предмет потенциальных пагубных последствий.

6.   Чтобы ограничить вредные экологические последствия, нужно контролировать сбросовый шлейф. Сбросы на поверхности моря могут приводить к привнесению насыщенной частицами воды в олиготрофические воды с низкой концентрацией частиц, что чревато снижением светопропускной способности, изменением температуры моря и попаданием больших объемов питательных веществ в бедные ими слои с вытекающими из этого значительными последствиями для биологических видов, отвечающих за первичную продуктивность, и пелагических экосистем. Сбросы в более глубинных слоях зоны или зон минимального содержания кислорода могут вызывать высвобождение вредных биоактивных металлов, а на еще большей глубине — привносить обогащенную частицами воду в разбросанные, но, как правило, разнообразные пелагические сообщества. Сбросы на морском дне будут усугублять воздействие операционного шлейфа вследствие привнесения более теплой воды и более мелких частиц.

7.   Требования к фоновым данным охватывают семь категорий: физическую океанографию, геологию, химию/геохимию, биологические сообщества, свойства осадков, биотурбацию и седиментацию.

8.   Данные физической океанографии нужны для оценки потенциального воздействия операционного и сбросового шлейфов, а вкупе с информацией о геоморфологии морского дна — для прогнозирования потенциального распределения видов. Необходима информация о течениях, температуре и мутности на поверхности моря, в середине водной толщи и бентическом пограничном слое над морским дном.

9.   На предполагаемой глубине сбросового шлейфа надлежит производить замеры течений и концентрации частиц для прогнозирования поведения сбросового шлейфа и оценки естественного содержания частиц в воде.

10.   Океанографическая структура поверхности измеряется с помощью систем термосолезондов. Необходимо учитывать фактор временно́й изменчивости поверхностной структуры. Термосолезондовыми профилями и разрезами следует охватывать участок от поверхности до дна, чтобы выяснить стратификацию всей водной толщи. Структуру течений и температурных полей можно вывести по данным, полученным с длинных буев, и с помощью дополнительных акустических доплеровских профилографов течений, а также иных методов измерения течений. Для получения пространственной и временно́й информации могут использоваться дистанционно управляемые системы и автономные погружные аппараты. Количество и расположение буев должны соответствовать размеру участка, чтобы адекватно выяснить характеристики режима течения, особенно в районах сложной геоморфологии. Рекомендуемое разрешение пробоотбора основывается на стандартах, заданных Экспериментом по изучению циркуляции Мирового океана и исследованием «Изменчивость и предсказуемость климата», причем дистанция между станциями не превышает 50 км. В областях с сильными перепадами по горизонтали (например, в пограничных

течениях и около крупных геоморфологических структур) горизонтальный шаг пробоотбора следует сократить, чтобы сделать эти перепады различимыми. Количество гидрометрических вертушек на буе зависит от особенностей рельефа изучаемого района (разброс глубин). Нижнюю вертушку предлагается размещать как можно ближе к морскому дну — как правило, в 1–3 м от него. Верхнюю вертушку следует размещать в 1,2–2 раза выше по сравнению с самым высоким элементом рельефа. Наряду с этим базовыми уровнями размещения вертушек должны быть отметки в 10, 20, 50, 100 и 200 м над морским дном.

11.   Для выяснения того, какова в районе поверхностная активность синоптических масштабов, и изучения более масштабных явлений рекомендуется анализ спутниковых данных.

12.   Структура водной толщи должна определяться либо непрерывным профилированием, либо пробоотбором водной толщи. При пробоотборе замеры свойств водной толщи должны производиться с вертикальными интервалами не более 100 м. Разрешение должно быть более высоким в районах с большими уклонами (например, для установления и обозначения границ зон минимального содержания кислорода). При отсутствии значительных горизонтальных уклонов достаточно установления фоновых диапазонов (например, средних величин и стандартных погрешностей). При наличии существенных пространственных элементов (уклонов, перепадов) частота пробоотбора должна позволять составить характеристику физической океанографической структуры района. Ввиду сильного влияния рельефа на пространственный масштаб океанических особенностей ожидается, что для выполнения этого требования понадобится план съемки с интервалами, которые будут зависеть от местной геоморфологии — в районах с крутыми уклонами необходимо будет обеспечивать более высокое разрешение.

13.   Сбор фоновых данных второй группы (химическая океанография) ориентирован на выполнение конкретного требования, предусматривающего сбор данных до начала каких-либо сбросов в воду, в том числе в водную толщу и на морское дно. Получаемые данные важны для оценки возможного воздействия добычи, включая добычные испытания, на состав воды, например концентрацию металлов, и на экосистемные процессы (биологическую активность). Пробы следует брать в тех же точках, которые указаны для измерений по линии физической океанографии. Следует по возможности выяснять химические характеристики водного слоя над залежами полезных ископаемых и поровой воды в осадочном чехле, чтобы оценить процессы химического обмена между осадками и водной толщей. Химические параметры, подлежащие измерению, и предлагаемый порядок действий излагаются в главе 23 доклада Органа «Стандартизация экологических данных и информации: разработка руководства». В таблице 3 того же доклада дается список-минимум из конкретных параметров, подлежащих измерению (фосфат, нитрат, нитрит, силикат, карбонатная щелочность, кислород, цинк, кадмий, свинец, медь, ртуть и общий органический углерод). Когда становятся известны предлагаемые способы добычных испытаний, списки параметров следует расширять, добавляя туда любые потенциально опасные вещества, которые могут попасть в водную толщу во время этих испытаний. Все измерения должны точно соответствовать принятым научным стандартам (например: исследование «Изменчивость и предсказуемость климата» и программа GEOTRACES).

14. Чтобы впоследствии имелась возможность проанализировать дополнительные параметры, следует собрать пробы воды, подходящие для анализа растворенного материала и твердых частиц, и поместить эти пробы в хранилище, доступное для будущих исследователей.

15. Программой натурных измерений необходимо также охватить вертикальные профили и временну́ю изменчивость.

16. Общая схема для фоновых данных из области физической и химической океанографии включает следующее:

a) составление данных о гидрографии и прохождении света в водной толще, достаточно детализированных, чтобы можно было выяснить преобладающие тенденции, и учитывающих в подходящих случаях особенности геоморфологии морского дна на разведочном участке;

b) составление данных, подходящих для того, чтобы в экологически значимых временно́м и пространственном масштабах оценивать, насколько растворенный материал и твердые частицы способны к рассеянию в виде горизонтальной и вертикальной адвекции и вихревой диффузии;

c) построение и апробация числовой модели циркуляции, которая рассчитана на временно́й и пространственный масштабы, значимые для выяснения рассеяния, и проведение экспериментов, посвященных, например, изучению потенциального воздействия случайных разливов.

17. Независимо от того, какие добычные методы будут использоваться, ожидается, что некоторый объем взвешенных частиц и/или растворенных побочных продуктов добычи будет выбрасываться в водную толщу в окрестностях разрабатываемых залежей, транспортных коридоров и обрабатывающих сооружений на поверхности моря. При использовании предлагаемых ныне методов разведки и добычных испытаний главным ожидаемым побочным продуктом добычных испытаний выступают частицы, образующиеся в результате механического измельчения добываемых полезных ископаемых. Предполагается, что эксплуатанты-разработчики будут сводить к минимуму потери экономически ценных материалов, ожидать нулевые потери не представляется реалистичным. Поскольку диапазон размеров частиц неизвестен, предполагается, что побочные продукты добычных испытаний будут включать очень мелкие частицы, которые могут оставаться во взвешенном состоянии в течение месяцев. Нельзя исключать возможность привнесения токсичных веществ. Хотя связанные металлы не встречаются в биологических организмах, растворение металлов и вытекающий из этого металлотоксикоз могут происходить при некоторых экологических условиях (например, низкий уровень pH, в том числе в кишечнике морских животных, зоны минимального содержания кислорода в водной толще). Прочие возможные примеры включают случайный или умышленный выброс химикатов, используемых в разведке и добычных испытаниях. Первейшая цель сбора физических фоновых данных состоит в оценке потенциала дисперсии как частиц, так и растворенных веществ. Изучение дисперсного потенциала необходимо также для мониторинга и смягчения последствий аварийных разливов в связи с операциями по проведению добычных испытаний. Дисперсный потенциал вблизи возможных добычных участков должен оцениваться, даже если концепция добычной технологии предполагает недо-

пущение высвобождения каких-либо побочных продуктов добычных испытаний в морскую среду.

18. Применительно к каждому побочному продукту добычных испытаний необходимо моделировать временные рамки, в течение которых он оказывает существенное экологическое воздействие. Если эти временные рамки зависят от разжижения смеси, оценка дисперсии должна включать определение коэффициентов вертикального и горизонтального смешивания вблизи целевого участка. Дисперсный потенциал необходимо оценивать во временных рамках, варьирующихся от периодичности приливов до максимально продолжительного периода такого экологического воздействия. Оценка дисперсного потенциала в глубоководных районах океана обычно требует долгосрочных усилий по мониторингу. Даже для определения направлений и скоростей средних потоков на глубине могут потребоваться данные замеров течений за несколько лет. Оценка диффузии завихрений сопряжена с еще большими сложностями и обычно требует применения методов Лагранжиана, таких как нейтральные поплавки или эксперименты с красителями. По этим причинам рекомендуется начинать оценку регионального дисперсного потенциала на нескольких уровнях в водной толще на раннем этапе разведки. Может оказаться возможным производить оценку дисперсии вблизи поверхности и в диапазоне 1000 метров от зоны получения исходных данных — поверхностные дрифтеры и поплавки Системы геострофических океанографических наблюдений в реальном масштабе времени, соответственно. Прежде чем начинать экспериментальную добычу, дисперсный потенциал должен оцениваться на всех уровнях, где ожидаются выбросы вредных побочных продуктов экспериментальной добычи в водную толщу и представляются вероятными аварийные разливы. Требования в отношении вертикального разрешения будут зависеть от регионального динамичного режима (вертикальный разрез горизонтальных течений), однако ожидается, что пробоотбор необходимо будет проводить по меньшей мере на трех уровнях (вблизи поверхности, в средней части водной толщи, вблизи дна). Придонные потоки должны быть особенно точно разрешены во времени и пространстве, например с использованием измерений, производимых донным акустическим допплеровским профилографом течений, при достаточном пробоотборе для выявления доминирующих приливных потоков. В районах геоморфологического рельефа вблизи экспериментально-добычного участка как горизонтальное, так и вертикальное разрешение должны увеличиваться, чтобы обеспечивать разрешение динамичных структур, которые, как правило, ассоциируются с глубоководной геоморфологией (граничные течения, устойчивые водовороты, переливы и т.д).

19. Вблизи активных гидротермальных жерловых полей нередко бывает возможным сбор полезных сведений о дисперсии первого порядка на уровне нейтрально-взвешенных шлейфов за счет гидрографических, химических и оптических наблюдений. Интерпретация наблюдений за дисперсией шлейфов с точки зрения дисперсного потенциала побочных продуктов добычи осложняется целым рядом факторов, включая общую малоизученность временных и пространственных характеристик гидротермальных источников, тот факт, что дисперсия гидротермальных шлейфов происходит на уровне достижения ими равновесия, который зависит как от источника, так и от экологических фоновых характеристик, а также тем обстоятельством, что партикулярный состав, а соответственно и скорость осаждения, гидротермальных шлейфов не поддается

контролю. Тем не менее, когда такие шлейфы формируются вблизи минерального ресурса, ожидается, что наблюдения за дисперсией гидротермальных шлейфов будут полезными, в частности для проектирования контролируемых дальнейших исследований в области дисперсии.

20.   Контрактору надлежит использовать модель, признаваемую специалистами по моделированию океанических процессов в качестве пригодной для дисперсных исследований вблизи морского дна; ожидается, что простейшие квадратичные модели или расчеты координаты-z при низком вертикальном разрешении на глубине будут неадекватными. Детали этой модели будут зависеть от топографических и океанографических условий обследуемого участка. Разрешение должно соответствовать охарактеризованным выше рамкам (т.е. градиенты должны разрешаться несколькими точками), и модель должна выверяться за счет сопоставления с данными наблюдений. После выверки нужно использовать цифровую модель для изучения возможных сценариев, например для оценки потенциального воздействия аварийных разливов или определенных экстремальных случаев (таких как атмосферные штормы).

21.   Моделирование поможет экстраполировать добычные испытания на добычные работы промышленного масштаба.

22.   Сбор фоновых данных третьей группы (свойства осадков, включая химию поровых вод) ориентирован на прогнозирование поведения шлейфа сбросов и воздействия испытательных добычных работ на состав осадков. В этой связи следует измерять следующие параметры: удельная масса, объемная плотность, сопротивление сдвигу и зернистость, а также глубина, на которой осадочная среда меняется с окисной на субокисную или с субокисной на окисную. Следует замерять присутствие органического, равно как и неорганического, углерода в осадках, присутствие металлов, которые могут быль вредными в какой-либо форме (железо, марганец, цинк, кадмий, свинец, медь и ртуть), питательных веществ (фосфат, нитрат, нитрит и силикат) и карбоната (щелочность), а также окислительно-восстановительную систему в поровой воде. На глубину до 20 см следует определить геохимию поровой воды и осадочного чехла. Рекомендуемый порядок действий изложен в таблицах 1 и 2 главы 23 доклада Органа «Стандартизация экологических данных и информации: разработка руководства». Надлежит собирать и архивировать репрезентативные пробы грунта и осадков, взятые до начала добычных испытаний.

23.   Сбор фоновых данных четвертой группы (биологические сообщества) ориентирован на получение данных о «естественных» сообществах (включая «естественную пространственную и временную изменчивость»), позволяющих оценить потенциальное воздействие выполняемых работ на бентосную и пелагическую фауну.

24.   Описание пелагических и бентических сообществ должно составляться в рамках всех субареалов, на которые могут воздействовать добычные операции, а также для целей определения региональных рамок распределения заповедных эталонных зон и для того, чтобы в контексте стратегий смягчения последствий поощрялась естественная реколонизация районов, подвергающихся воздействию добычной деятельности.

25. Для картирования ареалов, каталогизации информации о взятых пробах и планирования программ послойного пробоотбора в произвольном порядке рекомендуется использовать средства геоинформационной картографии.

26. Следует использовать стандартные методы консервации организмов, включая: дискретное распределение образцов из разных субареалов по разным контейнерам (желательно изолированным) с закрытыми крышками во избежание заливания водой при выемке; выемку образцов в 12-часовой срок после их взятия для обеспечения качественности материала; немедленную обработку и консервацию образцов на борту либо консервацию после не более чем шестичасового содержания в холодных помещениях (или быстрее, если планируется молекулярный анализ).

27. Следует использовать разнородные методы консервации, включая: консервацию в формалине для таксономических исследований; замораживание или консервацию в 100-процентном этиловом спирте для молекулярных исследований; засушивание неразделанных животных и/или выборочных тканей для анализа стабильных изотопов; замораживание неразделанных животных и/или выборочных тканей для анализа на микросодержание металлов и биохимию.

28. Когда это возможно, следует производить цветную фотосъемку организмов (организмов в натурных условиях и/или свежего материала на борту для документального фиксирования естественной раскраски). Получаемые фотографии должны архивироваться.

29. Все образцы и их производные (например: фотографии, консервированный материал, генные последовательности) следует привязать к сопровождающей коллекцию информации (как минимум требуется информация о дате, времени, методе взятия образца, широте, долготе, глубине).

30. Идентификацию и нумерацию образцов в море и в лаборатории следует сопроводить в подходящих случаях молекулярными и изотопными анализами. Во всех возможных случаях стандартной исходной продукцией должны становиться повидовые таблицы численности и биомассы.

31. Образцы должны архивироваться для сопоставления с результатами таксономической идентификации по другим участкам и для того, чтобы детально разобраться в происходящих со временем изменениях в видовом составе. Изменения в видовом составе могут быть слабо заметными, и соотнесение с первоначально взятыми образцами животных (когда могла иметь место лишь предположительная идентификация) имеет весьма важное значение. Рекомендуется архивировать образцы в рамках национальных и международных коллекций.

32. Крайне важное значение имеет стандартизация методики и сообщения результатов. Стандартизацией следует охватить: приборы и аппаратуру; обеспечение качества в целом; сбор образцов; способы обработки и консервации; методы определения и контроль качества на борту судна; аналитические методы и контроль качества в лабораториях; обработку и сообщение данных. Стандартизация методов позволит сопоставлять результаты, полученные в разных провинциях, и отобрать критические параметры для усилий по мониторингу.

33. Перед добычными испытаниями должна быть оценена пространственная изменчивость в биологическом сообществе посредством пробоотбора на по

меньшей мере трех залежах полезных ископаемых, если таковые имеются, в Районе, каждая из которых должна отстоять от других на расстояние, превышающее предполагаемый радиус осаждения 90 процентов частиц, взвешиваемых при проведении добычной операции. Поскольку популяции фауны некоторых залежей являются компонентами метапопуляций, взаимодействующих через посредство дисперсии и колонизации, важно знать степень изоляции популяций, обитающих в залежах полезных ископаемых, которые будут разрабатываться, и иметь представление о том, выступает ли какая-либо данная популяция в качестве важнейшего запаса, потомство которого будет обеспечивать формирование других популяций.

34. Способы сбора и анализа данных должны ориентироваться на передовые наработки, к числу которых относятся методы, разработанные Межправительственной океанографической комиссией Организации Объединенных Наций по вопросам образования, науки и культуры (МОК ЮНЕСКО) и имеющиеся в мировых центрах данных и ответственных национальных центрах океанографических данных, либо методы, установленные или рекомендованные Органом.

35. В зависимости от характеристик морского дна и размера представителей фауны могут использоваться различные виды оборудования для взятия их образцов. Поэтому методы сбора фоновых биологических данных следует адаптировать к каждому конкретному набору условий. Использование многокамерных пробоотборников в мягком осадочном слое позволяет раздавать разные пробоотборные трубки с одной и той же станции специалистам, пользующимся разными методами идентификации и подсчета представителей фауны. Однако следует подчеркнуть, что диаметр трубок должен корректироваться во избежание чрезмерного возмущения осадочного слоя или закупорки крупными фрагментами, как то конкреции и осколки породы, и что биологические пробы должны быть достаточно большого размера, чтобы обеспечить адекватные образцы в плане численного состава и биомассы для целей достоверного статистического анализа.

36. Ниже указываются данные и соответствующая им методика для различных классов/размеров фауны морского дна:

a) **мегафауна.** Данные о численном составе мегафауны, ее биомассе, видовой структуре и разнообразии должны основываться на фоторазрезах. Фотографии должны быть выполнены с достаточным разрешением, позволяющим различить организмы, у которых наименьший из габаритов превышает 2 см. Ширина покрываемых снимками участков должна составлять как минимум 2 м. Что касается пробоотборных станций, то схема фоторазрезов должна быть составлена с учетом различных характеристик морского дна, таких как его рельеф, изменчивость характеристик осадочного чехла, плотность залежей и их тип. Идентификацию биологических видов следует подкреплять сбором образцов на месте. Пробоотборные мероприятия следует направить на выяснение менее многочисленных, но потенциально ключевых представителей мегафауны в системе (включая рыб, крабов и другие подвижные организмы). Следует сохранять репрезентативные образцы этих организмов для таксономических, молекулярных и изотопных анализов;

b) **макрофауна.** Данные о численном составе макрофауны (размер: более 250 мкм), ее видовой структуре, биомассе и разнообразии должны составляться на основе количественного анализа проб. В мягком осадочном чехле вертикальные профили при подходящем глубинном распределении (предлагаемые глубины: 0–1, 1–5, 5–10 см) должны основываться на результатах пробоотбора бокс-корером (0,25 м^2) или многокамерным пробоотборником;

c) **мейофауна.** Данные о численном составе мейофауны (размер: менее 250 мкм, но более 32 мкм), ее биомассе и видовой структуре должны составляться на основе количественного анализа проб. В мягком осадочном чехле вертикальные профили при подходящем глубинном распределении (предлагаемые глубины: 0–0,5, 0,5–1, 1–2, 2–3, 3–4 и 4–5 см) должны основываться на результатах пробоотбора. При отборе проб многокамерным пробоотборником на выяснение этих данных можно использовать по одной трубке со станции;

d) **микрофауна.** Микробную метаболическую активность следует определять с помощью аденозинтрифосфата или иного стандартного анализа. В мягком осадочном чехле вертикальные профили должны составляться с предлагаемыми интервалами пробоотбора 0–0,5, 0,5–1, 1–2, 2–3, 3–4, 4–5 см. При отборе проб многокамерным пробоотборником на выяснение этих данных можно использовать по одной трубке со станции;

e) **конкреционная фауна.** Численный состав, биомассу и видовую структуру фауны, приуроченной к конкрециям, следует определять по отобранным конкрециям, взятым из верхнего слоя бокс-корерных проб или собранным дистанционно управляемым аппаратом;

f) **демерсальные падальщики.** В изучаемом районе следует как минимум на год установить цейтраферную камеру с наживкой для изучения физической динамики поверхностного осадочного слоя и для фиксирования того, насколько активна поверхностная мегафауна и как часто происходит взмучивание осадков. Для выяснения характеристик видового состава сообщества можно использовать ловушки с наживкой. Параметры сообществ амфиподных трупоедов должны определяться с использованием ловушек краткосрочного действия (24–48 часов).

37. Если существует вероятность поверхностных сбросов, следует выяснить характеристики планктонного сообщества в верхнем 200-метровом слое водной толщи. В зависимости от исследований по моделированию шлейфов может оказаться необходимым изучение планктонных сообществ, особенно гелеобразного планктона, в широком диапазоне глубин. До добычных испытаний необходимо также оценить структуру пелагического сообщества на уровне, соответствующем глубине сбросового шлейфа, и в более глубоких слоях. Кроме того, следует составлять характеристику пелагического сообщества в пограничном бентическом слое с использованием околодонных открывающихся/закрывающихся пелагических тралов и дистанционно управляемых аппаратов. Следует произвести измерения состава, биомассы и продуктивности фитопланктона, состава и биомассы зоопланктона, а также биомассы и продуктивности бактериального планктона. Следует изучить временну́ю изменчивость планктонного сообщества в верхнем слое поверхностных вод в сезонном и межгодовом масштабах. Для дополнения программ натурных исследований можно прибегнуть к дистанционному зондированию. Калибровка и апробация результатов дистанционного зондирования имеют принципиальное значение.

38. Следует произвести оценку микросодержания металлов в мышечной ткани и органах-мишенях преобладающих демерсальных рыб и беспозвоночных

видов. Это должно делаться периодически перед началом испытательных добычных операций (для измерения естественной изменчивости) и как минимум раз в год после этого (для отслеживания возможных изменений, вызванных добычными испытаниями). Чтобы разрешить до добычных испытаний вопросы о потенциальном экотоксилогическом воздействии, включая возможные последствия для фито- и зоопланктона в случае образования сбросового шлейфа на поверхности или в середине водной толщи, может потребоваться сочетание мониторинга с набортными и лабораторными экспериментами.

39. Как минимум для одного потенциального участка добычных испытаний и для заповедного эталонного полигона, отобранного применительно к этим испытаниям, должна оцениваться временна́я изменчивость (в идеале как минимум ежегодно в течение по меньшей мере трех лет). Перед началом добычных испытаний с этим исследованием временно́й изменчивости должен быть ознакомлен Орган. Исследования временно́й изменчивости должны основываться на видео- и/или фотосъемке. Применительно к сульфидным залежам требуются замеры температуры и пробоотбор в субареалах. Наблюдение морского дна с помощью простой цейтраферной съемки четыре-пять раз в день в течение года позволит получить данные о временно́й изменчивости высокого разрешения. Где возможно, должны выполняться экосистемные исследования, как то наблюдения за темпами роста, восполняемостью и трофическим статусом доминирующих таксонов. В случае обозначения нескольких участков добычных испытаний контрактор должен оценивать степень применимости исследований временно́й изменчивости, выполненных на одном участке, к другому; эта оценка подлежит также рассмотрению Органом.

40. Следует обратить внимание на таксономическую стандартизацию. Чтобы облегчить идентификацию, между основными лабораториями и коллекциями, занимающимися таксономическим изучением морских организмов, следует наладить обмен идентификационными кодами, ключами, рисунками и последовательностями. Число высококвалифицированных специалистов по таксономии крайне ограничено, даже применительно к крупным группам фауны (например, рыбам, моллюскам, десятиногим ракообразным, кораллам, губкам и иглокожим). Важно обеспечивать оценку всех таксономических групп на каждом участке. Наиболее эффективным образом этого можно достичь за счет создания совместных таксономических центров или групп экспертов. Численная таксономия (например, биологический вид 1, биологический вид 2 и т.д.) при последовательном использовании разработанных правил и поддержании подтверждающих коллекций обеспечивает хорошую основу для проведения фоновых исследований, тогда как классическая и молекулярная таксономия должна обосновываться либо непосредственно контрактором, либо в рамках совместных исследовательских программ. Молекулярные методы продолжают претерпевать быстрое развитие, в результате которого исследования биоты на всех уровнях, особенно на уровне микроорганизмов, будут проводиться в гораздо более короткие сроки и станут экономически более целесообразными, чем сегодня. Необходимо обеспечивать направление молекулярных последовательностей в Генбанк или какую-либо аналогичную международно признанную базу данных последовательностей.

41. Информация о фауновой сукцессии после добычных испытаний крайне важна для того, чтобы определить, насколько бентосная популяция способна пережить последствия добычных работ. Получаемые данные должны включать

пробы, взятые непосредственно из района испытаний до и после испытательных операций, из выборочных точек, разноудаленных от добычного района (для выяснения эффекта от бентического шлейфа), и с регулярной периодичностью после добычных испытаний. Такие эксперименты по установлению воздействия могут выполняться на основе сотрудничества.

42.   Дополнительную информацию о воздействии сбросового шлейфа на пелагическую фауну можно собирать путем наблюдений за необычными явлениями, такими как замор рыбы и необычно сильное скопление рыб, морских млекопитающих, черепах и птиц.

43.   Вертикальное распространение света непосредственно влияет на первичную продуктивность в эвфотической зоне. В случае поверхностного сброса вертикальные профили интенсивности света покажут влияние попавших в сброс частиц на ослабление света и спектральные полосы в разное время и на разных глубинах и дистанциях от добывающего судна. Эти значения можно использовать для обнаружения какой-либо аккумуляции взвешенных частиц в пикноклине. Кроме того, любой сбросовый шлейф может привести к высвобождению больших объемов питательных веществ, температурным изменениям, выбросу углекислого газа и (на сульфидных участках) потенциальным изменениям в уровне pH и закислению океана.

44.   Сбор фоновых данных пятой группы (биотурбация) ориентирован на получение «естественных» данных о процессах седиментации (включая «естественную пространственную и временную изменчивость»), позволяющих смоделировать и оценить последствия выполняемых работ. Должны быть измерены коэффициенты биотурбации, т. е. перемешивания осадков организмами, чтобы проанализировать значимость биологической активности до того, как проявится возмущение, вызываемое добычной деятельностью; их можно рассчитать на основе профилей повышенной активности Pb-210 по кернам с учетом изменчивости в осадочном слое. Повышенную активность Pb-210 следует оценивать как минимум по пяти уровням на керн (предлагаемые глубины: 0–0,5, 0,5–1, 1–1,5, 1,5–2,5 и 2,5–5 см). Коэффициенты и глубину биотурбации надлежит оценивать с помощью моделей стандартной адвекции и прямой диффузии.

45.   Сбор фоновых данных шестой группы (седиментация) ориентирован на получение данных, позволяющих смоделировать и оценить последствия сбросового шлейфа. Рекомендуется устанавливать буи с ловушками для осадков; при этом одну ловушку следует заякорить ниже 2-километровой отметки для выяснения характеристик потока частиц из эвфотической зоны, а одну — на высоте примерно 500 м над морским дном для выяснения характеристик потока материалов, достигающих дна. Придонная ловушка должна располагаться достаточно высоко над дном, чтобы на ней не сказывалось повторное взмучивание осадков. Ловушки для осадков следует устанавливать на подходящий промежуток времени с ежемесячной выемкой проб для изучения сезонного потока и для оценки межгодовой изменчивости, особенно применительно к годам, отмечавшимся климатическими событиями (например: Эль-Ниньо, Ла-Нинья). Устанавливать эти ловушки можно на тех же буях, что и гидрометрические вертушки, описанные выше. Поскольку приток материалов из верхней части водной толщи в глубоководье является экологически значимым в пищевом цикле обитающих на дне организмов, для сопоставления с последствиями сброса хвостов необходимо надлежащим образом выяснить характери-

стики потока материалов в среднем слое и их притока к морскому дну. Знание скоростей осаждения in situ частиц выбросов экспериментальной добычи как на средней глубине, так и вблизи морского дна поможет выверить и усовершенствовать потенциал математических моделей в плане точного прогнозирования дисперсии среднеглубинных и бентических шлейфов. Эта информация имеет отношение к обеспокоенности, выраженной в связи со сбросовым шлейфом и воздействием операционного шлейфа на бентическую биоту и пелагические организмы пограничного бентического слоя. Временно́е разрешение замеров партикулярных потоков должно составлять один месяц или более, а нефелометрический временно́й ряд должен регистрироваться в осадочных ловушках.

46.   Сбор фоновых данных седьмой группы (геологические свойства) ориентирован на определение неоднородности среды и облегчение выбора удобных мест пробоотбора.

47.   По всему району, где рассеяние побочных продуктов добычных испытаний предположительно окажет значительное воздействие на окружающую среду (т. е. по всей области, охваченной числовой моделью циркуляции), следует собирать качественные батиметрические данные с высоким разрешением.

48.   В рамках высокоразрешающей фоновой съемки следует составить набор репрезентативных преддобычных кернов донного осадочного чехла (в зависимости от обстоятельств) и поместить его в подходящее хранилище. Надлежит использовать пробоотборные устройства, позволяющие собирать нетронутые пробы верхних нескольких сантиметров.

49.   Применительно к залежам сульфидов необходимо классифицировать статус гидротермальной активности: участки могут быть пассивными («спящими»), т.е. по-прежнему находиться под потенциальным воздействием теплового источника, хотя и в отсутствие на сегодняшний день жерл с гидротермальными флюидами, или «потухшими», когда они удалены от нынешних термальных источников. С экологической точки зрения эти два сценария могут рассматриваться как в значительной степени эквивалентные. Биологически важное значение имеет следующее: имеются ли на участке активные гидротермальные жерла (случай 1), произойдет ли возобновление гидротермального излучения на неактивном участке в результате планируемых операций по экспериментальной добыче (случай 2) или же участок является гидротермально пассивным даже при воздействии экспериментальной добычи (случай 3). Поэтому важно включать в оценку фона определение того, какой из этих случаев применим.

50.   Часть IV руководящих рекомендаций посвящена оценке экологического воздействия. Некоторые виды работ неспособны причинить серьезный вред морской среде и поэтому не требуют такой оценки. Дается перечисление подобных работ. Что касается работ, требующих оценки экологического воздействия, то в ходе и по завершении какой-либо конкретной деятельности необходимо иметь программу мониторинга, дабы определить последствия этого вида деятельности для биологической активности, включая реколонизацию районов, подвергшихся возмущению.

51.   Экологические исследования в ходе разведки будут основываться на плане, предложенном контрактором и проверенном Юридической и технической

комиссией на полноту, точность и статистическую надежность. Затем план будет инкорпорирован в программу деятельности по контракту. Проводимые в ходе разведки экологические исследования будут включать мониторинг экологических параметров с целью подтвердить заключение о том, что работы, выполняемые на морском дне, в середине водной толщи и в ее верхнем слое не причиняют серьезного экологического вреда.

52.　Испытания коллекторных систем дают возможность установить экологические последствия добычной деятельности. Контрактор будет представлять Органу план таких испытаний, включая подробные сведения о мониторинге окружающей среды, как минимум за год до начала испытаний и по меньшей мере за три месяца до начала ежегодной сессии Органа. В плане испытаний коллекторных систем необходимо предусмотреть мониторинг районов, которые затрагиваются выполняемыми контрактором работами, способными причинить серьезный экологический вред, даже если такие районы находятся за пределами испытательного участка. Программа будет в максимально возможной степени включать описание тех видов деятельности или событий, которые могут вызвать приостановку или видоизменение испытаний по причине серьезного экологического вреда в том случае, если последствия указанных видов деятельности или событий невозможно адекватным образом смягчить. Кроме того, программа будет допускать уточнение плана испытаний до их начала и в иные подходящие моменты, если такое уточнение необходимо. План будет включать стратегии, призванные обеспечить, чтобы пробоотбор основывался на продуманных статистических методах, чтобы аппаратура и методика были приемлемыми с научной точки зрения, чтобы персонал, осуществляющий планирование, сбор и анализ данных, имел хорошую квалификацию и чтобы получаемые данные представлялись Органу в соответствии с предписанными форматами.

53.　Во время добычных испытаний коллекторных систем рекомендуется оконтурить рабочий и заповедный эталонные полигоны. Рабочий эталонный полигон следует выбрать таким образом, чтобы он соответствовал экологическим характеристикам (включая биоту) участка, где будут проводиться испытания. Место для заповедного эталонного полигона следует тщательно выбирать, а сам он должен быть достаточно крупным, чтобы на него не влияли естественные колебания локальных экологических условий. Видовой состав популяции полигона должен соответствовать видовому составу популяции района испытаний. Заповедный эталонный полигон должен находиться за пределами района испытаний и районов, затрагиваемых шлейфом.

54.　Предлагаемая контрактором программа мониторинга должна содержать сведения о том, как будет производиться оценка воздействия экспериментально-добычной деятельности.

55.　Часть V рекомендаций посвящена сбору и сообщению данных. Рекомендуется, чтобы способы их сбора и анализа ориентировались на передовые наработки, к числу которых относятся методы, разработанные Межправительственной океанографической комиссией Организации Объединенных Наций по вопросам образования, науки и культуры, имеющиеся в мировых центрах данных и национальных центрах океанографических данных либо рекомендованные Органом. Перечень данных, имеющихся у каждого контрактора, следует разместить в Интернете при посредстве Органа.

56. Фоновые экологические исследования и программы мониторинга представляют собой важный источник данных и знаний. В поиске экологически значимых индикаторных элементов всем контракторам могла бы помочь схема архивирования и поиска данных. Синтез таких данных и опыта может сработать на пользу всем контракторам. Повышение доступности данных увеличивает вероятную достоверность моделей и будет способствовать:

a)   выявлению передовых наработок;

b)   выработке общего подхода к управлению данными;

c)   многостороннему обмену мнениями и данными, ведущему к налаживанию международного сотрудничества;

d)   экономии времени, усилий и средств за счет оповещения коллектива участников о неудачах;

e)   экономии за счет снижения потребности в замере некоторых параметров.

57. Модели могут выверяться и корректироваться с использованием таких данных, собранных на местах, а затем служить частичным дополнением дорогостоящих мероприятий по сбору данных. Некоторые заявляемые районы могут прилегать к другим заявляемым районам либо располагаться по соседству с ними, что служит еще одним доводом за то, чтобы обеспечивать доступность данных и совместно заниматься моделированием, позволяя тем самым оценивать последствия деятельности в соседних районах без повторения всех аспектов экологической оценки.

58. Часть VI рекомендаций посвящена совместным исследованиям и советам насчет того, как восполнить пробелы в знаниях. В последние годы отмечалась революция в становлении познаний и технологий, имеющих отношение к изучению морского глубоководья. Рядом научно-исследовательских институтов в разных районах мира осуществляются обширные программы исследований. В этих институтах работает масса высококвалифицированных специалистов в области биологии и естественных наук, которые могли бы оказать сотрудничество контракторам-разработчикам в проведении некоторых из требуемых экологических исследований. Эти институты могли бы предоставить пробоотборное оборудование и специалистов и, вероятно, с готовностью приняли бы участие в экспедиции на судне контрактора-разработчика, чтобы оказать содействие в пробоотборе в удаленных районах.

59. Совместные исследования могут способствовать формированию исходных данных о естественной изменчивости, опирающихся на геологические, биологические и другие экологические сведения, собранные в выборочных районах.

60. Партнерство между научными кругами и контракторами может привести к появлению хранилищ эталонных коллекций, хранилища (базы) данных генного секвенирования и фототеки биологических видов и образцов, а также к налаживанию анализа и дешифрирования стабильных изотопов. Благодаря базовой научной информации, приобретенной на началах партнерства, должна быть создана возможность экономичного получения информации, которая будет помогать планированию освоительной деятельности и принятию связанных с нею решений, а также своевременной констатации любых значимых эко-

логических последствий или проблем перед добычными испытаниями и во время них. Эту информацию можно использовать для подыскания решений, отличающихся минимальной конфликтностью.

61. Риск вымирания значительной доли фаунового сообщества в пределах потенциального участка добычных испытаний будет во многом зависеть от того, насколько локально или масштабно распространены биологические виды. Проведение оценки потребует синтезов биогеографии фауны. Этой оценке должно способствовать сотрудничество между контракторами и с научными кругами.

62. Посвященные моделированию исследования следует осуществлять на совместных началах и тесно привязывать к натурным исследованиям, оценивая риск вымирания при различных хозяйственных стратегиях, включая различные варианты оформления охраняемых районов. В общих природоохранных стратегиях необходимо учитывать такое воздействие на фауновые сообщества, которое вызывается не добычными испытаниями.

63. Контракторам следует сотрудничать друг с другом, с Органом и национальными и международными научно-исследовательскими учреждениями в рамках программ совместных исследований, добиваясь максимально полной оценки экологического воздействия и максимального снижения расходов на такую оценку.

64. Согласно Конвенции, Орган содействует проведению морских научных исследований в Районе и поощряет их, а также координирует и распространяет результаты таких исследований и анализов, когда они становятся доступными.

Приложение II

Глоссарий технических терминов

Аденозинтрифосфат	АТФ, сложное органическое соединение, используемое всеми организмами для краткосрочного хранения и преобразования энергии. Количество присутствующего АТФ может служить показателем общей микробной биомассы в осадочном чехле, поскольку оно соотносится с числом активных клеток, большинство из которых являются бактериями.
Активные сульфиды	Полиметаллические сульфиды, через которые протекает теплая вода. Активные сульфиды (также именуемые гидротермальными жерлами) обеспечивают попадание восстановленных соединений (например, сульфидов) в область взаимодействия между морским дном и морской водой, где они могут окисляться или иным образом автотрофически метаболизироваться микроорганизмами, живущими свободно или в симбиозе.
Батипелагический	Относящийся к средам открытого океана на глубинах более 3 км — глубже мезопелагической зоны.
Бентический, бентосный	Относящийся к океанскому дну.
Бентический пограничный слой	Слой воды, который расположен непосредственно над поверхностью соприкосновения придонного слоя океанской воды с осадочным чехлом.
Бентопелагический	Относящийся к зоне, которая расположена в непосредственной близости от морского дна более глубоких участков открытого океана и до некоторой степени контактирует с ним.
Бентос	Формы морской жизни, обитающие на океанском дне или в его недрах.
Водородный показатель, pH	Показатель кислотности или щелочности.
Галоклин	Слой воды, в котором наблюдается резкий перепад солености.
Гидродинамический	Относящийся к любому явлению, связанному с движением морской воды.
Демерсальные организмы	Организмы, обитающие на дне водоема или в придонном слое.
Добычные испытания	Применение и испытание систем и аппаратуры добычи.

Заповедный эталонный полигон	Район, который имеет те же характеристики, что и экспериментально-добычный участок, однако в котором не производится никаких добычных испытаний; используется для оценки изменений в биологическом статусе окружающей среды, вызванных экспериментально-добычной деятельностью.
Зона воздействия	Зона, в которой возникают последствия деятельности (прямые, непрямые, кумулятивные и/или интерактивные).
Зоопланктон, животный планктон	В отличие от фитопланктона, эти организмы неспособны к самостоятельному производству органической материи и поэтому питаются другими организмами.
Инфауна	Организмы, обитающие внутри осадочного слоя.
Кислородный минимум	Слой воды, который присутствует во всех океанах на глубине от 400 м до 1 км и появляется в результате погружения и бактериального разложения органической материи, образующейся в поверхностном слое. Кислородная недостаточность может вести к растворению частиц металлов.
Кобальтоносные железомарганцевые корки	Железомарганцевые корки с повышенным содержанием кобальта, обычно формирующиеся за счет отложения на твердых субстратах в глубоководных участках моря, отличающихся сильной топографической пересеченностью, как-то подводные горы и хребты.
Кумулятивное воздействие	Воздействие в результате возникающих одно за другим изменений, вызванных прочими действиями в прошлом, настоящем или будущем.
Макрофауна	Животные, достаточно крупные, чтобы быть видимыми невооруженным глазом,— до 2 см в длину.
Масштабы пространственные	Масштабы, характеризующие размеры в пространстве; применительно к океаническим явлениям это, например, диаметр вихря или длина волны. Также относится к географическому расположению пробоотборных станций.

Масштабы синоптические	Масштабы гидродинамической изменчивости или явления, чья протяженность во времени составляет от одной-двух недель до одного-двух месяцев, а в пространстве — от одного до нескольких сотен километров. Типичным представителем являются синоптические вихри диаметром 100–200 км, проходящие через северо-восточные тропические районы Тихого океана с востока на запад и нередко достигающие морского дна.
Мегафауна	Животные, достаточно крупные (крупнее 2 см), чтобы быть различимыми на фотографиях; предлагается в качестве ключевого таксона (см. «Таксономия») при оценке экологического воздействия глубоководных добычных работ.
Мезопелагический	Относящийся к тому участку океанической провинции, который расположен ниже эпипелагической зоны и выше батипелагической и обычно соответствует слабоосвещенной, или «сумеречной», области океана.
Мейофауна	Животные в бентосном сообществе, занимающие промежуточное положение между макро- и микрофауной по своему размеру, который для практических целей определяется как составляющий более 32 мкм, но менее 250 мкм.
Мелкофракционный дождь	Дальнезонный компонент «бентического шлейфа», состоящий главным образом из мелких фракций; осадочные частицы, которые дрейфуют с донным течением и медленно оседают на морском дне, как правило за пределами конкретного добычного района.
Микроорганизмы	Включает бактерии, археи и микроскопические эвкарии.
Микрофауна	Организмы, не видимые невооруженным глазом и стоящие ниже мейофауны по своему размеру, который для практических целей определяется как составляющий менее 32 мкм.
Неактивные («спящие») сульфиды	Полиметаллические сульфиды, через которые более не проникает теплая вода в расположенный над ними слой морской воды (т.е. они являются «холодными»). Смещение этих сульфидов может привести к возобновлению гидротермальных потоков в водную толщу, в результате чего неактивные сульфиды превратятся в активные (отсюда концепция «спящих» сульфидов).

Нектон	Активно плавающие в открытой океанской среде организмы: рыбы, кальмары, ракообразные и морские млекопитающие.
Нематоды	Класс низших червей; доминирующий представитель мейофауны.
Непрямое воздействие	Воздействие на окружающую среду, не являющееся прямым результатом деятельности, нередко происходящее на удалении или в результате сложного пути (физического, химического или биологического). Нередко именуется вторичным (или даже третичным) воздействием.
Окислительно-восстановительная система	Одной из важнейших химических реакций является окислительно-восстановительная (отдача и присоединение электронов соответственно). Склонность или стойкость химического вещества к окислению может быть выражена в виде окислительно-восстановительного потенциала (ОВП), который измеряется в милливольтах и определяется редоксметром. ОВП тесно коррелирует с содержанием растворенного кислорода в осадках.
Падальщик	Животное, поедающее отходы и мертвые останки других животных и растений, которые убиты не ими.
Пелагический	Относящийся к среде открытого океана.
Пикноклин	Слой воды, в котором наблюдается резкий перепад плотности по вертикали. Он отделяет хорошо перемешанные поверхностные воды от плотных вод океанских глубин. Плотность воды зависит от температуры, солености и (в меньшей степени) давления.
Планктон	Пассивно дрейфующие или малоспособные к плаванию организмы; включает личиночные стадии бентических и пелагических организмов, фитопланктон (в поверхностных водах), зоопланктон, студенистых животных и другие дрейфующие или медленно плавающие организмы.
Подводные горы	Изолированные особенности рельефа, обычно вулканического происхождения, достигающие существенной высоты над морским дном.

Полиметаллические сульфиды	Гидротермально сформировавшиеся залежи сульфидов и сопутствующих минеральных ресурсов в Районе, содержащие концентрации металлов, включая, в частности, медь, свинец, цинк, золото и серебро
Поровая вода	Вода, присутствующая в полостях между частицами осадков; именуется также «трещинной водой».
Прямое воздействие	Последствия, являющиеся прямым результатом действия, как-то утрата ареала обитания и популяций вследствие извлечения сульфидов или других материалов.
Рабочий эталонный полигон	Район, используемый для оценки последствий деятельности в Районе для морской среды; должен быть репрезентативным в плане экологических характеристик (физических, химических, биологических) добычного района.
Разрез, трансект	Простирающаяся от поверхности до морского дна вертикальная плоскость (к которой привязываются все замеры и пробы, делаемые в ходе съемки) по маршруту движения исследовательского океанографического судна от точки A до точки B.
Симбиоз (хемосинтетический)	Ассоциация между бактериями (симбионт) и беспозвоночными или позвоночными (хозяин), при которой симбионты являются хемосинтетическими и обеспечивают питание хозяину. Бактерии могут быть либо эндосимбиотическими (живущими внутри тканей хозяина; например трубчатые черви, моллюски, мидии), либо эписимбиотическими (живущими за пределами организма хозяина; например бресилиидные креветки, алвинеллидные полихеты).
СИПМО	Совместное исследование потоков Мирового океана (Межправительственная океанографическая комиссия Организации Объединенных Наций по вопросам образования, науки и культуры).
Субареал обитания	Визуально распознаваемый компонент более крупного ареала, например плантации трубчатых червей и моллюсков могут быть субареалами какого-либо данного района залежей активных полиметаллических сульфидов; функциональный термин, облегчающий понимание ареала в целом.

Суточный	Охватывающий 24-часовой промежуток времени, который складывается обычно из дня и примыкающей к нему ночи.
Таксономия	Упорядоченная классификация животных или растений в зависимости от предполагаемого их соотношения в природе.
Твердые субстраты	Выступы, имеющие форму карбонатных конкреций, твердого материала, коркообразной породы или залежей отложившихся материалов, металлов и минералов, извергнутых из-под поверхности гидротермальными системами.
Термоклин	Слой воды, в котором наблюдается резкое изменение температуры по вертикали.
Термосолезонд	Система для измерения проводимости (показатель солености), температуры и глубины (выводится из замеров давления). Первые два параметра совершенно необходимы при океанографических наблюдениях, а глубинный профиль требуется для выяснения вертикальной структуры океана. При установке факультативных датчиков могут замеряться дополнительные параметры, такие как водородный показатель (pH) и концентрация растворенного кислорода.
Трансмиссомер	Устройство, используемое для измерения того, насколько ослабевает свет с прохождением им определенной дистанции, например в воде. Данные могут быть скоррелированы с количеством присутствующих частиц.
Фауна	Беспозвоночные и позвоночные.
Фитопланктон	Микроскопические растения, являющиеся в океане первичными продуцентами.
Фотосинтез	Биологический синтез органического материала, при котором в качестве источника энергии используется свет. При наличии хлорофилла и световой энергии растения преобразуют углекислый газ и воду в углеводные питательные вещества и кислород.

Хемосинтез	Процесс, посредством которого микроорганизмы метаболически трансформируют неорганический углерод в органический углерод (клетки), используя энергию, полученную от окисления восстановленных соединений. Хемосинтез лежит в основе пищевой сети, ассоциированной с глубоководными гидротермальными жерлами. Хемоавтотрофия представляет собой более описательный и точный термин для общего явления хемосинтеза; эти два слова взаимозаменяемы, и нередко одно используется вместо другого.
Шлейф	Разброс морской воды, в которой содержатся плотные осадочные частицы. Бентический шлейф — это поток воды, в котором содержатся взвешенные частицы донных осадков, осколки марганцевых конкреций и размякшая бентосная биота; он следует за добычным коллектором, образуется в результате возмущения, вызываемого коллектором на морском дне, и распространяется в зоне, примыкающей к морскому дну. Дальнезонный компонент бентического шлейфа называют «мелкофракционным дождем». Поверхностный шлейф — это поток воды, в котором содержатся взвешенные частицы донных осадков, осколки марганцевых конкреций и размякшая бентосная биота; он образуется в результате производимой на борту добычного судна сепарации конкреций от водной массы и распространяется в зоне, расположенной ближе к поверхности океана, чем у бентического шлейфа.
Эвфотическая зона	Верхний срез океана, получающий достаточно света для фотосинтеза. В чистых океанических водах эвфотическая зона может простираться до максимальной глубины в 150 м.
Эмболия	В крови и тканях рыб содержатся растворенные газы. Если рыбу из глубины океана поднять на поверхность, то уменьшение давления приведет к расширению растворенного газа и образованию пузырей (эмболии), вызывая деформацию и выпячивание внутренних органов через рот и другие отверстия.

Эндемизм	Степень, в которой биологический вид ограничен конкретным географическим регионом; эндемизм обычно имеет место в районах, изолированных тем или иным образом. Биологи используют также термин «эндемичный» для характеристики организма, который может быть географически широко распространенным, однако ограничен конкретным ареалом обитания, например гидротермальными жерлами.
Эпипелагический	Относящийся к верхней области океанских глубин — выше мезопелагической зоны и, как правило, ниже зоны кислородного минимума.
Эпифауна	Животные, которые обитают на дне, либо прикрепляясь к нему, либо свободно по нему передвигаясь.

Юридическая и техническая комиссия

Distr.: Limited
12 July 2013
Russian
Original: English

Девятнадцатая сессия
Кингстон, Ямайка
15–26 июля 2013 года

Руководящие рекомендации контракторам и поручившимся государствам относительно программ подготовки кадров в соответствии с планами работы по разведке

Издано Юридической и технической комиссией

Введение

1.   Настоящие рекомендации предназначены для того, чтобы заявители планов работы по разведке, контракторы и поручившиеся государства руководствовались ими при определении своих обязанностей в отношении программ подготовки кадров в соответствии с планами работы по разведке.

2.   Рекомендации охватывают следующие компоненты разработки и осуществления программ подготовки кадров:

     a)   процесс рассмотрения и утверждения предлагаемых программ подготовки кадров, представленных заявителями планов работы по разведке;

     b)   содержание программ подготовки кадров, включая положения об участии поручившихся государств;

     c)   процесс предоставления возможностей в плане учебной подготовки претендующим на нее лицам;

     d)   процедуры отчетности о мероприятиях по подготовке кадров.

3.   В статьях 144 и 148 Конвенции Организации Объединенных Наций по морскому праву, воспринимаемых в совокупности с разделом 5 приложения к Соглашению об осуществлении части XI Конвенции, признается основополагающее значение международного научно-технического сотрудничества в связи с деятельностью в Районе, включая подготовку персонала Предприятия и граждан развивающихся государств.

I. Правовые обязательства

4. Правовые обязательства контракторов в отношении подготовки кадров содержатся в статье 15 приложения III к Конвенции и подробно изложены в принятых Органом Правилах поиска и разведки. Правило 27 Правил поиска и разведки полиметаллических конкреций (правила по конкрециям)[1] гласит:

> Во исполнение статьи 15 приложения III Конвенции к каждому контракту прилагается практическая программа подготовки персонала Органа и развивающихся государств, составленная контрактором в сотрудничестве с Органом и поручившимся государством (государствами). Программы подготовки ориентированы на обучение навыкам разведки и предусматривают всестороннее участие такого персонала во всех мероприятиях, охватываемых контрактом. По взаимному согласию такие программы подготовки могут при необходимости периодически пересматриваться и дорабатываться.

5. В разделе 8 стандартных условий контрактов на разведку[2] предусматривается:

8.1 В соответствии с Правилами контрактор до начала разведки по настоящему контракту представляет Органу на утверждение предлагаемые программы подготовки персонала Органа и развивающихся государств, включая участие такого персонала во всех мероприятиях контрактора по настоящему контракту.

8.2 Сфера охвата и порядок финансирования программы подготовки кадров подлежат согласованию между Контрактором, Органом и поручившимся государством (государствами).

8.3 Контрактор осуществляет программы подготовки кадров согласно утвержденной Органом в соответствии с Правилами конкретной программе подготовки персонала, о которой говорится в разделе 8.1 контракта и которая с вносимыми в нее периодически изменениями становится частью контракта в качестве добавления 3.

II. Цели и задачи программы подготовки кадров

6. Программы подготовки кадров разрабатываются и осуществляются в интересах лица, проходящего подготовку, номинирующей страны и в более широком плане — членов Органа, и особенно развивающихся стран. Члены Органа, которые могут внести вклад в развитие Предприятия, также должны получать выгоды от использования тех же возможностей в плане подготовки кадров.

7. Необходимо предпринимать все усилия для обеспечения того, чтобы планирование подготовки кадров и разработка соответствующих программ всегда осуществлялись в духе доброй воли и в соответствии с передовой практикой. Соответственно, все стороны должны прилагать все усилия для обеспечения того, чтобы подготовка кадров отвечала потребностям страны происхождения участников в плане учебной подготовки и развития потенциала.

---

[1] Правило 29 правил по сульфидам и коркам.
[2] В приложении 4 к правилам по конкрециям, сульфидам и коркам.

8. Программе подготовки кадров необходимо уделять должное внимание в программе работы контрактора, и в этой связи ее следует разрабатывать на этапе обсуждений и переговоров по контрактам до их заключения и приобщать к контракту в качестве добавления 3 до его подписания и начала разведочных работ.

9. Любой контрактор, подающий заявку на утверждение плана работы по разведке, должен действовать в духе доброй воли и понимать, что подготовка кадров имеет столь же важное значение, как и любая другая деятельность, о которой говорится в предлагаемом плане работы, и в этой связи ей необходимо уделять столь же приоритетное внимание с точки зрения времени, усилий и финансирования.

10. Наряду с подготовкой кадров столь же важное значение имеет устойчивое применение навыков и опыта, приобретенных лицами, прошедшими подготовку, и номинировавшими их странами. Все стороны, и особенно Орган и развивающиеся страны, должны предпринимать усилия в целях поощрения использования полученной подготовки в интересах прошедшего ее лица и расширения участия страны в деятельности, связанной с работой Органа и проведением мероприятий в Районе.

11. Все стороны должны взять на себя обязательство в отношении поддержания свободных и открытых каналов связи в целях обеспечения оптимального осуществления программ подготовки кадров, своевременной отчетности и более эффективного контроля за результатами.

12. Ниже изложены руководящие рекомендации в отношении конкретных шагов, необходимых для осуществления программ подготовки кадров.

III. Утверждение программ подготовки кадров

13. В правилах содержится требование, согласно которому заявка на утверждение плана работы должна включать компонент, посвященный программам подготовки кадров. О потенциальной пользе от предлагаемой программы можно непосредственно судить по увязке подготовки кадров с практическими аспектами плана работы контрактора. Представляется логичным, что программу подготовки кадров и план работы необходимо рассматривать совместно.

14. Каждая из сторон несет на себе следующие обязательства:

A. Заявитель плана работы по разведке обязан:

1. Включать в заявку подробную информацию о мероприятиях, которые он будет осуществлять в рамках своей первой пятилетней программы деятельности, предполагающей соответствующую подготовку кадров;

2. Исходя из вышесказанного, приобщать к заявке возможный график мероприятий в рамках предлагаемой программы подготовки кадров, включая общее описание такой подготовки;

3. Включать краткую информацию о минимальном наборе возможностей в плане подготовки кадров, которые будут ежегодно предоставляться в течение первых пяти лет действия контракта, и коли-

чественные оценки возможностей, которые будут предоставляться в течение каждого из последующих пятилетних периодов действия контракта;

4.   Представлять краткую информацию о курсе подготовки кадров в формате, указанном в приложении к настоящему документу, по каждому виду предлагаемой подготовки кадров, как об этом говорится в подпункте 2 выше;

5.   Указывать любые программы подготовки кадров, которые были разработаны в сотрудничестве с поручившимися государствами;

6.   Указывать случаи, когда контрактор намерен поддерживать программы подготовки кадров в дополнение к деятельности, охватываемой его планом работы;

7.   Указывать случаи, когда та или иная программа подготовки кадров была частично или полностью разработана в сотрудничестве с поручившимся государством, национальными учреждениями поручившегося государства, организациями или любым другим государством-участником.

B.   Поручившееся государство будет сообщать о своем намерении предоставить любые другие конкретные материалы или поддержку для осуществляемой заявителем программы подготовки кадров.

C.   При рассмотрении заявки на утверждение плана работы по разведке Юридическая и техническая комиссия будет:

1.   Проводить обзор возможностей в плане подготовки кадров, программы подготовки кадров и соответствующего плана работы контрактора;

2.   Проводить обзор заявок на учебную подготовку, в полной мере учитывая потребности номинирующих развивающихся стран и секретариата в плане подготовки кадров и развития потенциала;

3.   Проводить обсуждения с контрактором относительно предлагаемой им программы подготовки кадров при обсуждении его плана работы;

4.   Консультировать Генерального секретаря и выносить в его адрес соответствующие рекомендации в отношении формата, содержания и структуры предлагаемой программы подготовки кадров;

5.   Проводить обзор предлагаемой программы подготовки кадров с учетом настоящих руководящих рекомендаций.

D.   Генеральному секретарю следует:

1.   Принимать во внимание рекомендации Юридической и технической комиссии при обсуждении и согласовании программ подготовки кадров с контракторами;

2.   Поддерживать в секретариате базу данных о кандидатах на прохождение учебной подготовки и потребностях развивающихся

стран в плане подготовки кадров, в то же время выявляя и учитывая потребности Предприятия на будущее.

IV. Содержание программ подготовки кадров

15. В случае возникновения сомнений контракторы должны руководствоваться своими юридическими обязательствами. Соответственно, они должны обеспечивать подготовку кадров, которая носит практический характер. В рамках этой подготовки должно уделяться повышенное внимание разведочным работам и, по возможности, всем мероприятиям в рамках плана работы контрактора. Программы подготовки кадров должны предлагаться и осуществляться в течение всего срока действия контракта.

16. В отношении содержания программ подготовки кадров выносятся следующие рекомендации:

A. Контракторам необходимо:

1. По возможности в кратчайшие сроки обсуждать с Юридической и технической комиссией имеющиеся возможности, графики и возможные программы подготовки кадров;

2. Определять весь ряд возможностей в плане подготовки кадров на основе консультаций с Комиссией и поручившимися государствами;

3. Учитывать потребности развивающихся стран и секретариата (Предприятия) в плане подготовки кадров и наращивания потенциала при разработке своих программ подготовки кадров, с тем чтобы обеспечивать как можно более широкий круг мероприятий по развитию навыков;

4. Как минимум, обеспечивать профессиональную подготовку по меньшей мере 10 учащихся в течение каждого пятилетнего периода действия контракта;

5. Выявлять дополнительные возможности в плане подготовки кадров, которые могут возникнуть в период действия контракта, а также учитывать любые предлагаемые изменения в утвержденных графиках учебной подготовки, при необходимости;

6. Вносить в бюджет Органа добровольные взносы, специально предназначенные для целей подготовки кадров, когда в силу обстоятельств не имеется возможностей для осуществления программ подготовки кадров;

7. Прилагать все усилия для того, чтобы избегать наказания потенциально достойных кандидатов, которые прекращают учебную подготовку из-за объективных проблем, таких как языковой барьер. В таких случаях необходимо прилагать все усилия для изыскания возможных альтернатив.

B. Юридической и технической комиссии необходимо:

1. Располагать как можно более полными сведениями о потребностях развивающихся государств, номинирующих кандидатов на прохождение учебной подготовки, в плане подготовки кадров;

2. Быть в курсе потребностей в плане подготовки кадров и наращивания потенциала, связанных с развитием Предприятия;

3. Располагать сведениями о практических возможностях в плане подготовки кадров, которые могут возникать в процессе осуществления пятилетнего плана работы контрактора;

4. Располагать сведениями о результатах осуществления прошлых программ подготовки кадров, с тем чтобы учитывать их при разработке планов и программ на будущее.

C. Генеральному секретарю необходимо:

1. Развивать потенциал и преумножать ресурсы в рамках секретариата исключительно для целей подготовки кадров и наращивания потенциала. Одним из ключевых направлений работы должна стать разработка на начальном этапе информационной системы и в конечном итоге — базы данных о потребностях развивающихся стран в плане подготовки кадров;

2. В краткосрочной перспективе разработать надлежащее программное приложение и регистрационные бланки (в электронном виде), которые позволят оптимальным образом идентифицировать кандидатов и выявлять потребности в учебной подготовке;

3. Обеспечивать сбор и хранение информации о других возможностях в плане подготовки кадров, учебных заведениях и потенциальных партнерах;

4. Разработать и непрерывно осуществлять долгосрочную программу с учетом потребностей и приоритетов стран для целей планирования, которая могла бы использоваться Комиссией при проведении обсуждений с контракторами;

5. Принимать во внимание рекомендации Комиссии при обсуждении и согласовании программ подготовки кадров с контракторами.

V. Распределение возможностей в плане подготовки кадров

16. Определение возможностей в плане подготовки кадров на сегодняшний день является недостаточно активным процессом, находясь в зависимости от предложений, с которыми выступают контракторы, интереса, проявляемого странами, и наконец, процедур принятия решения Комиссией по итогам рассмотрения короткого списка кандидатов. Для того чтобы подготовка кадров осуществлялась с учетом потребностей, необходимо внедрить активный процесс. Органу требуется предусмотреть необходимый потенциал, процедуры и систему, с использованием которых он сможет активно управлять какой бы то

ни было программой подготовки кадров, вместо того чтобы быть простым исполнителем, выполняющим разовые заказы.

17.   Каждой из сторон рекомендуется действовать следующим образом:

A.   Контрактору необходимо:

1.   Представлять секретариату как можно больше информации о своем плане работы и имеющихся в этой связи возможностях в плане подготовки кадров, включая информацию о числе учебных мест, сроках обучения и других конкретных требованиях, предъявляемых к учебным мероприятиям;

2.   Активно информировать Орган о новых возможностях и любых изменениях;

3.   Поощрять потенциальных заявителей и поручившиеся государства к подаче заявок в Орган с использованием соответствующих форм;

4.   После утверждения программы подготовки кадров поддерживать связь с секретариатом относительно окончательного отбора кандидатов, которые будут проходить учебную подготовку, например, по таким вопросам как требования в отношении виз и уровня образования.

B.   Поручившемуся государству, особенно если оно относится к числу развивающихся стран, необходимо:

1.   Доводить до сведения секретариата исчерпывающую информацию о своих кандидатах, номинированных на учебную подготовку;

2.   Во всех случаях, когда это возможно, обеспечивать, чтобы требования, предъявляемые им к обучению, были основаны на двусторонних соглашениях и на требовании в отношении его поручительства;

3.   Информировать секретариат в тех случаях, когда его потребности в подготовке кадров выходят за рамки заключенного им двустороннего соглашения, в связи с чем его контрактор может быть не в состоянии их удовлетворить.

C.   Секретариату необходимо:

1.   В краткосрочной перспективе как можно более широко распространять информацию о возможностях в плане обучения. Это необходимо осуществлять на основе рассылки официальных уведомлений государствам-членам, а также установления прямых контактов с членами Комиссии, соответствующими международными организациями, научными учреждениями и другими заинтересованными сторонами;

2.   Изучать способы поощрения более широкого участия граждан развивающихся стран в учебных мероприятиях Органа;

3.   Разработать программу наращивания потенциала, развивать необходимый потенциал и разрабатывать политику, стратегии и программы:

a.   Принимать заявки на подготовку кадров и подготавливать реестры квалифицированных кандидатов;

b.   Координировать рассмотрение заявок на подготовку кадров, и в частности поддерживать базу данных о потребностях стран и квалифицированных кандидатах;

c.   На каждом заседании Комиссии представлять обновленную информацию о положении дел в том, что касается подготовки кадров и приема заявлений от заинтересованных кандидатов;

d.   Оказывать содействие в подборе подходящих кандидатов из реестра, в предварительном порядке утвержденного Комиссией или ее подгруппой, с учетом возникающих возможностей и в консультации с контракторами;

4.   Обеспечивать постоянное наличие у Комиссии исчерпывающей обновленной информации, с тем чтобы она могла выполнять свои функции как можно более эффективно и результативно.

D.   На каждом своем заседании Юридическая и техническая комиссия будет:

1.   Учреждать подкомитет или подгруппу Комиссии в целях обеспечения того, чтобы вопросы, связанные с осуществлением программ подготовки кадров, изучались и рассматривались как можно более тщательно;

2.   Проводить обзор всех переданных ей заявок на подготовку кадров;

3.   На основе транспарентных критериев согласовывать перечень предварительно утвержденных кандидатов на основе информации, полученной от секретариата;

4.   Представлять рекомендации в отношении предпочтительного порядка распределения кандидатов с учетом имеющихся возможностей;

5.   Проводить регулярные обзоры, с тем чтобы обеспечивать достижение цели, заключающейся в предоставлении возможностей с учетом справедливого географического распределения.

VI.   Процедуры отчетности

18.   Для достижения целей, связанных с обеспечением подотчетности и транспарентности, необходимо внедрить официальный процесс отчетности о подготовке кадров. Ниже приводится описание процесса, который позволит лучше анализировать предоставляемую учебную подготовку и более эффективно планировать будущие программы в целях удовлетворения потребностей

развивающихся государств и выполнения их требований. Каждая из сторон выполняет следующие индивидуальные обязанности:

A.   Контрактор:

1.   Включает в свои ежегодные доклады информацию о мероприятиях по подготовке кадров, завершенных в соответствующем отчетном году;

2.   Включает в свои планы работы информацию о любых изменениях в программах подготовки кадров;

3.   Принимает во внимание руководящие указания Комиссии при представлении своей первоначальной программы подготовки кадров, а также при корректировке своей программы подготовки кадров с учетом новых событий, по мере необходимости.

B.   Учащиеся обязаны:

1.   В конце учебной подготовки представлять отчет о пользе, полученной от использования предоставленных им возможностей. По мере возможности они должны объективно указать, оправдались ли их ожидания. Этот отчет должен представляться Органу, контрактору и государству, номинировавшему соответствующую кандидатуру. Необходимо обеспечивать, чтобы отчет учащегося никоим образом не нарушал или не ставил под угрозу права контрактора в аспектах, касающихся коммерческой тайны, прав на интеллектуальную собственность или какой бы то ни было конфиденциальности;

2.   Представлять отчет через пять лет после завершения учебной подготовки, с тем чтобы можно было оценить долгосрочные выгоды. Поручившееся государство должно обеспечивать выполнение этого обязательства;

3.   Представлять любые замечания или сведения, которые могут помочь Комиссии в руководстве осуществлением будущих программ подготовки кадров. Учащийся должен сообщать о любой пользе, которую он извлек из учебной подготовки, и о любых ее полезных результатах;

4.   Указывать, что при необходимости их услугами может воспользоваться Предприятие или развивающаяся страна.

C.   Секретариату необходимо:

1.   На каждом заседании Комиссии докладывать ей о любых событиях, связанных с осуществлением программ подготовки кадров, и в частности сообщать о том, какие кандидаты были допущены к учебной подготовке и какие новые заявки на подготовку кадров были получены, с тем чтобы члены Комиссии имели возможность для представления руководящих указаний;

2.   Поддерживать контакт с бывшими учащимися для отслеживания пользы от учебной подготовки и перспектив на будущее;

3.   Представлять отчеты о ходе осуществления какой бы то ни было инициированной им программы наращивания потенциала, включая, в частности, отчеты о положении дел на Предприятии;

4.   Представлять Комиссии ежегодный доклад о ходе осуществления программ подготовки кадров и наращивания потенциала, и в том числе о результатах соответствующей подготовки кадров, достигнутых за счет использования средств из Дарственного фонда и на основе какого бы то ни было сотрудничества с другими учреждениями и органами Организации Объединенных Наций.

D.   Юридическая и техническая комиссия будет:

1.   Предоставлять дополнительные руководящие указания по вопросам подготовки кадров на основе полученных докладов, в том числе по вопросам формата, содержания и структуры будущих программ подготовки кадров, и выносить рекомендации относительно необходимых критериев отбора будущих кандидатов;

2.   Осуществлять, где это возможно, постоянный контроль за всеми мероприятиями в пределах Района и выявлять области, в которых существуют возможности для научно-технических инноваций или отмечаются проблемы научно-технического характера, для их возможного задействования в целях будущей подготовки кадров или в контексте осуществления программ морских научных исследований;

3.   Обеспечивать обратную связь с Советом на регулярной основе в рамках своего обычного процесса отчетности.

VII.   Процесс обзора

19.   Секретариату рекомендуется отслеживать результаты учебной подготовки в соответствии с настоящими руководящими рекомендациями и проводить оценку на регулярной основе.

20.   Настоящие рекомендации будут время от времени пересматриваться и обновляться.

VIII.   Оговорка

21.   Ничто в настоящих руководящих рекомендациях не должно противоречить смыслу и цели Правил.

Приложение

Типовая форма для представления краткой информации о подготовке кадров

(Заполняется контрактором) Тип возможностей (укажите общее число предоставляемых возможностей)	
Перечислите дополнительные учреждения (помимо контрактора), участвующие в подготовке кадров, если таковые имеются	
Цели и задачи программы подготовки кадров	
Навыки, которые предполагается прививать или развивать	
Расписание учебных мероприятий	
Годы, в которые будет предоставляться учебная подготовка	
Число лиц, которым будет предоставляться учебная подготовка, с разбивкой по годам	
Любые конкретные предложения в отношении отбора потенциальных кандидатов (языковые требования, минимальный уровень квалификации и т.д.)	

Юридическая и техническая комиссия

Distr.: General
14 April 2015
Russian
Original: English

Двадцать первая сессия
Кингстон, Ямайка
13–24 июля 2015 года

Руководящие рекомендации контракторам относительно сообщения сведений о фактических прямых затратах на разведку

Вынесены Юридической и технической комиссией

Юридическая и техническая комиссия, действуя на основании правила 39 Правил поиска и разведки полиметаллических конкреций в Районе, правила 41 Правил поиска и разведки полиметаллических сульфидов в Районе и правила 41 Правил поиска и разведки кобальтоносных железомарганцевых корок в Районе, выносит изложенные ниже руководящие рекомендации контракторам.

I. Введение

1.   В настоящих руководящих рекомендациях «Правила» означают Правила поиска и разведки полиметаллических конкреций в Районе, Правила поиска и разведки полиметаллических сульфидов в Районе и Правила поиска и разведки кобальтоносных железомарганцевых корок в Районе. Ссылки на «стандартные условия» являются ссылками на стандартные условия, применимые к конкретному контракту, о котором идет речь.

2.   Цель настоящих рекомендаций заключается в том, чтобы сориентировать контракторов в отношении следующих вопросов:

a)   книги, счета и финансовые записи, которые должны вестись в соответствии с разделом 9 приложения 4 к Правилам;

b)   выяснение международно принятых принципов учета;

c)   подача финансовой информации в годовых отчетах, представляемых на основании раздела 10 приложения 4 к Правилам;

d)   определение фактических прямых затрат на разведку, о которых говорится в пункте (c) подраздела 10.2 приложения 4 к Правилам;

e)   форма, в которой заверяются фактические прямые затраты.

3.   Если нет указания об ином, слова и выражения, определяемые в Правилах, имеют то же значение и в настоящих руководящих рекомендациях.

4.   Требование о представлении подробных финансовых отчетов преследует двоякую цель. Во-первых, речь идет о должной осмотрительности — требовании, которое часто фигурирует в контрактах на производство разведочных и добычных работ и включается туда как средство, позволяющее дать объективную количественную оценку того, насколько контрактор выполняет свой план работы. В этой связи предусматривается, что в рамках процесса подачи заявки на утверждение плана работы по разведке контракторы обязаны представить пятилетнюю программу деятельности и калькуляцию предполагаемых годовых расходов по такой программе. Согласно стандартным условиям (приложение 4, раздел 4.2), контракторы обязаны в каждом контрактном году расходовать в качестве фактических прямых затрат на разведку сумму, не меньшую указанной в программе деятельности или любом согласованном пересмотренном ее варианте. Таким образом, годовой финансовый отчет является единственным средством, с помощью которого Орган в состоянии объективно судить о том, как контракторы соблюдают эти положения.

5.   Вторая причина, диктующая необходимость в финансовых отчетах, может оборачиваться прямой выгодой для контрактора. В добывающей отрасли общепринята практика, когда некоторую часть расходов на обустройство участка добычи разрешается вычесть из доходов, которые будут в перспективе получены от разработки. Что касается разработки морского дна, то в статью 13 приложения III к Конвенции Организации Объединенных Наций по морскому праву были включены развернутые положения, касающиеся определения «расходов по освоению» и их компенсации в определенных условиях. В силу Соглашения об осуществлении Части XI Конвенции эти положения уже не применяются. Тем не менее возможность того, что Орган на соответствующем этапе пойдет на компенсацию некоторой части расходов по освоению, предусматривается в пункте (с) подраздела 10.2 приложения 4 к Правилам, где указывается, что такие затраты могут проводиться контрактором как часть его расходов по освоению, понесенных до начала промышленного производства. В этих обстоятельствах особенно важно наличие какого-то средства, позволяющего объективно выверять и объем таких затрат, и их соотношение с программой деятельности, и то, можно ли их считать фактическими прямыми затратами.

II.   Книги, счета и финансовые записи

6.   Раздел 9 приложения 4 к Правилам требует, чтобы каждый контрактор содержал «в соответствии с международно принятыми принципами учета полный и надлежащий комплект книг, счетов и финансовых записей». Для целей Правил Комиссия рекомендует контракторам принять и применять Международные стандарты финансовой отчетности, утверждаемые Советом по международным стандартам учета, и в частности стандарт 6, который касается финансовой отчетности по расходам, связанным с разведкой и оценкой минеральных ресурсов. Кроме того, чтобы обеспечить сопоставимость финансовых ведомостей контрактора с его же ведомостями за предыдущие годы и с финансовыми ведомостями других контракторов, все финансовые ведомости, включая и ту, которая подлежит включению в годовой отчет, требуемый разделом 10

приложения 4 к Правилам, следует представлять в формате, согласующемся со стандартом 1 Международных стандартов учета.

III. Подача финансовой информации

7.   В разделе 9 приложения 4 к Правилам также указано, что такие «книги, счета и финансовые записи включают информацию, которая дает полный отчет о фактических и прямых расходах по разведке, и такую другую информацию, которая позволяет произвести эффективную ревизию таких расходов». Поэтому информация, раскрываемая контракторами, должна давать возможность для определения и объяснения тех сообщаемых в финансовых ведомостях сумм, которые израсходованы на разведку и оценку минеральных ресурсов. В связи с этим контракторам рекомендуется указывать свою политику в отношении учета затрат на разведку и оценку, и в том числе в отношении признания активов, задействуемых на нужды разведки и оценки. Контракторы должны также сообщать об объеме активов, обязательств, доходов и расходов, а также о денежных потоках оперативного и инвестиционного характера, связанных с разведкой и оценкой минеральных ресурсов.

8.   Финансовые ведомости должны охватывать промежуток времени, совпадающий с отчетным периодом, и соответствовать, как правило, календарному году. Если это невозможно, например если в стране, где базируется контрактор, используется иной финансовый год, контрактор должен указывать пределы учетного года и, по возможности, представлять сводку затрат, пропорционально соотнесенных с отчетным годом.

9.   Финансовая ведомость должна согласовываться с тем, что предусмотрено для соответствующего ей промежутка времени в предложенной программе деятельности, содержащейся в добавлении 2 к контракту, в том числе в предложенной калькуляции годовых расходов. Любое отклонение от предложенной программы деятельности или калькуляции годовых расходов должно быть четко сообщено и объяснено. При этом должны быть соблюдены и официальные коррективы к предлагаемой программе, которые могли быть согласованы сторонами.

10.   Когда какая-то разведочная деятельность не заканчивается с истечением учетного года, сообщаемые расходы должны соответствовать только тому объему деятельности, который был выполнен за соответствующий учетный год. Такие затраты должны быть четко отличимы от расходов, связанных с прошлой, предыдущей или будущей разведочной деятельностью.

11.   Когда затраты равны нулю, это тоже должно быть указано.

IV. Фактические прямые затраты на разведку

12.   Согласно Правилам, сообщаемые затраты должны представлять собой только фактические прямые расходы на разведку. Не все затраты, понесенные за отчетный период, можно считать фактическими прямыми расходами на разведку. Обычно ими считаются такие расходы, которые необходимы для выполнения разведочных работ в отношении конкретного ресурса, указанного в контракте, в течение соответствующего финансового периода сообразно с про-

граммой деятельности, изложенной в контракте на разведку. Подобные расходы следует приводить с надлежащей детализацией в разбивке затрат.

13.   Согласно пункту 3(b) правила 1 Правил, «разведка» означает изыскание залежей в Районе на исключительных правах, их анализ, использование и испытание систем и оборудования для сбора, обрабатывающих установок и систем транспортировки, а также проведение исследований в отношении экологических, технических, экономических, коммерческих и прочих соответствующих факторов, которые должны учитываться при разработке. Поэтому можно считать, что расходы, связанные с разведкой, должны относиться к одному из видов деятельности, перечисляемых в определении термина «разведка». В стандарте 6 Международных стандартов финансовой отчетности тоже приводится неисчерпывающий перечень примеров таких затрат, которые могут приводиться при первоначальном измерении активов, задействуемых на нужды разведки и оценки. Для того чтобы затраты считались прямыми, они должны быть понесены непосредственно в связи с разведочной деятельностью, которая велась в соответствии с программой работы по контракту. В приложении приводится рекомендуемый формат для ведомости фактических прямых затрат на разведку.

14.   Сообщаемые затраты должны являться также фактическими расходами. Это означает, что они должны быть реально понесены, а не являться условными, расчетными или прогнозируемыми. Фактические расходы, кроме того, приурочены по времени к отчетному году. Поэтому в них не включаются те расходы, которые относятся к прошлым или будущим разведочным работам. Фактические расходы могут отличаться от прогнозируемых, однако в отчете следует указывать причины любого расхождения.

V.   Заверение финансовых ведомостей

15.   Стандартными условиями контрактов на разведку предусмотрено требование о том, чтобы финансовые ведомости, показывающие фактические прямые затраты на разведку, понесенные контрактором при осуществлении программы деятельности за учетный год, были заверены надлежащим образом уполномоченной аудиторской фирмой или — когда контрактором является государство или государственное предприятие — поручившимся государством.

16.   Чтобы избежать путаницы при применении этого требования в тех случаях, когда контрактором является государство или государственное предприятие, контрактор должен указывать в годовом отчете, какое ведомство поручившегося государства обладает правом заверять финансовые ведомости.

17.   Поступление заверяющего сертификата должно совпадать по сроку с поступлением остальных компонентов годовых отчетов, т.е. происходить не позднее 31 марта каждого года. Если это невозможно, например если заверяющая инстанция применяет иной финансово-отчетный период, контрактор должен указывать в годовом отчете приблизительную дату представления. Когда сертификат оказывается в распоряжении контрактора, тот должен немедленно препроводить его Генеральному секретарю.

Приложение

Рекомендуемый формат для ведомости фактических прямых затрат на разведку

1. Затраты следует сообщать в следующей рубрикации:

- **Разведочные работы**
    - Исследования и анализ, включая натурные работы
    - Оборудование и приборы

- **Экологические исследования**
    - Исследования и анализ, включая натурные работы
    - Оборудование и приборы

- **Разработка добычной технологии**
    - Исследования и анализ, включая натурные работы
    - Оборудование и приборы

- **Разработка металлургического процесса**
    - Исследования и анализ, включая натурные работы
    - Оборудование и приборы

- **Подготовка кадров**

- **Прочая деятельность**
    - Подготовка годового отчета
    - Любые иные фактические прямые затраты на разведку, не относящиеся к указанным выше рубрикам, но образующие часть программы деятельности по контракту.

2. Когда какая-то статья расходов может быть отнесена сразу к нескольким рубрикам, во избежание дублирования ее следует проводить только по одной из рубрик.

3. Сообщаемые по каждой рубрике затраты следует, насколько это возможно, приводить в следующей разбивке: a) эксплуатационные затраты; b) капитальные затраты; c) расходы на укомплектование штатов и содержание персонала; и d) накладные расходы. Если устраивался судовой рейс, следует указывать судовое время (в сутках) и время использования любых крупных единиц оборудования (в сутках), фактически затраченное в ходе рейса.

4. В отчете следует детализировать любые единичные капитальные затраты, превышающие за год 200 000 долл. США.

Ассамблея

Distr.: General
4 August 2015
Russian
Original: English

Руководящие рекомендации контракторам относительно содержания, формата и структуры годовых отчетов

1.	Юридическая и техническая комиссия Международного органа по морскому дну, действуя на основании правила 39 Правил поиска и разведки полиметаллических конкреций в Районе, правила 41 Правил поиска и разведки полиметаллических сульфидов в Районе и правила 41 Правил поиска и разведки кобальтоносных железомарганцевых корок в Районе, выносит настоящие руководящие рекомендации контракторам.

I. Введение

2.	В настоящих рекомендациях «Правила» означают Правила поиска и разведки полиметаллических конкреций в Районе, Правила поиска и разведки полиметаллических сульфидов в Районе и Правила поиска и разведки кобальтоносных железомарганцевых корок в Районе. Ссылки на «условия» являются ссылками на стандартные условия, применимые к конкретному контракту, о котором идет речь.

3.	Цель настоящих рекомендаций состоит в том, чтобы сориентировать контракторов в отношении содержания, формата и структуры их годовых отчетов. Они включают в себя общие требования, предъявляемые к их годовым отчетам, а также конкретные рекомендации в отношении отчетности о проводимой по контрактам разведке полиметаллических конкреций, полиметаллических сульфидов и кобальтоносных железомарганцевых корок. Рекомендации заменяют собой руководство, предложенное Комиссией в приложении к документу ISBA/8/LTC/2, и должны применяться всеми контракторами начиная с 1 января 2016 года.

II. Общие требования

4.	Годовые отчеты о работе, проделанной за предыдущий год, должны представляться Генеральному секретарю не позднее конца марта каждого года и содержать информацию, указанную в разделе 10 приложения 4 к Правилам.

15-09575 (R)   280915   290915

Просьба отправить на вторичную переработку

5.   Отчеты должны представляться в печатном и электронном виде, а все экологические и геологические данные должны представляться в цифровом формате с пространственно-географической привязкой в соответствии с шаблонами, разработанными Комиссией и перечисленными в приложении IV к настоящему документу, и отвечать требованиям Международного органа по морскому дну.

6.   В докладах должны быть представлены результаты работы, проделанной за отчетный год, со ссылкой на утвержденный план работы по разведке. Контрактор должен указать свои цели на краткосрочную (на 1 год), среднесрочную (на 5 лет) и долгосрочную (на 10–15 лет) перспективу. В отчетах должна также содержаться информация об управлении проектами, с тем чтобы можно было следить за ходом осуществления программы работы и, где это уместно, программ подготовки кадров.

7.   В докладах должен четко указываться фактический объем работы, проделанной за отчетный год.

III.   Конкретные руководящие указания

8.   Рекомендуемые содержание, формат и структура годовых отчетов о проводимой по контрактам разведке полиметаллических конкреций приводятся в приложении I.

9.   Рекомендуемые содержание, формат и структура годовых отчетов о проводимой по контрактам разведке полиметаллических сульфидов приводятся в приложении II.

10.   Рекомендуемые содержание, формат и структура годовых отчетов о проводимой по контрактам разведке кобальтоносных железомарганцевых корок приводятся в приложении III.

11.   Перечень шаблонов для представления геологических и экологических данных приводится в приложении IV.

12.   Классификационный стандарт Международного органа по морскому дну для отчетности об оценках результатов разведки полезных ископаемых, минеральных ресурсах и минеральных запасах, принятый Комиссией, приводится в приложении V.

Приложение I

Содержание, формат и структура годовых отчетов о проводимой по контрактам разведке полиметаллических конкреций

I. Резюме

1.   Контрактору предписывается представить краткую информацию об основных достижениях и проблемах за 20xx год (максимум четыре страницы).

II.   Общие сведения

2.   Контрактору предписывается представлять:

a)   информацию об изменениях в программе деятельности за 20xx год, если таковые имеются;

b)   ответ на замечания Международного органа по морскому дну по предыдущему годовому отчету, если таковые имеются.

III.   Результаты разведочных работ

3.   Намеченная программа и ее фактическое выполнение.

Контрактору предлагается сообщить о выполнении своей годовой программы работы и предоставить информацию о каких-либо отклонениях от намеченной программы работы.

4.   Методы и оборудование.

Контрактору предлагается перечислить и описать методы и оборудование, применяемые для съемки, отбора проб и осуществления любой другой деятельности по разведке морского дна и его недр во время его исследовательских экспедиций.

a)   Съемка

Контрактору предписывается дать общее описание методов, оборудования и процедур (калибрация, сведения об установке и т.д.), используемых для съемки разведочного района. Орган отдает себе отчет в том, что эти методы включают в себя, в частности:

i)   однолучевое и многолучевое эхолотирование (с использованием оборудования, монтируемого на корпусе, и/или с помощью телеуправляемых необитаемых подводных аппаратов (ТНПА) или автономных необитаемых подводных аппаратов (АНПА));

ii)   гидролокацию бокового обзора (с помощью буксируемых носителей, ТНПА, АНПА или иных устройств);

iii)   профилирование поддонного слоя;

iv) фото/видеосъемку с использованием телегрейферов, салазок, ТНПА, АНПА, подводных аппаратов и т.д.

b) Отбор проб

Контрактору предписывается дать общее описание выполненной программы отбора проб, включая описание оборудования для отбора проб и процедур его использования: пробоотборники, грейферы, драги, прочее оборудование и методы. Описательная часть должна быть составлена таким образом, чтобы соответствовать шаблонам для представления геологических и экологических данных по полиметаллическим конкрециям (см. приложение IV).

c) Прочая деятельность

Контрактору предписывается дать общее описание любой другой работы, проделанной в целях получения необходимой информации или данных о районах морского дна и его недрах.

5.   Полученные данные.

Контрактору предлагается привести сведения, полученные в результате съемки, отбора проб и осуществления любой другой деятельности по разведке морского дна и его недр во время его исследовательских экспедиций.

a) Навигационные данные

Полная информация о навигации с указанием географических координат должна представляться в составе каждого комплекта данных. Однако в целях облегчения поиска необходимой информации контракторам также предлагается предоставлять отдельные электронные файлы с координатами по каждому из нижеперечисленных объектов:

i) местоположение станций;

ii) траектории прохода многолучевых, гидролокационных и сейсмических датчиков;

iii) местоположение судов.

b) Батиметрия

Орган требует от контрактора представления полученных и обработанных батиметрических данных в виде цифровых файлов с расширением .xyz в формате Американского стандартного кода для обмена информацией (ASCII) или общем формате географической информационной системы (GIS). Порядок обработки должен быть полностью изложен.

c) Данные гидролокаторов бокового обзора и сейсмических датчиков

Орган требует от контрактора представления полученных сейсмических данных в виде цифровых файлов (SEG-Y или XTF) и/или в виде изображений с высоким разрешением (JPG, PDF, TIFF и т.д.).

d) Фотографии и видео

Орган требует от контрактора представления фото- и видеоматериалов с высоким разрешением (JPG, PDF, TIFF и т.д.).

e) Характеристики конкреций

Характеристика конкреций дается на основании их плотности залегания, морфологии, содержания минеральных веществ, химического состава и физических свойств. Контрактору предлагается дать общее описание этих характеристик и используемых аналитических методов. Конкретные результаты анализа конкреций и субстрата на каждой станции пробоотбора следует указывать в виде таблицы по образцу шаблона для представления геологических данных по полиметаллическим конкрециям (см. приложение IV).

6. Интерпретация и оценка.

Контрактору предлагается сообщить о результатах интерпретации данных о геологии полезных ископаемых и оценки ресурсов, которые были проделаны на основании полученной информации.

a) Интерпретация данных о месторождениях полезных ископаемых

Выводы, сделанные контрактором в отношении различных аспектов месторождений полезных ископаемых, могут представляться в виде комплекта снабженных комментариями карт, например по батиметрии, морфологии морского дна, геологии или литологии, плотности залегания конкреций, распределению металлов, распределению ресурсов и т.д. (в векторном формате или в виде цифровых изображений).

b) Оценка минеральных ресурсов

Если контрактор уже вышел на этап проведения оценки ресурсов того или иного месторождения, ему предписывается представить подробные сведения по следующим пунктам:

i) метод оценки;

ii) классификация ресурсов/резервов в соответствии со Стандартом отчетности Органа (см. приложение V).

c) В отчете необходимо также указывать информацию об объеме конкреций, извлеченных в виде проб или материала для испытаний (даже в том случае, если объем равен нулю).

7. Будущая стратегия проведения разведочных работ.

Контрактору предлагается сообщить о каких-либо изменениях в его будущей стратегии проведения разведочных работ.

IV. Фоновые экологические исследования (мониторинг и оценка)

8.   На предмет проведения фоновых экологических исследований контрактору предписывается ориентироваться на руководящие рекомендации по оценке возможного экологического воздействия разведки морских полезных ископаемых в Районе (ISBA/19/LTC/8, раздел III).

A. Экологический мониторинг

9.   Контрактору предписывается представлять:

a)   описание целей на отчетный период (запланировано, в процессе осуществления, завершено);

b)   информацию о техническом оборудовании и методологии, применяемых на глубине, на борту судна и в лаборатории (включая программное обеспечение для анализа);

c)   полученные результаты (включая графическое представление данных, на которых основаны результаты, в сводном виде);

d)   интерпретацию выводов, в том числе сопоставление с опубликованными данными по другим исследованиям.

e)   информацию по физической океанографии (характеристики водной толщи и придонных течений, включая скорость и направление течения, температура, мутность на различных глубинах, гидродинамические модели). Данные должны быть привязаны к результатам долгосрочных наблюдений за буйковыми станциями;

f)   информацию по химической океанографии (характеристики морской воды, в том числе значение pH, содержание растворенного кислорода, общая щелочность, концентрация питательных веществ, содержание растворенного органического углерода и органического углерода в виде частиц, оценочный поток массы, тяжелые металлы, микропримеси и хлорофилл a);

g)   информацию об исследованиях биологических сообществ и биоразнообразия (включая мегафауну, макрофауну, мейофауну, микрофлору, фауну конкреций, придонные виды, питающиеся падалью, и пелагические сообщества);

h)   информацию о функционировании экосистем (например, биотурбация, стабильные изотопы, потребление кислорода обитающими в осадочных отложениях сообществами).

B. Экологическая оценка

10.   Контрактору предписывается представить:

a)   информацию об оценке экологического воздействия разведочной деятельности, включая информацию о программе мониторинга до, во время и после осуществления конкретных видов деятельности, способных причинить серьезный вред;

b)   заявление о том, что деятельность, предпринятая в контрактном районе за отчетный год, не причинила серьезного ущерба, и сведения о том, как это было установлено;

c)   информацию об оценке экологического воздействия экспериментально-добычной деятельности, проводимая на рабочих эталонных полигонах;

d)   оценку надежности/достоверности статистических данных с учетом размера образцов, численности образцов и, в случае биологических сообществ, распространенности отдельных видов (с доказательствами статистической значимости);

e)   анализ существующих пробелов и будущую стратегию для достижения целей пятилетней программы деятельности и выполнения требований документа ISBA/19/LTC/8;

f)   оценку периода восстановления сообществ морского дна после нарушения среды морского дна;

g)   оценку преимуществ и недостатков различных пробоотборных и аналитических методов (включая контроль качества);

h)   сопоставление результатов экологических исследований в других районах в целях анализа богатства видов и их распределения по бассейну океана.

11.   Все данные, используемые в отчете (диаграммы, графики и изображения), должны представляться на основании шаблона для представления экологических данных по полиметаллическим конкрециям в формате Excel (см. приложение IV).

V.   Добычные испытания и предлагаемая добычная технология

12.   Контрактору предписывается представить:

a)   сроки и информацию по характеристикам сконструированного и протестированного добычного оборудования (если это применимо), а также данные об использовании оборудования, конструкция которого не принадлежит контрактору;

b)   описание оборудования, его эксплуатационные характеристики и результаты испытаний;

c)   описание характера и результатов экспериментов (если это применимо);

d)   касательно добычных технологий — информацию о техническом прогрессе, достигнутом контрактором в осуществлении программы создания добычной системы (как то коллекторов, системы подъема на поверхность, перерабатывающего судна и т.д.);

e) касательно технологий обработки:

i) информацию о методах переработки минерального сырья и металлургических испытаний и обработки, например при наличии трех металлов, пяти металлов, редкоземельных элементов и др.;

ii) информацию о прочих методах.

VI. Программа подготовки кадров

13. Контрактору предписывается представить подробную информацию об осуществлении программы подготовки кадров в соответствии с добавлением 3 к контракту с учетом требований, изложенных в руководящих рекомендациях контракторам и поручившимся государствам относительно программ подготовки кадров в соответствии с планами работы по разведке (ISBA/19/LTC/14).

VII. Международное сотрудничество

14. Контрактору предписывается представить информацию о:

a) участии в программах сотрудничества по линии Органа;

b) сотрудничестве с другими контракторами;

c) других примерах международного сотрудничества.

VIII. Заверенная финансовая ведомость фактических прямых затрат на разведку

15. Контрактору предписывается представить подробную финансовую ведомость сообразно с руководящими рекомендациями контракторам относительно сообщения сведений о фактических прямых затратах на разведку (ISBA/21/LTC/11), как предусмотрено в разделе 10 приложения IV к Правилам.

IX. Программа деятельности на следующий год

16. Контрактору предписывается представить:

a) краткие сведения о предлагаемой работе на следующий год;

b) описание предлагаемых изменений в первоначальной программе деятельности на следующий год в соответствии с контрактом;

c) разъяснение оснований для таких предлагаемых изменений.

X. Дополнительная информация, предоставляемая контрактором

17. Контрактору предписывается представить:

a) перечень соответствующих публикаций в рецензируемых журналах за отчетный год;

b) ссылки на все соответствующие документы, пресс-релизы и научные публикации, упоминаемые в отчете.

Приложение II

Содержание, формат и структура годовых отчетов о проводимой по контрактам разведке полиметаллических сульфидов

I. Резюме

1.   Контрактору предписывается представить краткую информацию об основных достижениях и проблемах за 20xx год (максимум четыре страницы).

II. Общие сведения

2.   Контрактору предписывается представлять:

a)   информацию об изменениях в программе деятельности за 20xx год, если таковые имеются;

b)   ответ на замечания Международного органа по морскому дну по предыдущему годовому отчету, если таковые имеются.

III. Результаты разведочных работ

3.   Намеченная программа и ее фактическое выполнение.

Контрактору предлагается сообщить о выполнении своей годовой программы работы и предоставить информацию о каких-либо отклонениях от намеченной программы работы.

4.   Методы и оборудование.

Контрактору предлагается перечислить и описать методы и оборудование, применяемые для съемки, отбора проб и осуществления любой другой деятельности по разведке морского дна и его недр во время его исследовательских экспедиций.

a)   Съемка

Контрактору предписывается дать общее описание методов, оборудования и процедур (калибрация, сведения об установке и т.д.), используемых для съемки разведочного района (морское дно и придонный водный слой). Орган отдает себе отчет в том, что эти методы включают в себя, в частности:

i)   однолучевое и многолучевое эхолотирование (с использованием оборудования, монтируемого на корпусе, и/или с помощью телеуправляемых необитаемых подводных аппаратов (ТНПА) или автономных необитаемых подводных аппаратов (АНПА));

;

ii) измерение проводимости, температуры и глубины (CTD) с помощью устройств, ведущих замеры либо на постоянной глубине, либо варьирующих степень погружения;

iii) гидролокацию бокового обзора (с помощью буксируемых носителей, ТНПА, АНПА или иных устройств);

iv) профилирование поддонного слоя;

v) электромагнитное профилирование;

vi) фото- и видеосъемка с использованием телегрейферов, салазок, ТНПА, АНПА, подводных аппаратов и т.д.;

vii) прочие методы.

b) Отбор проб

Контрактору предписывается дать общее описание выполненной программы отбора проб, включая описание оборудования для отбора проб и процедур его использования: пробоотборники, грейферы, драги, ТНПА, подводные аппараты или прочее оборудование и методы. Описательная часть должна быть составлена таким образом, чтобы соответствовать шаблонам для представления геологических и экологических данных по полиметаллическим сульфидам (см. приложение IV).

c) Прочая деятельность

Контрактору предписывается дать общее описание любой другой работы, проделанной в целях получения необходимой информации или данных о районах морского дна и его недрах.

5. Полученные данные.

Контрактору предлагается привести сведения, полученные в результате съемки, отбора проб и осуществления любой другой деятельности по разведке морского дна и его недр во время его исследовательских экспедиций.

a) Навигационные данные

Полная информация о навигации с указанием географических координат должна представляться в составе каждого комплекта данных. Однако в целях облегчения поиска необходимой информации контракторам также предлагается предоставлять отдельные электронные файлы с координатами по каждому из нижеперечисленных объектов:

i) местоположение станций;

ii) траектории прохода многолучевых, гидролокационных и сейсмических датчиков;

iii) местоположение судов.

b) Батиметрия

Орган требует от контрактора представления полученных и обработанных батиметрических данных в виде цифровых файлов с расширением .xyz в формате Американского стандартного кода для обмена информацией (ASCII) или общем формате географической информационной системы (GIS). Порядок обработки должен быть полностью изложен.

c) Данные гидролокаторов бокового обзора и сейсмических датчиков

Орган требует от контрактора представления полученных сейсмических данных в виде цифровых файлов (SEG-Y или XTF) и/или в виде изображений с высоким разрешением (JPG, PDF, TIFF и т.д.).

d) Данные (электро)магнитной разведки

Орган требует от контрактора представления полученных (электро)магниторазведочных данных в виде цифровой сетки в общем формате GIS.

e) Данные потенциалов самопроизвольной поляризации

Орган требует от контрактора представления полученных данных потенциалов самопроизвольной поляризации в виде цифровой сетки в общем формате GIS.

f) Параметры придонных вод

Орган требует от контрактора представления полученных данных о параметрах придонных вод (температура, соленость, мутность/прозрачность, Eh, pH и т.д.) в виде таблиц (Excel, txt и т.д.) и диаграмм в цифровом формате.

g) Фото и видео

Орган требует от контрактора представления фото- и видеоматериалов с высоким разрешением (JPEG, PDF, TIFF и т.д.).

h) Характеристики полиметаллических сульфидов

Залежи полиметаллических сульфидов характеризуются параметрами содержания минеральных веществ, химического состава и физических свойств. Контрактору предлагается дать общее описание этих характеристик и аналитических методов, используемых применительно к самой залежи и ассоциированным металлоносным отложениям. Конкретные результаты анализа полиметаллических сульфидов, низкотемпературной минерализации и субстрата на каждой станции пробоотбора следует указывать в виде таблицы по образцу шаблона для представления геологических данных по полиметаллическим сульфидам (см. приложение IV).

6. Интерпретация и оценка.

Контрактору предлагается сообщить о результатах интерпретации данных о геологии полезных ископаемых и оценки ресурсов, которые были проделаны на основании полученной информации.

a) Интерпретация данных о месторождениях полезных ископаемых

Выводы, сделанные контрактором в отношении различных аспектов месторождений полезных ископаемых, могут представляться в виде комплекта снабженных комментариями карт, например по батиметрии, морфологии морского дна, геологии (включая границы месторождения), литологии, минералогии и т.д. (в векторном формате или в виде цифровых изображений).

b) Связанные с залежами гидротермальные процессы

В случае залежей полиметаллических сульфидов особый интерес представляет информация о связанных с ними гидротермальных процессах. Контрактору предлагается представить следующие сведения в отношении активных и неактивных полей:

i) способ обнаружения гидротермальной активности:

– прямое обнаружение (визуализация) — фотографические снимки;

– косвенное обнаружение (аномалии в водной толще) — с помощью устройств, ведущих замеры либо на постоянной глубине, либо варьирующих степень погружения.

c) Оценка минеральных ресурсов

Если контрактор уже вышел на этап проведения оценки ресурсов того или иного месторождения, ему предписывается представить подробные сведения по следующим пунктам:

i) метод оценки;

ii) классификация ресурсов/резервов в соответствии со Стандартом отчетности Органа (см. приложение V).

d) В отчете необходимо также указывать информацию об объеме полиметаллических сульфидов, извлеченных в виде проб или материала для испытаний (даже в том случае, если объем равен нулю).

7. Будущая стратегия проведения разведочных работ.

Контрактору предлагается сообщить о каких-либо изменениях в его будущей стратегии проведения разведочных работ.

IV. Фоновые экологические исследования (мониторинг и оценка)

8. На предмет проведения фоновых экологических исследований контрактору ориентироваться на руководящие рекомендации по оценке возможного экологического воздействия разведки морских полезных ископаемых в Районе (ISBA/19/LTC/8, раздел III).

A. Экологический мониторинг

9. Контрактору предписывается представить:

a) описание целей на отчетный период (запланировано, в процессе осуществления, завершено);

b)   информацию о техническом оборудовании и методологиях, применяемых на глубине, на борту судна и в лаборатории (включая программное обеспечение для анализа);

c)   полученные результаты (включая графическое представление данных, на которых основаны результаты, в сводном виде);

d)   интерпретацию выводов, в том числе сопоставление с опубликованными данными по другим исследованиям;

e)   информацию по физической океанографии (характеристики морской воды и придонных течений, включая скорость и направление течения, температура, мутность на различных глубинах, склоновое перемещение наносов, гидродинамические модели). Данные должны быть привязаны к результатам долгосрочных наблюдений за буйковыми станциями;

f)   информацию по химической океанографии (характеристики морской воды, в том числе значение pH, содержание растворенного кислорода, общая щелочность, концентрация питательных веществ, содержание растворенного органического углерода и органического углерода в виде частиц, оценочный поток массы, тяжелые металлы, микропримеси и хлорофилл a);

g)   информацию об исследованиях биологических сообществ и биоразнообразия (включая разнообразие ареалов, мегафауну, макрофауну, мейофауну, бактериальные маты, придонные виды, питающиеся падалью, и пелагические сообщества);

h)   информацию о функционировании экосистем (включая пищевые сети, стабильные изотопы, жирные кислоты и метаболические процессы, основанные на потреблении метана и сероводорода).

B.   Экологическая оценка

10.   Контрактору предписывается представить:

a)   информацию об оценке экологического воздействия разведочной деятельности, включая информацию о программ мониторинга до, во время и после осуществления конкретных видов деятельности, способных причинить серьезный вред;

b)   заявление о том, что деятельность, предпринятая в контрактном районе за отчетный год, не причинила серьезного ущерба, и сведения о том, как это было установлено;

c)   информацию об оценке экологического воздействия экспериментально-добычной деятельности, проводимая на рабочих эталонных полигонах;

d)   оценку надежности/достоверности статистических данных с учетом размера образцов, численности образцов и, в случае биологических сообществ, распространенности отдельных видов (с доказательствами статистической значимости);

e)   анализ существующих пробелов и будущую стратегию для достижения целей пятилетней программы деятельности и выполнения требований документа ISBA/19/LTC/8;

f) оценку экосистемных изменений и периода восстановления после стихийных и антропогенных нарушений , включая буровую деятельность;

g) оценку преимуществ и недостатков различных пробоотборных и аналитических методов, включая контроль качества;

h) сопоставление результатов экологических исследований в аналогичных районах в целях анализа богатства видов и их распределения по бассейну океана.

11. Все данные, используемые в отчете (диаграммы, графики и изображения), должны представляться на основании шаблона для представления экологических данных по полиметаллическим сульфидам в формате Excel (см. приложение IV).

V. Добычные испытания и предлагаемая добычная технология

12. Контрактору предписывается представить:

a) сроки и информацию по характеристикам сконструированного и протестированного добычного оборудования (если это применимо), а также данные об использовании оборудования, конструкция которого не принадлежит контрактору;

b) описание оборудования, его эксплуатационные характеристики и, результаты испытаний;

c) описание характера и результатов экспериментов (если это применимо);

d) касательно добычных технологий — информацию о техническом прогрессе, достигнутом контрактором в осуществлении программы создания добычной системы (как то коллекторов, системы подъема на поверхность, перерабатывающего судна и т.д.);

e) касательно технологий обработки:

i) информацию о методах переработки минерального сырья и металлургических испытаний и обработки;

ii) информацию о прочих методах.

VI. Программа подготовки кадров

13. Контрактору предписывается представить подробную информацию об осуществлении программы подготовки кадров в соответствии с добавлением 3 к контракту с учетом требований, изложенных в руководящих рекомендациях контракторам и поручившимся государствам относительно программ подготовки кадров в соответствии с планами работы по разведке (ISBA/19/LTC/14).

VII. Международное сотрудничество

14.   Контрактору предписывается представить информацию о:

   a)   его участии в программах сотрудничества по линии Органа;

   b)   сотрудничестве с другими контракторами;

   c)   других примерах международного сотрудничества.

VIII. Заверенная финансовая ведомость фактических прямых затрат на разведку

15.   Контрактору предписывается представить подробную финансовую ведомость сообразно с руководящими рекомендациями контракторам относительно сообщения сведений о фактических прямых затратах на разведку (ISBA/21/LTC/11), как предусмотрено в разделе 10 приложения 4 к Правилам.

IX. Программа деятельности на следующий год

16.   Контрактору предписывается представить:

   a)   краткие сведения о предлагаемой работе на следующий год;

   b)   описание предлагаемых изменений в первоначальной программе деятельности на следующий год в соответствии с контрактом;

   c)   разъяснение оснований для таких предлагаемых изменений.

X. Дополнительная информация, предоставляемая контрактором

17.   Контрактору предписывается представить:

   a)   перечень соответствующих публикаций в рецензируемых журналах за отчетный год;

   b)   ссылки на все соответствующие документы, пресс-релизы и научные публикации, упоминаемые в отчете.

Приложение III

Содержание, формат и структура годовых отчетов о проводимой по контрактам разведке кобальтоносных железомарганцевых корок

I. Резюме

1. Контрактору предписывается представить краткую информацию об основных достижениях и проблемах за 20хх год (максимум четыре страницы).

II. Общие сведения

2. Контрактору предписывается представлять:

a) информацию об изменениях в программе деятельности за 20хх год, если таковые имеются;

b) ответ на замечания Международного органа по морскому дну по предыдущему годовому отчету, если таковые имеются.

III. Результаты разведочных работ

3. Намеченная программа и ее фактическое выполнение

Контрактору предлагается сообщить о выполнении своей годовой программы работы и предоставить информацию о каких-либо отклонениях от намеченной программы работы.

4. Методы и оборудование

Контрактору предлагается перечислить и описать методы и оборудование, применяемые для съемки, отбора проб и осуществления любой другой деятельности по разведке морского дна и его недр во время его исследовательских экспедиций.

a) Съемка

Контрактору предписывается дать общее описание методов, оборудования и процедур (калибрация, сведения об установке и т.д.), используемых для съемки разведочного района. Орган отдает себе отчет в том, что эти методы включают в себя, в частности:

i) однолучевое и многолучевое эхолотирование (с установкой аппаратуры на корпусе судна и/или с помощью телеуправляемых необитаемых подводных аппаратов (ТНПА) или автономных необитаемых подводных аппаратов (АНПА));

ii) гидролокацию бокового обзора (с помощью буксируемых носителей, ТНПА, АНПА или иных устройств);

iii) профилирование поддонного слоя (с использованием оборудования, монтируемого на корпусе, или ТНПА/АНПА);

   iv) фото- и видеосъемку с использованием телегрейферов, салазок, ТНПА, АНПА, подводных аппаратов и т.д.;

   v) прочие методы (например, регистрация гамма-излучения и т.д.).

  b) Отбор проб

   Контрактору предписывается дать общее описание выполненной программы отбора проб, включая описание оборудования для отбора проб и процедур его использования: пробоотборники-буры, драги, ТНПА, подводные аппараты или прочее оборудование и методы. Описательная часть должна быть составлена таким образом, чтобы соответствовать шаблонам для представления геологических и экологических данных по кобальтоносным железомарганцевым коркам (см. приложение IV).

  c) Прочая деятельность

   Контрактору предписывается дать общее описание любой другой работы, проделанной в целях получения необходимой информации или данных о районах морского дна и его недрах.

5. Полученные данные.

  Контрактору предлагается привести сведения, полученные в результате съемки, отбора проб и осуществления любой другой деятельности по разведке морского дна и его недр во время его исследовательских экспедиций.

  a) Навигационные данные

   Полная информация о навигации с указанием географических координат должна представляться в составе каждого комплекта данных. Однако в целях облегчения поиска необходимой информации контракторам также предлагается предоставлять отдельные электронные файлы с координатами по каждому из нижеперечисленных объектов:

   i) местоположение станций;

   ii) траектории прохода многолучевых, гидролокационных и сейсмических датчиков;

   iii) местоположение судов.

  b) Батиметрия

   Орган требует от контрактора представления полученных батиметрических данных в виде цифровых файлов с расширением .xyz в формате Американского стандартного кода для обмена информацией (ASCII) или общем формате географической информационной системы (GIS).

  c) Данные гидролокаторов бокового обзора и сейсмических датчиков

   Орган требует от контрактора представления полученных сейсмических данных в виде цифровых файлов (SEG-Y или XTF) и/или в виде изображений с высоким разрешением (JPG, PDF, TIFF и т.д.).

d) Фото и видео

Орган требует от контрактора представления фото- и видеоматериалов с высоким разрешением (JPG, PDF, TIFF и т.д.).

e) Характеристики кобальтоносных железомарганцевых корок

Залежи кобальтоносных железомарганцевых корок характеризуются параметрами толщины, площади коркового покрытия, содержания минеральных веществ, химического состава и физических свойств рядом физических и химических параметров. Контрактору предлагается дать общее описание этих характеристик и используемых аналитических методов. Конкретные результаты анализа кобальтоносных железомарганцевых корок на каждой станции пробоотбора следует указывать в виде таблицы по образцу шаблона для представления геологических данных по кобальтоносным железомарганцевым коркам (см. приложение IV).

6. Интерпретация и оценка.

Контрактору предлагается сообщить о результатах интерпретации данных о геологии полезных ископаемых и оценки ресурсов, которые были проделаны на основании полученной информации.

a) Интерпретация данных о месторождениях полезных ископаемых

Выводы, сделанные контрактором в отношении различных аспектов месторождений полезных ископаемых, могут представляться в виде комплекта снабженных комментариями карт, например по батиметрии, морфологии морского дна, геологии и литологии, площади коркового покрытия, распределению металлов, мощности корки и ее пространственным/региональным вариациям, включая изменчивость в зависимости от глубины (в векторном формате или в виде цифровых изображений).

b) Оценка минеральных ресурсов

Если контрактор уже вышел на этап проведения оценки ресурсов того или иного месторождения, ему предписывается представить подробные сведения по следующим пунктам:

i) метод оценки;

ii) классификация ресурсов/резервов в соответствии со Стандартом отчетности Органа (см. приложение V).

c) В отчете необходимо также указывать информацию об объеме полезных ископаемых, извлеченных в виде проб или материала для испытаний (даже в том случае, если объем равен нулю).

7. Будущая стратегия проведения разведочных работ.

Контрактору предлагается сообщить о каких-либо изменениях в его будущей стратегии проведения разведочных работ.

IV. Фоновые экологические исследования (мониторинг и оценка)

8. На предмет проведения фоновых экологических исследований контрактору ориентироваться на руководящие рекомендации по оценке возможного экологического воздействия разведки морских полезных ископаемых в Районе (ISBA/19/LTC/8, раздел III).

A. Экологический мониторинг

9. Контрактору предписывается представить:

a) описание целей на отчетный период (запланировано, в процессе осуществления, завершено);

b) информацию о техническом оборудовании и методологиях, применяемых на глубине, на борту судна и в лаборатории (включая программное обеспечение для анализа);

c) полученные результаты (включая графическое представление данных, на которых основаны результаты, в сводном виде);

d) интерпретацию выводов, в том числе сопоставление с опубликованными данными по другим исследованиям;

e) информацию по физической океанографии (характеристики морской воды и придонных течений, включая скорость и направление течения, температура, мутность на различных глубинах, склоновое перемещение наносов, гидродинамические модели). Данные должны быть привязаны к результатам долгосрочных наблюдений за буйковыми станциями;

f) информацию по химической океанографии (характеристики морской воды, в том числе значение pH, содержание растворенного кислорода, общая щелочность, концентрация питательных веществ, содержание растворенного органического углерода и органического углерода в виде частиц, оценочный поток массы, тяжелые металлы, микропримеси и хлорофилл a);

g) информацию об исследованиях биологических сообществ и биоразнообразия (включая разнообразие ареалов, мегафауну, макрофауну, мейофауну, бактериальные маты, придонные виды, питающиеся падалью, и пелагические сообщества);

h) информацию о функционировании экосистем (пищевые сети, стабильные изотопы и жирные кислоты).

B. Экологическая оценка

10. Контрактору предписывается представить:

a) информацию об оценке экологического воздействия разведочной деятельности, включая программу мониторинга до, во время и после осуществления конкретных видов деятельности, способных причинить серьезный вред;

b) заявление о том, что деятельность, предпринятая в контрактном районе за отчетный год, не причинила серьезного ущерба, и сведения о том, как это было установлено;

c) информацию об оценке экологического воздействия экспериментально-добычной деятельности, проводимая на рабочих эталонных полигонах;

d) оценку надежности/достоверности статистических данных с учетом размера образцов, численности образцов и, в случае биологических сообществ, распространенности отдельных видов (с доказательствами статистической значимости);

e) анализ существующих пробелов и будущую стратегию для достижения целей пятилетней программы деятельности и выполнения требований документа ISBA/19/LTC/8;

f) оценку восстановления экосистем после стихийных и антропогенных нарушений, где это применимо;

g) оценку преимуществ и недостатков различных пробоотборных и аналитических методов, включая контроль качества;

h) сопоставление результатов экологических исследований в аналогичных районах в целях анализа богатства видов и их распределения по бассейну океана.

11. Все данные, используемые в отчете (диаграммы, графики и изображения), должны представляться на основании шаблона для представления экологических данных по кобальтоносным железомарганцевым коркам в формате Excel, (см. приложение IV).

V. Добычные испытания и предлагаемая добычная технология

12. Контрактору предписывается представить:

a) сроки и информацию по характеристикам сконструированного и протестированного добычного оборудования (если это применимо), а также данные об использовании оборудования, конструкция которого не принадлежит контрактору;

b) описание оборудования, его эксплуатационные характеристики и, если это уместно, результаты испытаний;

c) описание характера и результатов экспериментов (если это применимо);

d) касательно добычных технологий - информацию о техническом прогрессе, достигнутом контрактором в осуществлении программы создания добычной системы (как то коллекторов, системы подъема на поверхность, перерабатывающего судна и т.д.);

e) касательно технологий обработки:

i) информацию о методах переработки минерального сырья и металлургических испытаний и обработки;

ii) информацию о прочих методах.

VI. Программа подготовки кадров

13.   Контрактору предписывается представить подробную информацию об осуществлении программы подготовки кадров в соответствии с добавлением 3 к контракту с учетом требований, изложенных в руководящих рекомендациях контракторам и поручившимся государствам относительно программ подготовки кадров в соответствии с планами работы по разведке (ISBA/19/LTC/14).

VII. Международное сотрудничество

14. Контрактору предписывается представить информацию о:

    a)   его участии в программах сотрудничества по линии Органа;

    b)   сотрудничестве с другими контракторами;

    c)   других примерах международного сотрудничества.

VIII. Заверенная финансовая ведомость фактических прямых затрат на разведку

15.   Контрактору предписывается представить подробную финансовую ведомость сообразно с руководящими рекомендациями контракторам относительно сообщения сведений о фактических прямых затратах на разведку (ISBA/21/LTC/11), как предусмотрено в разделе 10 приложения 4 к Правилам.

IX. Программа деятельности на следующий год

16.   Контрактору предписывается представить:

    a)   краткие сведения о предлагаемой работе на следующий год;

    b)   описание предлагаемых изменений в первоначальной программе деятельности на следующий год в соответствии с контрактом;

    c)   разъяснение оснований для таких предлагаемых изменений.

X. Дополнительная информация, предоставляемая контрактором

17.   Контрактору предписывается представить:

    a)   перечень соответствующих публикаций в рецензируемых журналах за отчетный год;

    b)   ссылки на все соответствующие документы, пресс-релизы и научные публикации, упоминаемые в отчете.

Приложение IV

Перечень шаблонов для представления табулированных геологических и экологических данных

1. Шаблон для представления геологических данных по полиметаллическим конкрециям и субстрату

2. Шаблон для представления геологических данных по полиметаллическим сульфидам и субстрату

3. Шаблон для представления геологических данных по кобальтоносным железомарганцевым коркам

4. Шаблон для представления экологических данных по полиметаллическим конкрециям

5. Шаблон для представления экологических данных по полиметаллическим сульфидам

6. Шаблон для представления экологических данных по кобальтоносным железомарганцевым коркам

Приложение V

Стандарт Международного органа по морскому дну для отчетности об оценках результатов разведки полезных ископаемых, минеральных ресурсах и минеральных запасах

I. Введение

1.   Настоящий документ является сводом нормативных требований, которые должны соблюдаться при составлении всех документов, представляемых Международному органу по морскому дну и содержащих оценки ресурсов в Районе, не предназначенные для широкой общественности и не имеющие основной целью представление информации для инвесторов, потенциальных инвесторов и их советников. Эти оценки должны представляться сообразно с системой классификации ресурсов, принятой в Органе, основанной на трех категориях ресурсов: a) оценках результатов разведки полезных ископаемых, b) минеральных ресурсах и c) минеральных запасах (см. диаграмму ниже). При его подготовке за основу был взят международный шаблон отчетности Комитета по международным стандартам отчетности о минерально-сырьевых запасах (КРИРСКО) от ноября 2013 года[1].

2.   В настоящем документе определения важных терминов приводятся в пунктах, выделенных жирным шрифтом. При использовании в других таких определениях эти термины подчеркнуты. Положения шаблона даны обычным шрифтом. Пункты, выделенные курсивом, идущие за соответствующими положениями, предназначены для того, чтобы сориентировать читателей в плане толкования положений Стандарта отчетности Органа в части их применения. В добавлении 1 приводится перечень общих терминов и их эквивалентов и определений во избежание повторений или неясности.

---

[1] Настоящее приложение было подготовлено по просьбе Международного органа по морскому дну группой специалистов, в состав которой вошли: С. Антрим, Исполнительный директор, Комитет по вопросам верховенства права в отношении океанов, Соединенные Штаты Америки; Х. Паркер, заместитель Председателя Комитета по международным стандартам отчетности о минерально-сырьевых запасах (КРИРСКО), консультирующий горный геолог и геостатистик, Amec Foster Wheeler, Соединенные Штаты Америки; и Л. Р. Стивенсон, бывший заместитель Председателя КРИРСКО и Директор/главный геолог, AMC Consultants, Канада; при участии членов КРИРСКО. При его составлении использовались руководящие принципы, подготовленные рабочей группой в ходе практикума по теме «Классификация ресурсов полиметаллических конкреций», который был организован Органом в сотрудничестве с министерством наук о Земле Индии и прошел в Гоа, Индия, с 13 по 17 октября 2014 года. В состав рабочей группы вошли: г-н Стивенсон, г-жа С. Антрим; М. Ниммо, главный геолог, Golder Associates, Австралия; Д. Макдональд, Председатель Группы экспертов Европейской экономической комиссии по классификации ресурсов; П. Кей, заведующий отделом полезных ископаемых в прибрежных районах, Geoscience Australia; П. Мадурейра, заместитель руководителя Целевой группы по расширению границ континентального шельфа (Португалия); Г. Черкашов, заместитель директора Всероссийского научно-исследовательского института геологии и минеральных ресурсов Мирового океана (Российская Федерация); Т. Ишияма, Deep Ocean Resources Development, Япония; Т. Абрамовски, Генеральный директор, совместная организация «Интерокеанметалл» (Польша); Дж. Парионос, главный геолог, Tonga Offshore Mining Limited, Тонга; и Ж. Пэнйон, G-TEC Sea Mineral Resources NV.

II. Область применения

3.   Главные принципы, лежащие в основе Стандарта отчетности и регулирующие его применение, — это принципы транспарентности и существенности:

a)   согласно принципу транспаретности, Органу, и в частности его Юридической и технической комиссии, должна быть предоставлена достаточная информация в четкой и недвусмысленной форме, чтобы обеспечить понимание ими отчета и не ввести их в заблуждение;

b)   принцип существенности требует, чтобы в отчете содержалась вся соответствующая информация, которая может обоснованно потребоваться Органу, и в частности его Юридической и технической комиссии, и которую они могут ожидать получить из отчета для целей принятия ими осознанного и взвешенного решения на предмет минеральных ресурсов и минеральных запасов, о которых говорится в отчете.

4.   **В Стандарте отчетности приведены минимальные требования, которые должны быть соблюдены при составлении всех документов, представляемых Органу и содержащих оценки результатов разведки полезных ископаемых и сведения о минеральных ресурсах и минеральных запасах. Он не предназначен для широкой общественности, и его основной целью не является представление информации для инвесторов, потенциальных инвесторов и их советников**[2]. Орган призывает отчитывающиеся структуры представлять в своих отчетах как можно более полную информацию[3].

5.   Оценка минеральных ресурсов и минеральных запасов всегда сопряжена с некоторой неопределенностью и неточностью. Могут потребоваться значительные навыки и опыт для того, чтобы истолковывать фрагментарную информацию, например геологические карты и результаты анализа образцов, которые, как правило, представляют собой только малую часть месторождения. Присутствие неопределенности в оценках должно быть указано в отчете и отражено в соответствующих разделах по категориям минеральных ресурсов и минеральных запасов.

---

[2] Если основной целью отчетов является представление информации для широкой общественности и/или инвесторов, потенциальных инвесторов и их советников, Орган рекомендует, чтобы такие отчеты соответствовали одному из стандартов отчетности, признаваемых КРИРСКО и соответствующих его международному шаблону отчетности.

[3] Хотя были приложены все усилия к тому, чтобы Стандарт отчетности охватывал большинство ситуаций, которые могут возникнуть при представлении отчетов об оценках результатов разведки полезных ископаемых, минеральных ресурсах и минеральных запасах, в некоторых случаях могут возникать сомнения относительно наиболее подходящей формы раскрытия информации. В таких случаях лица, пользующиеся Стандартом отчетности, и составители отчетов в соответствии со Стандартом отчетности должны опираться на его главное назначение: служить сводом минимальных требований к таким отчетам и обеспечивать, чтобы в отчете содержалась вся информация, которая может обоснованно потребоваться читателям и которую они могут ожидать получить для целей принятия ими осознанного и взвешенного решения об оценке результатов разведки полезных ископаемых, минеральных ресурсах и минеральных запасах, о которых говорится в отчете.

6.   Стандарт отчетности применяется ко всем минеральным ресурсам, в отношении которых Орган в соответствии со своими нормами, правилами и процедурами требует представления отчетности об оценках результатов разведки полезных ископаемых, минеральных ресурсах и минеральных запасах.

7.   Орган признает, что время от времени может требоваться пересмотр положений Стандарта отчетности.

Общая взаимосвязь между оценками результатов разведки полезных ископаемых, минеральными ресурсами и минеральными запасами

III.   Терминология для целей отчетности

8.   «Модифицирующие факторы» — это соображения, на основании которых <u>минеральные ресурсы</u> переходят в категорию <u>минеральных запасов</u>. В их числе могут быть, помимо прочего, такие факторы, как добыча, обработка, металлургия, инфраструктура, экономика, маркетинг, правовые аспекты, экология, социальные аспекты и государственный сектор.

Пояснение

9.   *В диаграмме, включенной в пункт 7, приведена рамочная структура для классификации оценок количества и качества в целях определения различных уровней геологической достоверности и различных степеней технической и экономической оценки. Минеральные ресурсы могут оцениваться в основном на основании геологических данных с учетом некоторых параметров по другим дисциплинам. Минеральные запасы, которые представляют собой моди-*

фицированную разновидность «выявленных» и «измеренных» минеральных ресурсов (как показано в пунктирном прямоугольнике на диаграмме), требуют учета модифицирующих факторов, влияющих на добычу, и в большинстве случаев должны оцениваться с использованием материалов, поступающих от различных дисциплин.

10.　*«Измеренные» минеральные ресурсы могут перейти в категорию «доказанных» минеральных запасов или «вероятных» минеральных запасов. «Измеренные» минеральные ресурсы могут перейти в категорию «вероятных» минеральных запасов из-за неопределенности, связанной с некоторыми или со всеми модифицирующими факторами, которые принимаются во внимание при переводе минеральных ресурсов в категорию минеральных запасов. Взаимосвязь между ними показана на диаграмме пунктирной стрелкой. Хотя пунктирная стрелка направлена и вверх, и вниз, в данном случае это не указывает на понижение уровня геологической изученности или достоверности. В подобной ситуации необходимо дать исчерпывающее объяснение модифицирующих факторов (классификацию минеральных ресурсов см. также в пункте 21).*

IV.　Общая отчетность

11.　Представляемые Органу отчеты об оценках результатов разведки полезных ископаемых, минеральных ресурсах и/или минеральных запасах контрактора должны включать в себя описания вида и характера оруденения.

12.　Контрактор обязан раскрывать любую соответствующую информацию о месторождении полезных ископаемых, которая может существенным образом повлиять на экономическую ценность месторождения для контрактора. Контрактор должен также незамедлительно сообщать Органу о каких-либо существенных изменениях в его минеральных ресурсах или минеральных запасах.

13.　Некоторые слова в Стандарте отчетности используются в общем значении, в то время как отдельные группы представителей отрасли могут трактовать их как особые термины. Во избежание дублирования или двусмысленности общие термины приведены в добавлении 1 наряду с другими терминами, которые для целей настоящего документа могут рассматриваться как синонимы[4].

---

[4] Использование того или иного термина в настоящем документе не означает, что этот термин является предпочтительным или идеально подходящим при всех обстоятельствах. Ожидается, что контрактор будет сам выбирать и использовать наиболее подходящие термины в отношении вида ресурсов или деятельности, по которым представляется отчет.

V. Отчетность по оценкам результатов разведки полезных ископаемых

14.   **Целевой ориентир разведочных работ — это заявление или оценочное утверждение о разведочном потенциале месторождения при определенных геологических условиях, когда такое заявление или оценка, приводимые в виде диапазона тоннажа или диапазона сортности или качества, относятся к оруденению, в отношении которого результатов разведочных работ недостаточно для оценки <u>минеральных ресурсов</u>.**

15.   **Оценка результатов разведки полезных ископаемых включает в себя полученные по итогам геологоразведочных программ данные и сведения, которые могут оказаться полезными для читателей отчета, но которые не являются частью заявления о <u>минеральных ресурсах</u> или <u>минеральных запасах</u>**[5].

16.   Такие данные свойственны для раннего этапа разведочных работ, когда объем имеющихся данных, как правило, является недостаточным для того, чтобы производить какую-либо оценку, кроме как в формате целевого ориентира.

17.   Если контрактор представляет отчет об оценке результатов разведки полезных ископаемых в отношении оруденения, которое не относится к категории минеральных ресурсов или минеральных запасов, оценка количества и соответствующего среднего качества не должна представляться ни в каком другом виде, кроме как в виде целевого ориентира[6].

18.   Отчеты об оценках результатов разведки полезных ископаемых в отношении оруденений, которые не относятся к категории минеральных ресурсов или минеральных запасов, должны содержать достаточно информации для того, чтобы читатель мог принять продуманное и взвешенное решение о значимости этих результатов. Отчеты об оценках результатов разведки полезных ископаемых не должны быть составлены таким образом, чтобы необоснованно указывать на то, что было обнаружено потенциально выгодное оруденение.

VI. Представление информации о минеральных ресурсах

19.   **Минеральные ресурсы — это концентрация (скопление) минерального вещества, представляющего определенный экономический интерес, в земной коре или на ее поверхности в такой форме, качестве/сортности и количестве, которые дают основания предполагать достаточно реальную**

---

[5] В отчетах, содержащих оценку результатов разведки полезных ископаемых, необходимо четко указывать, что эта информация не должна использоваться для оценки количества и качества. В таких отчетах рекомендуется приводить оговорку следующего содержания: «Информация, представленная в настоящем отчете/заявлении/докладе, представляет собой сведения об оценке результатов разведки полезных ископаемых в соответствии с определением, содержащимся в пункте 24 Стандарта отчетности Международного органа по морскому дну. Эта информация не может быть использована для оценки количества и качества».

[6] Приводимые в отчетах описания целевых ориентиров или потенциала разведочных работ должны быть сформулированы таким образом, чтобы читатель не мог по ошибке принять их за оценку минеральных ресурсов или минеральных запасов.

возможность его рентабельного извлечения из недр в обозримой перспективе[7].

20.	Местонахождение, количество, сортность/качество ресурсов, степень их пространственной выдержанности и прочие геологические характеристики достоверно определены, оценены предварительно либо предполагаются на основе характерных поисковых признаков и общегеологических знаний, включая опробование.

21.	В зависимости от степени достоверности геологических данных минеральные ресурсы подразделяются на категории «предполагаемых», «выявленных» и «измеренных» ресурсов.

22.	Части месторождений полезных ископаемых, которые не имеют разумной перспективы возможной рентабельной добычи, не должны включаться в категорию ресурсов[8].

23.	Предполагаемые минеральные ресурсы — это та часть ресурсов, для которых количество и сортность/качество полезного ископаемого могут быть оценены на основе ограниченных геологических данных и опробования. Имеющихся геологических данных достаточно для принятия решения о выдержанности геологических и качественных характеристик полезного ископаемого, но не достаточно для проверки этого предположения.

24.	Предполагаемые ресурсы имеют более низкий уровень достоверности, чем выявленные ресурсы, и не могут быть переведены в категорию минеральных запасов. Ожидается, что в результате дальнейших геологоразведочных работ большинство предполагаемых ресурсов будет переведено в категорию выявленных ресурсов[9].

---

[7] Термин «минеральные ресурсы» охватывает проявления оруднения, которые были выявлены и оценены в результате проведения геологических исследований и опробования и в пределах которых могут быть определены «минеральные запасы» после выполнения соответствующего анализа и учета влияния модифицирующих факторов.

[8] Выражение «достаточно реальная возможность рентабельного извлечения из недр в обозримой перспективе» предполагает суждение контрактора (хотя и предварительное) относительно технических и экономических факторов, которые могут оказать влияние на перспективы рентабельного извлечения, включая приблизительные параметры добычи. Другими словами, минеральные ресурсы — это не запас всех минералов, извлеченных или опробованных, независимо от граничных параметров, вероятных габаритов районов разработки, местоположения или выдержанности. Это реалистичный запас минералов, который, при предполагаемых и допустимых технических и экономических условиях, может, частично или целиком, быть пригодным для рентабельной добычи. Любые существенные допущения в отношении «достаточно реальных возможностей рентабельного извлечения из недр в обозримом будущем» должны быть ясно определены в отчете. Любые корректировки, вносимые в данные в целях оценки минеральных ресурсов, например путем сокращения или факторизации сортов либо факторизации измерений плотности залегания конкреций на морском дне, должны быть четко указаны и описаны в отчете.

[9] Степень достоверности полученной оценки, как правило, недостаточно высока, чтобы позволить использование результатов применения технических и экономических параметров для детального планирования. Поэтому между категорией «предполагаемые минеральные ресурсы» и какой-либо категорией «минеральных запасов» не существует прямой связи (см. диаграмму в пункте 7). Следует с большой осторожностью подходить к рассмотрению этой категории в рамках технических и экономических исследований.

25.   Категория предполагаемых ресурсов охватывает ситуации, когда опробование и изучение концентрации или скопления полезного ископаемого выполнены в ограниченном объеме и недостаточны для уверенной интерпретации степени выдержанности геологических или качественных характеристик. Как правило, ожидается, что в результате дальнейших геологоразведочных работ большинство предполагаемых ресурсов будет переведено в категорию «выявленных минеральных ресурсов». Однако вследствие неопределенности оценок предполагаемых ресурсов не следует допускать утверждений, что перевод предполагаемых ресурсов в более высокую категорию обязательно состоится.

26.   **К выявленным ресурсам относится та часть <u>ресурсов</u>, для которой количество, сортность/качество, плотность, форма и другие физические свойства могут быть оценены с достаточно высокой степенью достоверности, чтобы применение <u>модифицирующих факторов</u> позволило достаточно подробно обосновать детальное планирование разработки и оценку экономической жизнеспособности месторождения.**

27.   **Геологические данные получены в результате применения детальных и надежных методов геологических исследований, опробования и различного рода испытаний, и их достаточно для того, чтобы предположить выдержанность геологических и качественных характеристик полезного ископаемого между контрольными точками.**

28.   **Выявленные минеральные ресурсы имеют более низкий уровень достоверности, чем <u>измеренные минеральные ресурсы</u>, и могут быть преобразованы только в категорию «<u>вероятных минеральных запасов</u>»**[10].

29.   **<u>Измеренные минеральные ресурсы</u> — это та часть <u>минеральных ресурсов</u>, для которой количество, сортность/качество, плотность, форма и другие физические свойства могут быть оценены с высокой степенью достоверности, чтобы применение <u>модифицирующих факторов</u> позволило обосновать детальное планирование разработки и окончательную оценку экономической жизнеспособности месторождения.**

30.   **Геологические данные получены в результате применения детальных и надежных методов геологических исследований, опробования и различного рода испытаний, и их достаточно для того, чтобы подтвердить выдержанность геологических и качественных характеристик полезного ископаемого между контрольными точками.**

31.   **Измеренные минеральные ресурсы имеют более высокий уровень достоверности, чем <u>выявленные</u> или <u>предполагаемые минеральные ресурсы</u>. Они могут быть переведены в категорию «<u>доказанные минеральные запасы</u>» или «<u>вероятные минеральные запасы</u>».**

---

[10] Ресурсы могут быть отнесены к категории «выявленные минеральные ресурсы», если характер, качество, количество и распределение данных позволяют произвести уверенную интерпретацию геологической позиции оруденения и предполагать его непрерывность. Достоверность оценки выявленных ресурсов является достаточной для проведения технико-экономических расчетов и оценки их экономической жизнеспособности.

Пояснение

32. *Оруденение может быть отнесено к категории «измеренные минеральные ресурсы», если характер, качество, количество и распределение данных
таковы, что, по мнению контрактора, определяющего категорию минеральных ресурсов, не остается никаких обоснованных сомнений в том, что количество и качество оруденения могут быть определены в узких пределах, и маловероятно, чтобы какое-либо отклонение от расчетных параметров оказало
существенное влияние на оценку потенциальной экономической значимости
ресурсов.*

33. *Данная категория требует глубокого понимания и высокого уровня достоверности геологической интерпретации и контроля месторождения.*

34. *Уверенность в точности выполненных оценок является достаточной для
применения технико-экономических параметров и оценки экономической значимости с высокой степенью достоверности.*

35. Выбор той или иной категории минеральных ресурсов зависит от количества, качества, распределения и уровня достоверности имеющихся данных.

Пояснение

36. *Для того чтобы правильно классифицировать минеральные ресурсы,
требуется квалифицированное суждение, и контрактор должен учитывать
те пункты из добавления 1, выполнение которых способствует повышению
надежности оценки.*

37. *При выборе между категорией «выявленные минеральные ресурсы» и категорией «измеренные минеральные ресурсы» может оказаться полезным
принять во внимание, помимо разъяснений, содержащихся в пунктах 26 и 29 и
относящихся к выдержанности геологических и качественных характеристик,
следующую фразу в пояснительной части определения «измеренных минеральных ресурсов»: «маловероятно, чтобы какое-либо отклонение от расчетных
параметров оказало существенное влияние на оценку потенциальной экономической значимости ресурсов».*

38. *При выборе между категорией «предполагаемые минеральные ресурсы» и
категорией «выявленные минеральные ресурсы» может оказаться полезным
принять во внимание, помимо разъяснений, содержащихся в пунктах 23 и 26 и
относящихся к выдержанности геологических и качественных характеристик,
пояснительную часть определения «выявленных минеральных ресурсов»: «Достоверность «выявленных минеральных ресурсов» является достаточной для
проведения технико-экономических расчетов и оценки их экономической жизнеспособности». Следует обратить внимание на то, что последняя фраза
отличается от текста пояснительной части определения «предполагаемых
минеральных ресурсов», которая гласит: «Степень достоверности полученной
оценки, как правило, недостаточно высока, чтобы позволить использование
результатов применения технических и экономических параметров для детального планирования» и «Следует с большой осторожностью подходить к
рассмотрению этой категории в рамках технических и экономических исследований».*

39. *При оценке выдержанности геологических и качественных характеристик контрактор должен также учитывать такие параметры, как характер минерализации, масштаб и граничные параметры.*

40. Получаемые оценки ресурсов не являются результатом точных расчетов. Они зависят от интерпретации ограниченного количества информации о месторасположении, форме и степени выдержанности характеристик того или иного залегания полезного ископаемого и имеющихся результатов опробования. При представлении информации о количестве и качестве ресурсов следует учитывать относительную неопределенность такой оценки путем округления соответствующих значений до значащих цифр и, в случае с «предполагаемыми минеральными ресурсами», путем добавления к описаниям слова «приблизительно»[11].

Пояснение

41. *Контракторам рекомендуется по мере необходимости учитывать относительную точность или достоверность оценок ресурсов. В заявлении об относительной точности и достоверности оценок ресурсов должно быть четко указано, являются ли представленные оценки интегральными (относящимися к общему объему ресурсов) либо локальными (в тех случаях, если точность и/или достоверность оценки определенной части ресурсов отличается от соответствующих параметров общего объема этих ресурсов); в последнем случае необходимо указать соответствующий вес или объем ресурсов. В тех случаях, когда составить заявление об относительной точности или достоверности нельзя, следует представить качественный анализ неопределенных параметров (см. добавление 1).*

42. В отчетах о ресурсах следует указывать одну или более из следующих категорий: «предполагаемые», «выявленные» или «измеренные» минеральные ресурсы. В отчете не должны приводиться цифры, агрегированные по двум или трем категориям, если одновременно не приводятся цифры по каждой категории в отдельности. Количество ресурсов нельзя характеризовать как общее количество содержащегося в них металла или минерала, если при этом не представляется информация об их количестве и качестве. Информация о минеральных ресурсах не должна объединяться с информацией о минеральных запасах[12].

43. В добавлении 1 в краткой форме представлен список основных критериев, которыми следует руководствоваться при подготовке отчетов по оценкам результатов разведки полезных ископаемых, минеральным ресурсам и минераль-

---

[11] В большинстве случаев округления до второй значащей цифры должно быть достаточно. Например, 10 863 000 тонн на 8,23 процента можно записать как 11 млн. тонн на 8,2 процента. Однако, возможно, в некоторых случаях будет необходимо округлить до первой значащей цифры, чтобы надлежащим образом отразить неопределенность оценки. Как правило, это делается при описании предполагаемых минеральных ресурсов. Чтобы подчеркнуть неточный характер оценки минеральных ресурсов, приводимые в отчете цифры должны характеризоваться как оценки, а не результаты расчетов.

[12] Представление информации о количестве и качестве ресурсов категорий, не охватываемых Стандартом отчетности Органа, не допускается.

ным запасам. Эти критерии необязательно рассматривать в отчете, если они значительно не влияют на оценку и классификацию минеральных ресурсов[13].

44. При представлении оценки минеральных ресурсов не следует использовать термины «руда» и «запасы», поскольку данные термины предполагают техническую осуществимость и экономическую целесообразность извлечения ресурсов из недр, т.е. тогда, когда проведены все необходимые исследования модифицирующих факторов. В отчетах и заявлениях следует по-прежнему указывать соответствующую категорию или категории минеральных ресурсов до тех пор, пока указанные исследования не подтвердят техническую осуществимость и экономическую целесообразность извлечения ресурсов из недр. Если по итогам повторной оценки будет установлено, что какая-либо часть минеральных запасов больше не представляет собой экономического интереса, эти запасы переводятся в категорию «минеральных ресурсов» или вообще исключаются из заявлений о ресурсах/запасах[14].

VII. Представление информации о минеральных запасах

45. **Минеральные запасы — это рентабельная для извлечения часть измеренных и/или выявленных минеральных ресурсов.**

46. **Минеральные запасы подсчитываются с учетом разубоживания и потерь полезного ископаемого при добыче. Количество запасов определяется предварительными технико-экономическими исследованиями и собственно технико-экономическими исследованиями с учетом всех модифицирующих факторов. Согласно полученным результатам, на момент представления отчетной информации извлечение полезного ископаемого из недр можно считать в достаточной степени обоснованным.**

---

[13] При составлении отчета комментарии по каждому пункту добавления 1 необязательны, однако все моменты, которые могут существенно повлиять на понимание содержания отчета пользователями либо на интерпретацию оценки результатов работ или оценок ресурсов/запасов, должны быть раскрыты. Особое значение это требование приобретает в тех случаях, когда неадекватность или неопределенность полученной информации влияет на достоверность либо надежность заявления об оценке результатов разведки либо оценки минеральных ресурсов или минеральных запасов. Так, например, в отчет следует обязательно включать информацию о низком выходе пробы, об использовании результатов видео- или акустической разведки морского дна и т.д. В тех случаях, когда имеются сомнения относительно целесообразного количества представляемой информации, рекомендуется склоняться к завышению этого количества, нежели к занижению. Следует указать все неопределенности по любому из критериев, перечисленных в добавлении 1, которые могут приводить к недооценке или переоценке количества и качества ресурсов.

[14] Указанная переквалификация «минеральных запасов» в «минеральные ресурсы» (или наоборот) не должна производиться под влиянием прогнозируемых изменений краткосрочного либо временного характера либо в тех случаях, когда руководство контрактора принимает решение продолжать эксплуатационные работы в условиях нерентабельности. Речь идет, например, о кратковременных колебаниях цен на сырье, временных чрезвычайных ситуациях на добычных участках, транспортных забастовках и т.д.

47.   Следует указать, в какой момент запасам присваивается та или иная категория; как правило, это момент, в который руда доставляется на перерабатывающее предприятие. В тех случаях, когда контрольные точки отличаются друг от друга, в отчет включается разъяснение, с тем чтобы пользователь отчета располагал всей информацией.

Пояснение

48.   *Минеральные запасы — это часть минеральных ресурсов, которая, после применения всех горнотехнических факторов, позволяет произвести оценку количества и качества, которая, по мнению контрактора, производящего оценку, может, после учета всех соответствующих модифицирующих факторов, служить основой для жизнеспособного проекта.*

49.   *При представлении информации о минеральных запасах в отчет следует обязательно включать информацию о прогнозируемых коэффициентах извлечения полезных компонентов при переработке минералов.*

50.   *Термин «рентабельные для извлечения» означает, что возможность экономически эффективного извлечения минеральных запасов подтверждена на основе экономических допущений. Содержание термина «реалистически предполагаемый» зависит от типа месторождения, уровня проведенного исследования и финансовых критериев того или иного контрактора. Поэтому термину «рентабельные для извлечения» нельзя дать четкого определения. Вместе с тем предполагается, что компании будут пытаться добиться приемлемого уровня прибыли на инвестированный капитал и что доходы инвесторов в рамках проекта будут конкурентоспособными по отношению к альтернативным вариантам вложения капитала с сопоставимым уровнем риска.*

51.   *Для того чтобы достичь требуемого уровня достоверности минеральных ресурсов и всех модифицирующих факторов, необходимо провести соответствующие предварительные технико-экономические исследования или собственно технико-экономические исследования до классификации минеральных запасов. По результатам таких исследований будет составлен технически осуществимый и экономически целесообразный план разработки запасов.*

52.   *Термин «минеральные запасы» необязательно предполагает наличие или функционирование добывающих установок либо получение всех необходимых разрешений и контрактов на продажу. Однако он предполагает, что разумно ожидать получение таких разрешений и контрактов. Контрактор должен учитывать существенность любого нерешенного вопроса, связанного с третьей стороной, от которой зависит проведение добычных работ.*

53.   *Любые корректировки, вносимые в данные в целях оценки минеральных ресурсов, например путем сокращения или факторизации сортов либо факторизации измерений плотности залегания конкреций на морском дне, должны быть четко указаны и описаны в отчете.*

54.   *Следует отметить, что из Стандарта отчетности не следует, что экономически эффективная разработка объекта возможна лишь при наличии доказанных минеральных запасов. Могут возникать такие ситуации, когда для экономически оправданного извлечения минералов из недр достаточно иметь определенное количество вероятных запасов. Решение по такого рода вопросам принимает контрактор.*

55. **Вероятные минеральные запасы** — это рентабельная для извлечения часть выявленных и, при некоторых обстоятельствах, <u>измеренных минеральных ресурсов</u>. Достоверность <u>модифицирующих факторов</u>, применяемых к вероятным запасам, ниже, чем у <u>доказанных запасов</u>.

56. Уровень достоверности вероятных запасов ниже, чем у доказанных запасов, но их качества достаточно для того, чтобы обосновать решение о начале освоения их месторождения.

57. **Доказанные минеральные запасы** — это рентабельная для извлечения часть <u>измеренных минеральных ресурсов</u>; они имеют более высокий уровень достоверности <u>модифицирующих факторов</u>.

58. Доказанные минеральные запасы являются категорией высшей степени достоверности[15].

59. Принадлежность минеральных запасов к той или иной категории определяется, в первую очередь, соответствующим уровнем достоверности оценки исходных ресурсов, а затем — результатами анализа неопределенностей модифицирующих факторов. Отнесение запасов к конкретной категории является прерогативой контрактора.

60. Стандарт отчетности Международного органа по морскому дну предусматривает прямую связь между «выявленными ресурсами» и «вероятными запасами», а также между «измеренными ресурсами» и «доказанными запасами». Это означает, что степень геологической достоверности «вероятных запасов» соответствует достоверности «выявленных ресурсов», а степень геологической достоверности «доказанных запасов» — достоверности «измеренных ресурсов». Предполагаемые минеральные ресурсы по определению всегда дополняют минеральные запасы.

Пояснение

61. *Кроме этого, Стандарт отчетности предусматривает двустороннюю связь между категориями «измеренных ресурсов» и «вероятных запасов». Данная связь реализуется в тех случаях, когда оценка влияния любых модифицирующих факторов при преобразовании «ресурсов» в «запасы» выполнена с высокой степенью неопределенности, в результате чего уровень достоверности запасов может оказаться ниже уровня достоверности соответствующих ресурсов. Такое преобразование не означает снижение уровня геологической изученности или достоверности.*

62. *Вероятные запасы, полученные на базе измеренных ресурсов, могут быть переклассифицированы в категорию «доказанных запасов», если будут устранены неопределенности, связанные с модифицирующими факторами. Повышение достоверности модифицирующих факторов при преобразовании минеральных ресурсов в категорию «минеральных запасов» не повышает уровень достоверности, присущий той или иной категории ресурсов. Поэтому ни при*

---

[15] На некоторых месторождениях выделение данной категории запасов невозможно по причине характера минерализации или влияния прочих факторов. Прежде чем отнести полезное ископаемое к категории высшего уровня достоверности, контрактор должен удостовериться в том, что все соответствующие параметры ресурсов и модифицирующие факторы соблюдены с аналогичной степенью достоверности.

каких условиях выявленные минеральные ресурсы не могут быть переведены непосредственно в категорию «доказанных минеральных запасов» (см. диаграмму в пункте 7).

63. *Использование категории «доказанных минеральных запасов» означает наивысшую степень достоверности оценки, что приводит к определенным ожиданиям со стороны пользователей отчета. Это необходимо иметь в виду, переводя ресурсы в категорию «измеренных минеральных ресурсов»*[16].

64. Получаемые оценки ресурсов не являются результатом точных расчетов. При представлении информации о количестве и качестве ресурсов следует учитывать относительную неопределенность такой оценки путем округления соответствующих значений до значащих цифр (см. также пункт 40)[17].

Пояснение

65. *Контракторам рекомендуется по мере необходимости учитывать относительную точность и/или достоверность оценок минеральных запасов. В заявлении об относительной точности и достоверности оценок запасов должно быть четко указано, являются ли представленные оценки интегральными (относящимися к общему объему запасов) либо локальными (в тех случаях, если точность и/или достоверность оценки определенной части запасов отличается от соответствующих параметров общего объема этих запасов); в последнем случае необходимо указать соответствующий вес или объем запасов. В тех случаях, когда составить заявление об относительной точности или достоверности нельзя, следует представить качественный анализ неопределенных параметров (см. добавление 1 и пояснительную часть пункта 40).*

66. В отчетах о запасах следует указывать одну или обе категории: «доказанные» и «вероятные» минеральные запасы. В отчете не должны приводиться цифры, агрегированные по обеим категориям запасов, если одновременно не приводятся цифры по каждой категории в отдельности. Количество запасов нельзя характеризовать как общее количество содержащегося в них металла или минерала, если при этом не представляется информация об их количестве и качестве. Информация о запасах не должна объединяться с информацией о ресурсах[13].

Пояснение

67. *Минеральные запасы могут включать материал (разубоживание), который не является частью первоначальных минеральных ресурсов. Важно, чтобы это принципиальное различие между ресурсами и запасами учитывалось при их сравнении и чтобы выводы формулировались со всей осторожностью.*

68. *При представлении скорректированных заявлений о запасах и ресурсах необходимо представить информацию о результатах сопоставления новых данных с прежними заявлениями. Подробного описания разницы в значениях не требуется, но в интересах пользователей следует представить достаточно подробные объяснения причин появившихся значительных расхождений.*

---

[16] См. также пояснительную часть в пунктах 32-34, касающуюся классификации ресурсов.

[17] Чтобы подчеркнуть неточный характер оценки минеральных запасов, приводимые в отчете цифры должны характеризоваться как оценки, а не результаты расчетов.

69.   Если в отчете приводятся данные как по ресурсам, так и по запасам, в него необходимо включить заявление, из которого ясно следовало бы, входят ли приведенные цифры «минеральных запасов» в указанное количество «минеральных ресурсов» либо приводятся в дополнение к ним.

70.   Оценки запасов не должны суммироваться с оценками ресурсов и представляться в отчете единой цифрой[18].

Пояснение

71.   *«Информация об измеренных и выявленных ресурсах представляется дополнительно к информации о запасах». В первом случае (если измеренные и выявленные ресурсы не были переквалифицированы в запасы по экономическим и иным соображениям) в отчет должна быть включена соответствующая подробная информация об этой немодифицированной части ресурсов. Это позволяет пользователю отчета формировать свои собственные суждения относительно вероятности перевода немодифицированной части измеренных и выявленных ресурсов в запасы в будущем.*

72.   *Предполагаемые минеральные ресурсы по определению всегда дополняют минеральные запасы. По причинам, указанным в пункте 24 и в настоящем пункте, представляемые в отчете цифры по минеральным запасам не должны суммироваться с цифрами по минеральным ресурсам. Итоги такого сложения могут вводить в заблуждение и создавать ложное впечатление о перспективах Контрактора.*

VIII.   Технические исследования

73.   **Предпроектное исследование — это экономическое исследование потенциальной жизнеспособности освоения минеральных ресурсов, в рамках которого проводится соответствующая оценка реалистически предполагаемых модифицирующих факторов наряду с любыми другими релевантными операционными факторами, которые необходимы для демонстрации того, что в момент составления отчета предварительные технико-экономические исследования обоснованы.**

74.   **Предварительное технико-экономическое исследование — это всестороннее исследование вариантов для обоснования технической и экономической жизнеспособности горнопромышленного проекта, который находится на стадии, когда определены предпочтительный метод добычи и эффективный метод переработки минерального сырья. Оно включает в себя финансовый анализ, основанный на разумных допущениях в отношении модифицирующих факторов и оценке любых других применимых факторов, которых достаточно для того, чтобы контрактор, действуя на разумных основаниях, на момент составления отчета установил, можно ли перевести в категорию минеральных запасов весь объем или часть минеральных ресурсов. Предварительное технико-экономическое исследование**

---

[18] В одних ситуациях имеет смысл представлять оценки ресурсов, включающих в себя запасы, в других — представлять оценки ресурсов в дополнение к оценкам запасов. Необходимо однозначно указать, какая форма отчетности используется. Можно проработать форму надлежащих разъяснительных заявлений.

обладает меньшим уровнем достоверности, чем собственно <u>технико-экономическое исследование</u>.

75.   **Технико-экономическое исследование — это комплексное исследование выбранного варианта разработки горнопромышленного проекта, которое включает соответствующую подробную оценку применимых <u>модифицирующих факторов</u> наряду с другими релевантными операционными факторами и детальный финансовый анализ, которые необходимы для демонстрации того, что в момент составления отчета добыча экономически обоснована. Результаты исследования могут служить основой для принятия окончательного решения лицом или финансовым учреждением о продолжении или финансировании развития проекта. Степень достоверности такого рода исследования будет выше, чем у <u>предварительного технико-экономического исследования</u>.**

Пояснение

76.   *В добавлении 1 в краткой форме представлен список критериев, которыми следует руководствоваться при подготовке отчетов по оценкам результатов разведки полезных ископаемых, минеральным ресурсам и минеральным запасам. Эти критерии необязательно рассматривать в отчете, если они значительно не влияют на оценку и классификацию минеральных запасов. Изменения в одних только экономических или политических факторах могут стать основой для существенных изменений в минеральных запасах и потому должны быть должным образом отражены в отчете.*

Добавление 1

Контрольный список критериев оценки и представления информации

1.   Настоящая таблица представляет собой контрольный список, которым следует руководствоваться специалистам, составляющим отчеты об оценках результатов разведки полезных ископаемых, минеральных ресурсах и минеральных запасах. Этот список не предназначен для обязательного соблюдения; главнейшими принципами, определяющими состав предоставляемой информации, являются ее релевантность и значимость. Вместе с тем важно, чтобы в отчет включалась информация, которая может существенно повлиять на понимание либо на интерпретацию оценки результатов или оценок ресурсов/запасов пользователями. Особое значение это требование приобретает в тех случаях, когда неадекватность или неопределенность полученной информации влияет на достоверность либо надежность заявления об оценке результатов разведки полезных ископаемых либо оценки минеральных ресурсов и/или минеральных запасов.

2.   Порядок и группировка критериев в таблице отражает обычный системный подход к разведке и оценке. Критерии, перечисленные в первой группе «Методы и данные опробования», относятся во всем последующим группам. В остальной части списка критерии, перечисленные в одной из групп, часто применяются к последующим группам и должны учитываться при оценке и составлении отчета.

Критерии	Пояснение
Методы и данные опробования **(перечисленные в этой группе критерии относятся ко всем последующим группам)**	
Методы опробования	Характер и качество опробования (производимого, например, с помощью свободнопадающего грейфера, коробчатого пробоотборника, грейфера коробчатого пробоотборника и т.д.) и меры, принимаемые в целях обеспечения репрезентативности проб
Выход пробы	• Надлежащий учет и оценка результатов • Меры, принимаемые для оптимизации выхода пробы и обеспечения репрезентативности проб • Наличие связи между выходом пробы и качеством; возможные погрешности проб по причине преимущественной потери/прироста мелко-/крупнозернистого материала
Каротаж, описание проб	• Достаточно подробный каротаж, или описание, проб, позволяющий произвести надлежащую оценку минеральных ресурсов, добычные и металлургические исследования • Количественный или качественный характер каротажа. Фотосъемка проб

Критерии	*Пояснение*
Методы повторного отбора и подготовки проб	• Характер, качество и применимость метода подготовки проб
	• Процедуры контроля качества, применяемые на всех этапах повторного отбора в целях оптимизации репрезентативности проб
	• Меры, принимаемые в целях обеспечения репрезентативности проб в отношении пород, собранных на месте залегания
	• Соответствие размера проб степени зернистости опробуемых пород
	• Рекомендуется составить заявление о мерах безопасности, принимаемых в целях обеспечения целостности проб
Качество данных пробирного анализа и лабораторных тестов	• Характер, качество и применимость пробирного анализа и лабораторных процедур; частичный или полный характер применяемого метода
	• Характер применяемых процедур контроля качества (например, стандарты, бланки, дубликаты, внешние проверки в лабораторных условиях); были ли установлены соответствующие уровни точности (т.е. отсутствие погрешностей) и корректности
Месторасположения точек сбора данных	• Точность и качество исследований, проведенных с целью установить месторасположение других точек для взятия проб, используемых при оценке минеральных ресурсов
	• Качество и адекватность топографического контроля (планы местности)
Распределение данных (интервал сбора данных)	• Интервал сбора данных для составления отчета об оценках результатов разведки полезных ископаемых
	• Позволяет ли интервал сбора данных и их распределение установить уровень выдержанности геологических и качественных характеристик, соответствующих процедурам оценки и классификации минеральных ресурсов и запасов
	• Производилось ли комбинирование проб
Архивная документация	Документация по исходным данным, процедурам ввода, верификации и хранения данных (в физическом и электронном виде) для подготовки отчета
Аудит или обзор	Результаты любых аудитов или обзоров методов и результатов опробования

Представление информации об оценке результатов разведки полезных ископаемых (критерии, перечисленные в предыдущей группе, также относятся к этой группе)

Права на разработку недр и землевладение	• Тип, исходное название/номер, месторасположение и право собственности, включая соглашения или вопросы, затрагивающие взаимоотношения с третьей стороной, например совместные предприятия, партнерства, дополнительный доход по роялти, экологические условия и т.д.
	• Гарантированность прав владения на момент составления отчета, а также любые известные препятствия на пути к получению контракта на эксплуатацию в районе

Критерии	Пояснение
	• Планы установления конкретных добычных прав и титулов. Описание титула на полезные ископаемые в техническом отчете может и не представлять собой юридическое заключение, но рекомендуется представлять его в виде краткого и четкого описания такого титула, как он понимается составителем отчета
Разведочные работы, проводимые другими сторонами	Признание и оценка разведочных работ, проводимых другими сторонами
Геологические характеристики	• Тип месторождения, геологические условия и характер оруднения • Требуются надежные геологические карты в поддержку интерпретаций
Методы представления данных	• При представлении оценки результатов разведки полезных ископаемых указываются такие существенные параметры, как максимальное и/или минимальное отсечение концентраций (например, установление потолка процентного содержания) и бортовое содержание • Допущения, принятые при представлении любых данных по эквивалентным значениям металлов, должны быть четко указаны
Диаграммы	По возможности в отчет следует включать карты (с указанием масштаба) и таблицы с результатами опробования любого значимого полезного ископаемого, если такие диаграммы облегчают понимание отчета
Сбалансированная отчетность	В тех случаях, когда представлять всеобъемлющие данные по всем оценкам результатов разведки полезных ископаемых нецелесообразно, следует представлять данные по полезным ископаемым низкой и высокой сортности и/или мощности во избежание неверного представления таких оценок
Прочие существенные данные разведки	В отчет необходимо включать следующие прочие существенные данные (при условии, что они носят значимый и весомый характер): геологические наблюдения, результаты геофизических исследований; результаты геохимических исследований; результаты фотосъемки или гидролокации морского дна; крупнообъемные пробы — размер и метод обработки; результаты металлургических исследований; объемная плотность, геотехнические характеристики и свойства пород; потенциально вредные или загрязняющие вещества
Дальнейшая деятельность	Характер и масштаб запланированной дальнейшей деятельности (например, проведение исследований для определения латерального распространения)

Оценка минеральных ресурсов и представление информации по ним (критерии, перечисленные в первой группе и применимые ко второй группе, относятся и к этой группе)

Надежность базы данных	• Меры, принимаемые во избежание внесения в данные ошибок, например во время перезаписи или добавления условных обозначений в период между исходным сбором данных и их последующим использованием для оценки минеральных ресурсов • Применяемые процедуры верификации или проверки правильности данных

Критерии	*Пояснение*
Интерпретация геологических данных	• Достоверность (или, наоборот, неопределенность) геологической интерпретации месторождения
	• Характер используемых данных и любых принятых допущений
	• Влияние (если таковое наблюдается) альтернативных интерпретаций оценки минеральных ресурсов
	• Использование геологических данных для осуществления контроля над проведением оценки минеральных ресурсов
	• Факторы, влияющие на выдержанность геологических и качественных характеристик
Размеры	Протяженность и разнообразие месторождения минеральных ресурсов, выраженные как длина (по простиранию или падению) и ширина
Методы оценки и моделирования	• Характер и приемлемость методов оценки и основных допущений, включая минимальные и максимальные значения сортности, зонирование, параметры интерполяции, максимальное расстояние экстраполяции от точек сбора данных
	• Наличие контрольных оценок, предыдущих оценок и/или производственных отчетов, а также учет этих данных при проведении оценки минеральных ресурсов
	• Допущения относительно выхода побочных продуктов
	• Оценка содержания вредных элементов или других экономически значимых переменных факторов, не относящихся к сортности
	• В случае интерполяции блоковой модели — размер блока по отношению к среднему интервалу забора проб и использованному методу поиска
	• Любые допущения относительно моделирования отдельных выемочных единиц (например, метод нелинейного кригинга)
	• Любые допущения относительно соотношения между переменными факторами
	• Процесс проверки правильности данных, применяемый процесс контроля, сравнение данных моделирования с данными опробования, использование данных сопоставления (где возможно)
	• Подробное описание использованных методов и допущений, принятых при оценке количества (или плотности залегания) и качества (методы разрезов, полигонов, инверсного расстояния, геостатистического моделирования и др.)
	• Описание использования геологической интерпретации для проведения оценки ресурсов
	• Описание оснований для установления пороговых (минимальных и максимальных) значений сортности или для отказа от их использования. При выборе компьютерного метода — описание использованных программ и параметров

Критерии	Пояснение
	• Геостатистические методы отличаются большим разнообразием и должны подробно описываться. Необходимо обосновать применение того или иного метода. Необходимо также описать геостатистические параметры, включая вариограмму, и их совместимость с геологической интерпретацией
	• Следует учитывать опыт, полученный при применении геостатистических методов при оценке схожих месторождений
Влажность	Определение веса или плотности залегания на основе анализа сухого вещества или вещества естественной влажности, а также метод определения влагосодержания
Минимальный параметр	Основа для применения параметров минимальной сортности/качества или количества, включая применимые расчеты содержания металлов
Горнотехнические факторы или допущения	• Допущения в отношении возможных методов добычи, минимальных размеров для добычи и внутреннее (или, если применимо, внешнее) разубоживание горной массы. При оценке минеральных ресурсов не всегда возможно делать допущения относительно методов и параметров добычи. Если таких допущений нет, это следует указать в отчете
	• Для того чтобы продемонстрировать реальные возможности рентабельного извлечения из недр в обозримом будущем, необходимо сделать основные допущения. В качестве примеров можно привести геотехнические параметры, топографию морского дна, размер района морского дна, на котором предполагается вести добычу, требования к инфраструктуре и примерную стоимость добычных работ. Все допущения следует четко указать
Металлургические факторы или допущения	• Предлагаемый металлургический процесс и его применимость к типу оруденения. При представлении информации о минеральных ресурсах не всегда возможно делать допущения относительно процессов и параметров металлургической обработки. Если таких допущений нет, это следует указать в отчете
	• Для того чтобы продемонстрировать реальные возможности рентабельного извлечения из недр в обозримом будущем, необходимо сделать основные допущения. В качестве примеров можно привести металлургические испытания, факторы выхода, квоты на побочные продукты или вредные элементы, требования к инфраструктуре и приблизительную стоимость обработки. Все допущения следует четко указать
Объемная плотность	• Предполагаемая либо установленная. В первом случае она служит основой для допущений. Во втором случае следует указать используемый метод измерения (сухой или влажной массы), частоту измерения, характер, размер и репрезентативность проб
Классификация	• Основание для классификации минеральных ресурсов по различным категориям в зависимости от степени достоверности

Критерии	*Пояснение*
	• Учитываются ли все соответствующие факторы, т.е. относительная достоверность расчетов количества/качества, достоверность выдержанности геологических характеристик и сортности металлов, количество, качество и распределение данных
	• Отражает ли результат должным образом мнение контрактора о месторождении
Аудит или обзор	Результаты любых аудитов или обзоров оценок минеральных ресурсов
Рассмотрение относительной точности и достоверности	• Там, где это применимо, следует представить заявление об относительной точности или достоверности оценки минеральных ресурсов, используя подходящий, по мнению контрактора, подход или процедуру. Например, применение статистических или геостатистических процедур для определения уровня относительной точности ресурсов в указанных пределах достоверности или, если такой подход неприменим, качественное рассмотрение факторов, способных повлиять на относительную точность и достоверность оценки
	• В заявлении следует указать, относится ли оно к глобальным или локальным оценкам и, в случае локальных оценок, представить соответствующие значения количества или плотности залегания, которые должны иметь отношение к технической и экономической оценке
	• В отчет следует включить информацию о сделанных допущениях и использованных процедурах
	• Эти заявления об относительной точности и достоверности оценки следует по возможности сопоставить с данными о добыче

Оценка минеральных запасов и представление информации по ним (критерии, перечисленные в первой группе и применимые к другим предыдущим группам, относятся и к этой группе)

Оценка минеральных ресурсов в целью перевода их в категорию минеральных запасов	• Описание оценки минеральных ресурсов, используемой для перевода их в категорию минеральных запасов
	• Необходимо четко указать, представляется ли информация о минеральных ресурсах в дополнение к минеральным запасам или первая категория включает вторую
Статус исследования	• Тип и уровень исследования, проведенного в целях перевода минеральных ресурсов в категорию минеральных запасов
	• Согласно Стандарту отчетности для перевода минеральных ресурсов в категорию минеральных запасов окончательного технико-экономического исследования не требуется, но необходимо, чтобы были проведены по крайней мере предварительные технико-экономические исследования, по результатам которых будет составлен технически осуществимый и экономически целесообразный план разработки запасов, а также чтобы были учтены все модифицирующие факторы

Критерии	Пояснение
Минимальный параметр	Основание для применения параметров минимальной сортности/качества, включая применимые расчеты содержания металлов. В качестве минимального параметра вместо сортности может использоваться экономическая ценность одного блока
Горнотехнические факторы или допущения	• Метод и допущения, использованные для перевода минеральных ресурсов в категорию минеральных запасов (т.е. путем применения либо соответствующих факторов методом оптимизации, либо предварительных или подробных расчетов) • Выбор, характер и применимость выбранного добычного метода (методов), размер отдельных выемочных единиц и прочие параметры добычи, включая связанные с этим вопросы проектирования • Допущения, сделанные относительно геотехнических параметров (например, угол наклона морского дна и топографические условия) • Факторы разубоживания горной массы, коэффициент извлечения полезного компонента и минимальная ширина для прохождения оборудования • Требования к инфраструктуре при применении выбранных добычных методов и сведения о надежности прошлых параметров эффективности (где это применимо)
Металлургические факторы или допущения	• Предлагаемый металлургический процесс и его пригодность для обработки данного типа оруденения • Следует указать, является ли металлургический процесс опробованной или абсолютно новой технологией • Характер, объем и репрезентативность проведенных металлургических испытаний и использованные коэффициенты извлечения в ходе металлургического процесса • Любые допущения или квоты в отношении вредных элементов • Были ли проведены испытания крупнообъемных проб или экспериментальные испытания; в какой степени такие пробы представляют всю массу оруденения • При представлении в отчете информации о количестве и качестве минеральных запасов, следует четко указать, относятся ли эти характеристики к материалу, доставленному на предприятие, или к извлеченному полезному компоненту. Замечания по поводу имеющегося предприятия и оборудования, включая информацию о заменах и ликвидационной стоимости
Факторы расходов и прибыли	• Рассчитанные или предполагаемые капитальные и операционные расходы • Допущения в отношении прибыли, в том числе исходное содержание, цена на металл или сырье, курсы обмена, расходы на транспорт и обработку, штрафы и т.д. • Допущения в отношении выплат роялти, распределения выгод между государствами и т.д. • Движение денежных средств за указанный период

Критерии	Пояснение
Оценка ситуации на рынке	• Спрос, предложение и ситуация на рынке акций конкретного вида сырья, тенденции потребления и факторы, способные повлиять на спрос и предложение в будущем
	• Анализ потребителей и конкурентов, а также указание вероятных возможностей для вывода продукта на рынок
	• Прогнозы цен и объемов и основания для таких прогнозов
Прочее	• (Потенциальное) влияние природных рисков, инфраструктуры, окружающей среды, правовых, маркетинговых, социальных или правительственных факторов на вероятную жизнеспособность проекта и/или оценку и классификацию минеральных запасов
	• Статус титулов и разрешений, имеющих решающее значение для определения жизнеспособности проекта, например аренда на разработку полезных ископаемых, разрешения на сброс, предусмотренные правительством и законодательством разрешения
	• Описание экологической ситуации в связи с ожидаемыми обязательствами
	• Планы установления конкретных прав на разработку недр и титулов
Классификация	• Основа для классификации минеральных запасов по различным категориям в зависимости от степени достоверности
	• Отражает ли результат должным образом мнение контрактора о месторождении
	• Доля вероятных минеральных запасов, извлеченных из измеренных минеральных ресурсов (если применимо)
Аудит или обзор	Результаты любых аудитов или обзоров оценок минеральных запасов
Рассмотрение относительной точности и достоверности	• Там, где это применимо, следует представить заявление об относительной точности или достоверности оценки минеральных запасов, используя подходящий, по мнению контрактора, подход или процедуру. Например, применение статистических или геостатистических процедур для определения уровня относительной точности запасов в указанных пределах достоверности или, если такой подход неприменим, качественное рассмотрение факторов, способных повлиять на относительную точность и достоверность оценки
	• В заявлении следует указать, относится ли оно к глобальным или локальным оценкам и, в случае локальных оценок, представить соответствующие значения количества или плотности залегания, которые должны иметь отношение к технической и экономической оценке. В отчет следует включить информацию о сделанных допущениях и использованных процедурах
	• Эти заявления об относительной точности и достоверности оценки следует по возможности сопоставить с данными о добыче

Добавление 2

Общие термины, синонимы и определения

Некоторые слова в Стандарте отчетности Международного органа по морскому дну используются в общем значении, в то время как отдельные группы представителей отрасли могут трактовать их как особые термины. Во избежание дублирования или двусмысленности общие термины приведены ниже наряду с другими терминами, которые для целей настоящих руководящих указаний могут рассматриваться как синонимы.

Общий термин	Синонимы или похожие термины	Общее толкование
Добыча	Сбор (конкреций) с морского дна	Все виды деятельности, связанные с извлечением металлов и минералов из недр Земли, будь то с поверхности, из-под земли или с морского дна
Количество	Вес, объем, плотность залегания	Выражение количества материала, представляющего интерес, независимо от единиц измерения (их следует указать при составлении отчета)
Качество	Сортность, результаты анализа, процентное содержание	Любое физическое или химическое измерение характеристик материала, представляющего интерес, в образцах или продукте
Металлургический процесс	Обработка, переработка, обогащение	Процесс физического или химического отделения компонентов, представляющих интерес, из массы материала; методы, применяемые для подготовки конечного товарного продукта из добытого материала. Примеры: просеивание, флотация, магнитная сепарация, выщелачивание, промывка и обжиг
Выход	Добыча, отдача	Процентная доля изначально представляющего интерес материала, который извлекается в процессе добычи или обработки; измерение эффективности процесса добычи или обработки
Оруденение	Тип месторождения, характер минерализации	Любой минерал или сочетание минералов, встречающихся в массе или месторождении, представляющем экономический интерес. Этот термин относится ко всем формам минерализации, включая все типы месторождений, формы залеганий, виды образования или состава
Минеральный запас	Рудный запас	Месторождение, классифицируемое в качестве запаса. В соответствии со Стандартом отчетности Органа следует употреблять термин «минерал», однако зачастую используется термин «руда», что в целом приемлемо. Для уточнения значения можно использовать и другие термины, например «запасы на морском дне»

Общий термин	*Синонимы или похожие термины*	*Общее толкование*
Минимальная сортность	Характеристика продукта	Минимальная сортность, или качество, минерализованного материала, который считается отрабатываемым запасом и имеется на том или ином месторождении, определяется на основе экономических расчетов либо физических или химических свойств, описывающих приемлемые характеристики продукта
Предварительное технико-экономическое исследование	Предварительное исследование	Комплексное исследование жизнеспособности горнопромышленного проекта, который: a) находится на стадии, когда определены метод добычи и эффективный метод переработки минерального сырья; и b) включает в себя финансовый анализ, основанный на разумных допущениях в отношении технических, технологических, правовых, операционных и экономических факторов и оценке других применимых факторов, которых достаточно для того, чтобы компетентное лицо, действующее на разумных основаниях, установило, можно ли перевести в категорию минеральных запасов весь объем или часть минеральных ресурсов
Технико-экономическое исследование		Комплексное исследование месторождения полезных ископаемых, в ходе которого достаточно подробно изучаются все геологические, технологические, правовые, операционные, экономические, социальные, экологические и другие применимые факторы, для того чтобы такое исследование стало обоснованием для принятия тем или иным финансовым учреждением окончательного решения о финансировании разработки этого месторождения в целях добычи

Совет

Distr.: General
23 July 2015
Russian
Original: English

Двадцать первая сессия
Кингстон, Ямайка
13–24 июля 2015 года

Решение Совета Международного органа по морскому дну в отношении процедур и критериев продления утвержденного плана работы по разведке в соответствии с пунктом 9 раздела 1 приложения к Соглашению об осуществлении части XI Конвенции Организации Объединенных Наций по морскому праву от 10 декабря 1982 года

Совет Международного органа по морскому дну,

напоминая о том, что в соответствии с подпунктами 2 (a) и (l) Конвенции Организации Объединенных Наций по морскому праву Совет контролирует и координирует выполнение положений части XI Конвенции по всем вопросам и проблемам в рамках компетенции Органа и осуществляет контроль за деятельностью в Районе в соответствии с пунктом 4 статьи 153 Конвенции и нормами, правилами и процедурами Органа,

напоминая также о пункте 2 своего решения от 23 июля 2014 года[1], в котором он просил Юридическую и техническую комиссию в неотложном порядке и в качестве своей первоочередной задачи сформулировать проекты процедур и критериев в отношении заявок на продление контрактов на разведку в соответствии с разделом 3.2 стандартных положений, содержащихся в приложении IV к Правилам, для рассмотрения Советом на его двадцать первой сессии,

принимая во внимание рекомендации Юридической и технической комиссии относительно процедур и критериев продления утвержденного плана работы по разведке в соответствии с пунктом 9 раздела 1 приложения к Соглашению об осуществлении части XI Конвенции Организации Объединенных Наций по морскому праву от 10 декабря 1982 года[2] и рекомендации Финансового комитета,

---

* Второе переиздание по техническим причинам (5 августа 2015 года).
[1] ISBA/20/C/31.
[2] ISBA/21/C/WP.1.

Просьба отправить на вторичную переработку

1.   *утверждает* процедуры и критерии продления утвержденного плана работы по разведке в соответствии с пунктом 9 раздела 1 приложения к Соглашению об осуществлении части XI Конвенции Организации Объединенных Наций по морскому праву от 10 декабря 1982 года, содержащиеся в приложении к настоящей резолюции;

2.   *вновь подтверждает*, что в соответствии со своим мандатом по статье 165 Конвенции и пунктом 9 раздела 1 приложения к Соглашению 1994 года Юридическая и техническая комиссия рассматривает, пытался ли контрактор добросовестно выполнить свои обязательства по контракту на разведку, однако в силу неподвластных ему обстоятельств не смог завершить необходимую подготовительную работу для перехода к этапу разработки, либо же такой переход не оправдывается сложившейся экономической конъюнктурой;

3.   *призывает* поручившееся государство или государства, в соответствии с их обязательствами, подтвердить Генеральному секретарю, что они сохраняют свое поручительство на период действия продления контракта;

4.   *просит* Генерального секретаря препроводить настоящее решение всем контракторам при Органе и просит контракторов, подающих заявки на продление, обратить особое внимание на предлагаемые изменения и/или добавления к программе деятельности.

212-е заседание
23 июля 2015 года

Приложение
Процедуры и критерии продления утвержденного
плана работы по разведке в соответствии с пунктом 9 раздела 1 приложения
к Соглашению об осуществлении части XI Конвенции Организации
Объединенных Наций
по морскому праву от 10 декабря 1982 года

I.   Форма и содержание заявки на продление

1.   Держатель контракта на разведку (далее — «Контрактор») может подать заявку на продление такого контракта в соответствии с процедурами, изложенными ниже. Контракторы могут подавать заявки на продление контрактов на срок, не превышающий пяти лет.

2.   Каждая заявка на продление контракта на разведку должна направляться в письменном виде на имя Генерального секретаря Международного органа по морскому дну и содержать информацию, указанную в приложении I к настоящему документу. Каждая такая заявка должна быть представлена не позднее, чем за шесть месяцев до истечения срока действия контракта, в отношении которого подается заявка.

3.   Если иное не указано поручившимся государством(ами) на момент подачи заявки на продление, подразумевается, что поручительство продолжает действовать в течение периода продления и что поручившееся государство(а) продолжает нести ответственность согласно статьям 139 и 153(4) Конвенции и статье 4(4) приложения III к Конвенции.

4.   Сбор за рассмотрение заявки на продление контракта на разведку составляет фиксированную сумму в размере 67 000 долл. США или эквивалент этой суммы в свободно конвертируемой валюте и подлежит выплате в полном объеме в момент представления заявки.

5.   В том случае, если административные издержки, понесенные Органом при рассмотрении заявки, окажутся меньше фиксированной суммы, указанной в пункте 4 выше, Орган возмещает разницу Контрактору. Если административные издержки, понесенные Органом при рассмотрении заявки, окажутся выше фиксированной суммы, указанной в пункте 4 выше, Контрактор выплачивает Органу разницу, причем дополнительная сумма, подлежащая выплате Контрактором, не должна превышать 10 процентов от фиксированной суммы, о которой идет речь в пункте 4.

6.   Генеральный секретарь, приняв во внимание любые критерии, установленные для этой цели Финансовым комитетом, определяет размер такой разницы, о которой идет речь в пункте 5 выше, и уведомляет об этом Контрактора. Уведомление должно включать в себя ведомость с указанием издержек, понесенных Органом. Соответствующая сумма должна быть выплачена Контрактором или возмещена Органом в течение трех месяцев с момента принятия Советом окончательного решения касательно соответствующей заявки.

II.   Процесс рассмотрения заявки на продление контракта на разведку

7.   Генеральный секретарь:

a)   в письменном виде подтверждает получение каждой заявки на продление контракта на разведку с указанием даты получения;

b)   уведомляет поручившееся государство(а) о получении заявки и о требовании, указанном в пункте 3 выше;

c)   обеспечивает сохранность заявки с сопроводительными документами и приложениями к ней, а также конфиденциальность всех содержащихся в заявке конфиденциальных данных и информации;

d)   уведомляет членов Органа о получении такой заявки и рассылает им информацию о заявке, имеющую общий и неконфиденциальный характер;

e)   уведомляет членов Юридической и технической комиссии и вносит вопрос о рассмотрении заявки в повестку дня следующего заседания Комиссии.

III.   Процесс рассмотрения Юридической и технической комиссией

8.   Комиссия рассматривает заявки на продление контрактов на разведку оперативно и в порядке их поступления.

9.   Комиссия рассматривает и анализирует информацию и данные, представленные Контрактором в связи с заявкой на продление контракта на разведку. Для целей такого анализа Комиссия может затребовать у Контрактора необходимые дополнительные данные и информацию, касающиеся выполнения плана работы и соблюдения стандартных условий контракта.

10. При выполнении своих обязанностей Комиссия применяет настоящие процедуры и критерии, а также нормы, правила по конкретному виду минеральных ресурсов и процедуры Органа на единообразной и недискриминационной основе.

11. Если Комиссия считает, что заявка на продление контракта на разведку не составлена в соответствии с этими процедурами, или если Контрактор не предоставил запрашиваемых Комиссией данных и информации, то она через Генерального секретаря уведомляет об этом Контрактора в письменном виде с указанием причин. Контрактор может в течение 45 дней с момента такого уведомления внести поправки в свою заявку. Если после дальнейшего рассмотрения Комиссия приходит к мнению о том, что ей не следует рекомендовать заявку на продление контракта на разведку к утверждению, то она через Генерального секретаря сообщает об этом Контрактору и предоставляет ему еще одну возможность сделать представления в течение 30 дней. Комиссия рассматривает любые такие представления, сделанные Контрактором, при подготовке своего доклада и рекомендаций Совету.

12. Комиссия рекомендует заявку на продление контракта на разведку к утверждению, если она сочтет, что Контрактор добросовестно пытался соблюсти требования контракта на разведку, однако в силу неподвластных ему обстоятельств не смог завершить необходимую подготовительную работу для перехода к этапу добычи, либо если такой переход не оправдывается сложившейся экономической конъюнктурой.

13. Комиссия представляет Совету свой доклад и рекомендации при первой же возможности с учетом графика заседаний Органа.

IV. Процесс рассмотрения Советом

14. Совет рассматривает доклады и рекомендации Комиссии, касающиеся заявок на продление утвержденных планов работы по разведке, в соответствии с пунктами 11 и 12 раздела 3 приложения к Соглашению об осуществлении части XI Конвенции Организации Объединенных Наций по морскому праву от 10 декабря 1982 года.

15. После утверждения Советом контракт продлевается путем заключения между Генеральным секретарем и уполномоченным представителем Контрактора Соглашения по образцу, содержащемуся в приложении II к настоящему документу. Положениями и условиями, применимыми к контракту в течение продляемого срока, являются положения и условия, действующие в момент продления, согласно соответствующим Правилам[3].

---

[3] Если не указано иное, ссылки на «Правила» означают в совокупности ссылки на Правила поиска и разведки полиметаллических конкреций в Районе (ISBA/19/C/17, приложение), Правила поиска и разведки полиметаллических сульфидов в Районе (ISBA/16/A/12/Rev.1) и Правила поиска и разведки кобальтоносных железомарганцевых корок в Районе (ISBA/18/A/11).

V. Временное положение

16. В том случае, если заявка на продление контракта должным образом представлена в соответствии с настоящими процедурами, но срок действия контракта истекает после даты следующего запланированного заседания Юридической и технической комиссии, но до даты следующего запланированного заседания Совета, считается, что контракт и все вытекающие из него права и обязанности продлеваются до того времени, когда Совет сможет провести заседание и утвердить доклад и рекомендации Комиссии, касающиеся данного контракта. Применение настоящего положения ни в коем случае не влечет за собой продление контракта на срок, превышающий пять лет, или на более короткий срок, испрошенный Контрактором, с даты, по состоянию на которую контракт истек бы, если бы не был продлен в соответствии с настоящими процедурами.

Дополнение I

Информация, которая должна содержаться в заявке на продление контракта на разведку

1.   В заявку на продление контракта на разведку следует включать следующее:

a)   заявление Контрактора с указанием причин, по которым испрашивается продление контракта по разведке. В таком заявлении следует указывать испрашиваемый срок продления (до пяти лет) и одно из следующих объяснений:

i)   подробное описание неподвластных Контрактору обстоятельств, в силу которых он не смог завершить необходимую подготовительную работу для перехода к этапу добычи; или

ii)   объяснение причин, по которым сложившаяся экономическая конъюнктура не оправдывает переход к этапу добычи, в том числе разъяснение по поводу того, отражает ли сложившаяся экономическая конъюнктура условия мирового рынка в целом или оценку осуществимости собственного проекта Контрактора;

b)   подробную сводную информацию о работе, проделанной Контрактором в течение всего периода действия контракта, и полученных результатах в соотношении с утвержденным планом работы по разведке. Такая сводная информация включает:

i)   оценку объемов минеральных ресурсов и/или запасов в соответствии с установленными Органом стандартами представления информации по конкретным минеральным ресурсам и сведения об их территориальном распределении в пределах разведочного района;

ii)   таблицу, обобщающую все собранные фоновые экологические данные по переменным экологическим показателям, приведенным в соответствующих руководящих рекомендациях контракторам[a];

iii)   полный перечень всех отчетов, представленных Органу в соответствии с контрактом на разведку;

iv)   полный перечень всех данных и информации, представленных Органу в соответствии с контрактом на разведку;

v)   все данные, которые были затребованы Органом по итогам обзора годовых отчетов в соответствии с контрактом на разведку или которые в силу иных оснований должны были быть представлены Органу в соответствии с контрактом и которые еще не были представлены вообще или не были представлены в формате, требуемом Органом или приемлемом для него;

---

[a] ISBA/19/LTC/8.

vi)   разбивку расходов в связи с контрактом на разведку, составленную в соответствии с актуальными руководящими рекомендациями контракторам, вынесенными Юридической и технической комиссией на основании Правил[b], и показывающую любое отклонение от ожидаемых годовых расходов в течение периода действия контракта;

vii)   краткие сведения о подготовке кадров, организованной в соответствии с контрактом на разведку;

c)   описание и график предлагаемой программы работы по разведке в период продления, включая подробную программу работ с указанием любых предлагаемых изменений или дополнений к утвержденному плану работы по разведке в соответствии с контрактом, а также заявление о том, что в течение периода продления Контрактор завершит необходимую подготовительную работу для перехода к этапу добычи;

d)   подробную информацию о предлагаемом отказе от любой части разведочного района в течение продляемого периода в случае необходимости;

e)   калькуляцию предполагаемых годовых расходов в соответствии с программой работы на продляемый период;

f)   предлагаемую программу подготовки кадров на продляемый период согласно соответствующим руководящим рекомендациям контракторам, вынесенным Юридической и технической комиссией на основании Правил[c].

2.   Все данные и информация, представляемые в связи с заявкой на продление контракта на разведку, должны представляться в печатном виде и в указанном Органом цифровом формате.

---

[b] ISBA/21/LTC/11.
[c] ISBA/19/LTC/14.

Дополнение II

Соглашение между Международным органом по морскому дну и [Контрактор] о продлении Контракта на разведку [минеральный ресурс], заключенного между Международным органом по морскому дну и [Контрактор] [дата]

Международный орган по морскому дну, представленный его Генеральным секретарем (далее — «Орган»), и [Контрактор], представленный […] (далее — «Контрактор»), договариваются о том, что Контракт на разведку [минеральный ресурс], заключенный между Органом и Контрактором и подписанный [дата] в [место] на срок 15 лет с [дата вступления в силу первоначального контракта], вместе с соответствующими приложениями продлевается на период […] лет до [дата] с учетом следующих поправок.

1. Добавление 2 к Контракту заменяется программой работы, содержащейся в приложении I к настоящему Соглашению.

2. Добавление 3 к Контракту заменяется программой подготовки кадров, содержащейся в приложении II к настоящему Соглашению.

3. Стандартные положения, упоминаемые в постановляющем пункте 1 Контракта, заменяются стандартными положениями, содержащимися в приложении III[a] к настоящему Соглашению; эти положения включаются в Контракт и имеют такую же силу, как если бы они были подробно в нем изложены.

С учетом вышеупомянутых поправок Контракт остается в силе и действии во всех других отношениях в полном объеме. Эта поправка вступит в силу [дата].

В УДОСТОВЕРЕНИЕ ЧЕГО нижеподписавшиеся, надлежащим образом на то уполномоченные соответствующими сторонами, подписали настоящее Соглашение [дата] в [место].

————————

[a] В отношении контрактов, срок действия которых истекает в 2016 и 2017 годах, имеется в виду Приложение IV к Правилам поиска и разведки полиметаллических конкреций в Районе, принятым Советом 22 июля 2013 года (ISBA/19/C/17, приложение), с поправками, внесенными на основании документа ISBA/19/A/12.

www.ingramcontent.com/pod-product-compliance
Lightning Source LLC
Chambersburg PA
CBHW080651190526
45169CB00006B/2066